돌짝밭
낭만 목회

돌짝밭 낭만 목회

초판 1쇄 발행 2025년 2월 19일

지은이 인민아
펴낸이 장길수
펴낸곳 지식과감성#
출판등록 제2012-000081호

교정 주경민
디자인 강샛별
편집 강샛별
검수 정은솔, 이현
마케팅 김윤길

주소 서울시 금천구 벚꽃로298 대륭포스트타워6차 1212호
전화 070-4651-3730~4
팩스 070-4325-7006
이메일 ksbookup@naver.com
홈페이지 www.knsbookup.com

ISBN 979-11-392-2437-5(03810)
값 17,000원

- 이 책의 판권은 지은이에게 있습니다.
- 이 책 내용의 전부 또는 일부를 재사용하려면 반드시 지은이의 서면 동의를 받아야 합니다.
- 잘못된 책은 구입하신 곳에서 바꾸어 드립니다.

지식과감성#
홈페이지 바로가기

돌짝밭에서 낭만 목회를 꿈꾸다

돌짝밭
낭만 목회

인민아 지음

CONTENTS

I
더 높은 부르심으로, 더 깊은 부르심으로

1. 현주라는 십자가   10
2. 이호석 전도사를 만나다   26
3. 감사를 선택하다: 감사로 받은 전액 장학금   40
4. 지금 장난해?! 오기로 등록한 호서대 연합신학대학원   49
5. 포교원이 될 뻔한 하늘꿈 교회: 천안역 지하에 교회를 개척하다   63

II
제자로, 군사로, 신부로

6. 옥탑방으로의 이사 그리고 시작된 질문… 가난은 목회자의 숙명인가?   72
7. 교회의 침수와 때맞춰 준비된 차량   81
8. 악처가 되기로 결단하다   89
9. 새벽이슬 같은 주의 청년들이 하늘꿈 교회로 모여들다   97
10. 모여드니 떠나고… 아프고…   106

III

모여지는 교회, 세워지는 교회

11. 순종을 배우고 싶어서 왔습니다   116
12. 마른번개와 천둥으로 하늘 문이 열리다   122
13. 다음 세대는 세워지고 나는 스러지고…   130
14. 사기꾼에게서 돌려받은 투자금이 교회 건축의 기초가 되다   141
15. 고아라도 보내 주세요   153

IV

그리스도가 왕 되게 하라

16. 하나님의 방식으로 해결된 대학원 등록금   164
17. 우리의 인생을 바꾼 유영이와의 첫 만남   171
18. 먹튀 하나님과 재정의 통로   175
19. 공부방 사업이 시작되다   182
20. 하나님께 한 것은 공짜가 없다, 갚아 주시는 하나님   190

V
영원히 흔들리지 않는 나라

21. 한 알의 밀이 땅에 떨어져 열매를 맺다	200
22. 교회 건축이 선포되다	210
23. 교회 건축이 실제가 되다	221
24. 전 성도의 눈물 두 방울… 마지막 건축비를 마련하다	233

VI
영원히 흔들리지 않는 교회

25. 건축 기간 코로나를 겪다	242
26. 한 손으로 일을 하고 한 손에는 무기를 잡았으며…	250
27. 최고의 시나리오 작가는 역전의 하나님	257
28. 돌짝밭에서 낭만 목회를 꿈꾸다	272

더 높은 부르심으로,
더 깊은 부르심으로

1.
현주라는 십자가

여호와의 말씀에 내 생각은 너희 생각과 다르며 내 길은 너희 길과 달라서 하늘이 땅보다 높음 같이 내 길은 너희 길보다 높으며 내 생각은 너희 생각보다 높으니라

이사야 55장 8~9절

현주의 빚

"목사님, 현주에게 다른 사람이 생긴 것 같아요…."

수화기 너머로 들려오는 미세한 음성이었지만 그것은 분명 차정민 형제의 것이었다. 당황한 기색이 역력했고 목소리에는 떨림이 묻어 있었다. 도대체 뭐라는 것인가? 내가 아는 그 정현주에게 다른 남자가 생겼다고?

6개월 전

단정한 미모에 차분하면서도 시원시원한 성격, 거기에 사람을 단번에 사로잡는 묘한 매력을 가진 현주는 우리 교회 성도가 되었다. 다음

세대에 대한 부르심을 입고 교육 목회에 사활을 걸어 보자 결심한 지 얼마 안 된 시점이었다. 얼마간이었는지 모르겠지만 교회에 교육 관련 종사자가 들어왔으면 좋겠다는 막연한 바람으로 기도하며 기다리고 있었다. 교회 안에서 자라나고 있는 아이들을 잘 가르치기 위해서 교육 관련 종사자가 성도로 함께해 주길 바랐다. 그렇게 우리 교회 장하나 집사의 소개로 오랜 시간 가나안 성도로 떠돌고 있던 현주가 교회를 찾았다. 현주는 우리가 그즈음 강력하게 구했던 바로 그 기도의 응답이었다. 그녀의 직업이 교육업계 종사자였기에 목사님과 나는 현주가 하나님께서 우리 교회에 보내신 사람이라는 것을 직업을 듣자마자 직감했다. 어린 두 딸과 함께 교회에 나오기 시작한 현주는 처음부터 여느 성도들과 다르게 매우 적극적인 신앙생활의 태도를 보였다. 그러다 하늘꿈 교회에서 신앙생활을 시작한 지 한 달여가 지났을 때 현주는 조심스레 고백했다.

"사모님, 남편도 제가 교회를 안 나가니까 함께 쉬기 시작해서 오랜 시간 신앙생활을 멈추고 있었어요. 제가 하늘꿈 교회에 오고 나서 너무 좋다고 다시 신앙생활 시작하자고 했더니, 잠시 다니다가 말 교회인지 계속 다닐 교회인지 지금으로서는 알 수 없으니 저 믿는 거 지켜보다가 확신이 생기면 나오겠다네요. 같이 기도해 주세요."

그럴 때마다 나는

"억지로 하지 말고, 현주 자매가 진짜 예수님 만나서 행복하게 신앙생활 하는 거 보면 분명 좋은 날이 올 거야…."

라고 권면해 주곤 했다.

현주는 점점 더 뜨거워졌다. 주일 예배는 물론, 토요 봉사, 수요 예배, 금요 기도회 등 성도로서 할 수 있는 모든 일에 최선을 다했다. 남편과 함께 신앙생활 할 날을 손꼽아 기다리며 그야말로 불태우는 모습을 보였다. 그렇게 날마다 최선을 다하며 신앙생활을 하던 현주는 금요 기도회에 나와서 기도를 시작하기만 하면 대성통곡이었다. 해맑아 보이는 표정 뒤에 무슨 사연이 저리 많아 앉기만 하면 대성통곡인가 한편 궁금하기도 했지만 먼저 말하기 전까지는 물어보기가 조심스러웠고 남편과 사이가 좋지 않다는 말을 지나가듯 들었지만 진지하지 않았기에 귀담아듣지 않았다. 그리고 얼마 후, 현주의 남편은 최근 180도 달라진 현주가 신기하다고 했다. 도대체 어떤 교회인지 직접 방문해 봐야겠다며 우리 교회 주일 대예배를 찾았다. 현주가 그토록 꿈에 그리던 남편과의 신앙생활이 다시 시작된 것이다. 그렇게 부부는 행복하게 신앙생활을 이어 갔다. 평소 기도만 하면 수도꼭지라 부부지간에 사연이 좀 있는가 싶었는데 기우였다. 현주는 날마다 더욱더 새롭게 갱신됐다. 남편 차정민 형제 역시 변화된 아내의 모습이 너무 감사하다며 하늘꿈 교회에서의 신앙생활을 적극적으로 지지해 주었다.

그렇게 약 6개월 동안 현주는 정말 열정적이었고 아름다웠고 행복했다. 기도했더니 하나님께서 우리 부부에게 복덩이 성도를 붙여 주셨다는 생각이 절로 들 정도로 우리와 잘 맞았다. 어찌나 열심이던지, 직장 생활을 하면서 무척이나 힘들었을 새벽기도도 마다하지 않았다. 각종 예배뿐만 아니라 토요일이나 주일 봉사에도 늘 목회자 부부 곁에서 최선을 다해 자신의 몫을 감당하고 있었다. 그즈음 어느 주일이었다. 함께 예배를 나오던 남편이 직장에 급한 일이 생겨 주일 예배를 혼자 드리게 된 현주는 주일 애찬 후 우리 부부와의 대면 상담을 요청했다. 얼마 전, 현주네 부부가 목사님께 셋째 아이가 갖고 싶다며 안수기도를 해 달라고 해서 목양실에서 해 준 적이 있었다. 이번에도 셋째 임신과 관련된 상담이겠거니 싶어 가벼운 마음으로 현주와 대면했다.

"무슨 일이야? 셋째 때문에?"
가벼운 마음으로 웃으며 던진 질문에 무거운 표정의 침묵으로 대답이 돌아왔다.
"왜? 무슨 일 있어? 오늘 남편 왜 안 왔어? 일 나간 거 아니야?"
"맞아요…."
"왜? 무슨 일인데? 말해 봐."
"어디서부터 말씀을 드려야 할지 모르겠는데 남편이 함께하지 않은 오늘 같은 날이 말씀드리기 딱 좋은 날인 것 같아서요. 저한테 실망하실 수도 있어요. 사실 저에게 남편이 모르는 빚이 좀 있어요. 그걸 지금 남편 모르게 계속 돌려막기 하고 있는데 곧 터질 것 같아요. 매일매일이 너무 위태로워요. 아직까지는 남편이 모르지만 저한테 이런 일이 다시 일어났다는 사실을 알면 남편도 너무 괴로워할 거예요. 남편한테는 도저히 말할 용기가 나지 않아요. 그런데 그 빚을 제 힘으로는 도저히 갚을 수 없어요. 게다가 좀 복잡하게 되었는데 제 이름으로는 대출이 안 돼서 잘 아는 동생 카드로 진 빚이에요. 그런데 동생도 이제는 한계에 다다른 것 같아요."

"못 갚으면 어떻게 되는데? 남편한테 사실대로 털어놓으면 안 되나?"

"못 갚으면 안 되죠. 어떻게든 갚아야죠. 남편한테는 죽어도 못 털어놔요. 예전에 제가 한 번 파산한 적이 있어요. 당시에 남편이 수천만 원을 갚아 주면서 다시는 빚지지 말라고 신신당부를 했어요. 그런데 그때, 미처 말하지 못했던 돈 300만 원이 있었어요. 그 빚이 또다시 이렇게 커졌어요."

"아니, 그러면 어떻게 하려고 한 거야? 남편한테 얘기는 못 하겠고, 스스로 갚을 능력도 안 되는데 어쩌려고 했어?"

"사실… 저 오빠랑 두 번째 결혼이에요. 다른 사람이랑 했던 건 아니고 오빠랑만 두 번 결혼했어요. 중간에 이혼했다가 재혼한 건데, 또다시 남편을 실망시키는 행동은 하고 싶지가 않아요. 그래서 저 사실 요즘 죽고 싶을 만큼 괴로워요…. 남편에게도, 아이들에게도, 들키지 않으려고 정말 애쓰고 있어요…. 그래서 언제까지 버틸 수 있을지 저도 모르겠어요. 첫 번째 이혼했을 때도 돈 문제로 오빠를 힘들게 했었는데 어쩌다 또다시 이 지경이 됐는지…. 저도 잘 모르겠고 이런 제가 원망스러워요…. 그런데 한 가지 분명한 사실은 남편 모르게 이 빚을 해결해야만 한다는 사실이에요. 남편에게 절대로 말할 수 없어요. 정 안 되면… 진짜 정 안 되면… 모르겠어요…. 도무지 남편 모르게 돈을 갚을 수 있는 방법이 '그 방법' 외에는 딱히 생각이 나지 않으니…."

"아니…! 현주야…! 너 지금 무슨 얘길 하는 거야?"

"저도 제 인생이 이렇게까지 나락으로 떨어질지 몰랐어요…. 남편 모르게 빚을 갚을 방법이 도무지 생각나지 않아요. 저도 정말 이건 아니라는 거 아는데, 만약에 진짜 제가 '그런 일'까지 하게 된다면 목사님, 사모님까지 속이고 싶지는 않았어요. 두 분께는 말씀을 드려야 할 것 같았어요."

담담하게 자신의 상황을 설명해 가던 현주도 목사님, 사모님까지 속이고 싶지는 않았다는 대목에서 깊은 한숨을 내쉬었다. 차라리 말하지 말지, 듣지 않았으면 고민도 생기지 않았을 텐데… 그냥 차라리 우리 부부를 속이고 말지… 하는 원망이 복잡한 마음속을 비집고 올라오기 시작했을 때 나는 비로소 정신이 들었다.

그리고 깊은 절망 가운데 그 절망을 뛰어넘는 커다란 외침이 내면에 울려 퍼졌다.

'이 가정을 살려야만 한다!'

"그래서 얼만데? 무슨 상황인지 알겠고 얼마 때문에 네가 그런 말도 안 되는 생각을 하는 건데? 당장 갚아야 할 돈이 얼마냐고?"

"지금 당장 숨을 쉬기 위해 갚아야 할 돈은 대략적으로 1,000만 원이 넘어요."

"일단 알겠고, 쓸데없는 생각 하지 마. 정민 형제가 요즘 얼마나 행복해하고 있는지 본인이 더 잘 알잖아. 교회 옮기고 나서 너무 행복하다고 수시로 고백했잖아. 근데 네가 겨우 돈 천만 원 때문에 그런 말도 안 되는 생각까지 한다고?! 그게 무슨 소리야?! 너 애 엄마야. 남편 있는 여자라고. 정신 차려! 일단 경거망동하지 말고 기다려. 기다리라고 했다! 일단 오늘은 집에 가. 내가 연락 줄게."

뾰족한 방법도 없었으면서 일단 현주가 엉뚱한 일을 벌이지 않도록 마음을 최대한 안심시켜 놓고 귀가를 종용했다. 평소 주일 같으면 교회에 남아 밤늦게까지 성도들과의 교제를 즐겼을 텐데…. 그날은 도저히 그럴 상황이 아니었다. 현주의 이야기를 함께 듣고 있었던 목사님도 내심 당황한 표정이 역력했다. 하지만 우리의 당황스러움을 묵상할 시간이 없었다. 남은 시간은 단 3일. 오늘이 주일인데 수요일까지 약 천여만 원이 넘는 돈을 마련해서 결제를 해야 한단다. 미치고 팔짝 뛸 노릇이었다. 당사자인 현주는 모든 사실을 우리에게 털어놓고 자유해졌지만 이 사실을 알게 된 목사님과 나는 지옥으로 떨어진 심정이었다. 호랑이 굴에 들어가도 정신만 차리면 산다했다. 입으로는 연신 주님을 찾으며 머리로는 돈을 구할 방법을 찾고 있었다. 일단 나에게 돈을 빌려줄 외부 지인은 없다. 그렇다고 우리 교회 성도들에게 돈을 빌린다는 것도 덕이 되지 않고 아름답지 못하다. 아니, 그럴 수는 없는 일이다. 다른 수가 없었다. 그냥 나에게 있는 돈을 최대한 끌어모아야 했다. 그렇다. 이미 나는 현주의 물주가 되기로 마음먹었던 것이다. 이 가정이 정말 행복하기를 바랐다. 어쩌다 현주가 그렇게 엉뚱한 생각까지 하게 되었는지 여전히 이해는 되지 않았지만 꾸역꾸역 현주의 편에 서서 생각해 보았다. 호랑이 굴에 물려 간 현주는 제정신이 아니었으리라. 앞뒤 양옆 그 어디를 보아도 붙들 지푸라기 한 줌이 없는 상태였으리라. 현주의 입장을 헤아릴수록 마음이 아려 왔다. 현주가 더 이상 돈에 매이지 않고 모든 빚을 청산하기 바랐다. 돈의 노예 되었던 삶에서 벗어나 이제는 자유롭게 주님을 섬기길 바랐다. 지금 현재 그런 신앙생활을 아내가 하고 있는 것으로 믿고 교회를 애정하고 아내를 흐뭇하게 바라보고 있는 차정민 형제의 기대가 박살 나 버리는 것을 진심으로 원치 않았다. 두 딸 민지, 은지가 매 주일마다 아빠, 엄마와 교회 가는 날이 가장 행복하다 했던 고백이 땅에 떨어지는 것이 너무도 슬펐다. 이 가정은 반드시 지켜져야만 하고 유지되어야만 한다. 목사님과 나는 그것이 철저하게 하나님의 뜻이라고 믿었기 때문에 우리의 모든 것을 내어놓기로 했다. 그 가정을 살리기 위해…….

한 달에 20만 원씩 몇 년을 모아 만든 퇴직금이던가? 목사님의 퇴직금 통장에는 700여만 원의 돈이 모여 있었다. 퇴직금 통장을 새로 만들 때마다 다시는 깨지 않을 것이라고 그렇게 성도들 앞에서 다짐을 하고 선포를 했지만, 이런 비상상황에서 짧은 시간 안에 가장 합법적으로, 가장 손쉽게 돈을 얻을 수 있는 방법은 우리의 퇴직금 통장을 다시 한번 깨뜨리는 것이었다.
가슴 아파할 시간도 없었다. 그럴 필요도, 이유도 없었다.

'네가 가진 그 얼마의 돈으로 차정민 형제 가정, 네 명의 영혼을 살릴 수 있다면 너희는 그 돈을 기꺼이 지불할 수 있겠느냐? 그 돈이 너

희의 전부라 할지라도?'

　나와 목사님의 가슴에 동시에 하나님께서 이 일과 관련하여 하신 질문에 나는 그렇게 통장을 깨는 것으로 주님께 대답을 하는 중이었다. 그럼에도 불구하고 기백만 원이 넘는 돈이 여전히 부족했다. 마이너스 통장의 가용 잔고를 확인했다. 다행스럽게도 여유가 있었다. 우리는 바로 마이너스 통장 대출을 통해 남은 금액을 채워 현주가 당장 갚아야 할 돈을 만들어 냈고, 오랜 시간 현주를 옥죄던 카드빚을 우리 부부가 결제해 주면서 현주는 그날로 빚으로부터 자유를 얻게 되었다. 목사님 퇴직금도 잃고, 마이너스 통장에 빚도 600만 원이나 불어났지만 그 돈을 통해 한 가정을 지키고 네 명의 영혼을 살려 냈다는 생각에 목사님과 나는 감격에 겨웠다.
　이런 일이 있었다는 사실은 아무도 몰랐다. 현주와 목사님과 나와 주님만이 이 일들을 알기로 했다. 나머지 사람들에게는 철저히 비밀에 부치기로 했다. 그리고 모든 게 그렇게 무사히 끝나 가는 듯했다. 정민 형제로부터 그 전화를 받기 전까지는….

현주의 배신

"목사님, 현주에게 다른 사람이 생긴 것 같아요······."

도대체 이게 무슨 소리란 말인가? 정민 형제에게 온 전화라며 받는 걸 옆에서 보고 들었는데 수화기 너머로 새어 나오는 떨림 가득한 형제의 음성이 소리 그대로 해석되지가 않았다. 도저히 그것을 곧이곧대로 해석할 수 없었다. 앞서 현주로부터 이상한 빚 고백을 들었을 때와 비슷한 듯했지만 정신은 더 몽롱해졌다. 불륜을 했다는 소리인가? 불과 몇 주 전, 맞다, 아무리 생각해도 채 한 달도 되지 않았다. 목사님의 퇴직금에 대출까지 받아 겨우 마련한 거금을 건네주며 현주를 빚으로부터 자유하게 한 날이···. 그럼 도대체 그 한 달 사이에 무슨 일이 있었단 말인가? 그래, 돌이켜 보니 최근에 주중 예배를 빠진 적이 있었다. 좀처럼 예배를 빠지지 않는 성도였는데 의외의 상황이 계속된다 싶기는 했다. 하지만 거기엔 분명한 이유가 있었다. 교육업에 종사하고 있던 현주는 한 달 후 있을 큰 심사 준비로 해야 할 일이 산더미처럼 쌓여 있다고 했다. 그래서 집에도 제대로 못 들어가고 회사에서 쪽잠을 자고 집에 가서 옷만 갈아입고 다시 출근하는 날도 있었다고 했다. 그 정도로 일이 바빠진 탓이라고 했다. 분명히 나는 그렇게 들었고, 철석같이 믿었다. 나는 그렇게도 바보같이 성도를 잘 믿는 사모였다.

"확실해요? 현주한테 다른 남자가 생긴 게? 어떻게 확인을 한 거예요?"

"저는 원래 한 달에 두 번 정도 집에서 밥을 먹어요, 목사님. 그런데 집에서 두 번 정도 먹는 밥상도 이 사람은 잘 차려 주지 않았어요. 그러다 지난 주 토요일에 제가 오랜만에 집에서 쉬는데 밑반찬을 종류별로 만들더라고요. 그러더니 갑자기 반찬 맛이 맘에 안 든다면서 다 만든 반찬을 쓰레기통에 버리고 다시 만들더라고요. 그러더니 그릇에 정갈하게 담아서 집 냉장고에 넣는 게 아니라 따로 챙겨 줄 사람이 있다고 가지고 나가더라고요. 그때 촉이 왔어요. 이상하다는 생각이 들었는데 최근에 집에 들어왔다가 다시 나가고 또 밤늦게, 혹은 새벽에 들어오는 날도 너무 많아지고 심지어 외박까지…. 점점 의심이 커졌어요. 그러다 결국 어제 자동차 블랙박스를 뒤져 봤어요. 그랬더니 자동차 안에서 상대 남성과 통화한 음성 녹음이…. 맞아요, 목사님. 확실해요."

"얼마나 된 것 같아요?"

"한 달이 채 안 된 것 같아요. 요새 회사 일 핑계 대고 외박도 하고 야근도 많이 했거든요. 믿었어요. 이럴 줄은 몰랐어요. 어떡하죠? 목사님, 도저히 아무에게도 전화할 용기가 나지 않았는데 저도 모르게 목사님 생각이 났어요. 그래서 그냥 무작정 전화드린 거예요."

어느 순간 나의 힘이 풀린 다리는 덜덜 떨리고 있었다. 의지할 곳이 없어 내 키보다 살짝 낮은 책장에 몸을 기댄 채 깊은 생각에 잠겨 버렸다. 때는 심야기도회가 있던 금요일이었고, 시간은 기도회를 얼마 남겨 두지 않은 늦은 오후 시간이었다. 움직이고 싶은데 풀려 버린 다리에 힘이 들어오지 않았다. 남편과 나는 동시에 서로를 바라보며 이 일을 어떻게 수습해야 할지 침묵 회의에 들어갔다. 전화를 끊고 얼마나 시간이 흘렀을까?

"여보, 일단 오늘 금요 기도회는 쉬어요. 내가 도저히 설교를 할 자신이 없어서 그래요."

오랜 듯, 짧은 듯 얼마간의 침묵을 먼저 깬 건 나였다. 작은 개척 교회에서 심야기도라고 모이는 인원이 많아 봐야 10여 명이 채 안 되는 수인데 그중 기도 멤버였던, 한 여성도가 불륜을 저질렀다. 불과 몇 주 전에 그 가정을 살리겠다고 우리의 모든 것을 탈탈 털어 마련한 돈으로 드디어 살려 냈다고 생각한 그 영혼이 불륜을 저질렀다. 너무 처참해서 금요 심야기도회 설교 담당자였던 나는 도저히 설교를 할 수가 없었다.

현주에게 당장 전화를 걸었다. 무슨 정신에 통화를 이어 갔는지 모르겠지만 현주에게 부탁했다. 남편과 함께 일단 교회로 오라 했다. 그렇게 힘들게 지킨 가정인데 어떻게 이렇게 버릴 수가 있느냐며 가정을 깨 버릴 생각은 아니지 않냐며 현주를 달랬다. 그리고 그날, 그 통화를 통해 깨달았다. 현주는 더 이상 내가 예전에 아끼고 사랑했던 그 성도가 아니라는 사실을….

금요 심야기도회 시간이 되자 정민 형제와 현주 부부는 목양실로 들어왔다. 내면에 올라오는 분노를 가라앉히면서 아내를 최대한 자극하지 않으려고 애를 쓰는 정민 형제의 모습이 너무나 안쓰러웠다.

잘못은 분명 아내가 했는데 내가 알던 현주는 어디 가고, 뻔뻔하기가 양푼 밑구멍 같았다.

"현주야, 아이들 생각해야지. 민지, 은지 봐서라도 정신 차리자."

"사모님, 애들만 보고 그냥 참고 살기엔 저는 아직 너무 젊어요. 저 지금이 너무 좋아요. 미쳤다고 생각하실 거라는 거 알아요. 세상 사람들이 비난할 것도 알아요. 그런데 그럼에도 불구하고 제 마음대로 한 번 살아 보고 싶어요."

"그래도 네가 책임져야 할 아이가 둘이야. 너는 한 가정의 아내이자 엄마라고! 신앙생활 몇 달 동안 잘했잖아. 마음 다잡고 다시 시작하자."

나는 가정이라는 단어에 대해 그녀가 가지고 있는 무게감과 책임감이 최소한 그 정도는 될 줄 알았다. 그래서 그 단어를 일부러 동원했다. 내 눈 앞에서 한 가정이 이렇게 부서지는 꼴을 본다는 것이 너무도 가슴 아팠기 때문에….

그때, 현주가 입을 열고 충격적인 한마디를 내뱉었다.

"오빠, 나 빚 있어."

본인의 결혼 생활을 끝내기에 불륜만으로는 부족하다는 걸 알았는지 가정을 지키기 위해 애써 화를 참고 있는 정민 형제에게 뜬금없는 고백을 날려 버렸다.

"…얼만데?"

"얼만지 정확히 몰라. 한 7천쯤? 하, 나 속 시원해…. 오빠 몰래 빚지고 있던 돈 이렇게 까니까 너무 속 시원해. 그리고 여기 목사님 사모님한테도 빚졌어. 그만하자. 우리는 안 돼…. 여기서 끝내자. 나 좀 놔 줘."

알고 보니 그 가정을 살리겠다는 일념으로 우리 부부가 건넨 그 돈이 불륜의 발단이었다. 친한 동생의 카드를 몇 장 빌려 돌려막기를 하면서 사치를 해 오던 중에 눈덩이처럼 불어난 빚이 수천만 원에 이르게 되었고 그중 가장 급한 금액이 천여만 원이었다. 다행스럽게도 우리 부부의 도움으로 결정적인 순간에 급전을 돌려 그 빚을 정리할 수 있게 되었다. 하지만 급한 빚이 그렇게 생각지도 못한 방법으로 손쉽게 정리되자 현주는 그 동생에게 이제 빚을 갚았으니 당장 다시 대출 800만 원을 내 달라 했다. 결국 우리 부부의 수고는 완전히 헛되이 버려지게 되었다. 우리 부부가 빚까지 내면서 보내 준 돈으로 그 가정을 구원한 셈이라며 기쁨에 겨워했던 그 주간 현주는 급한 빚으로부터 자유로워지자 마음이 풀어질 대로 풀어져 버렸다. 그리고 그동안 일터에서 만나 소위 썸을 타던 거래처 남성 직원과 넘지 말아야 할 선을 넘어 버린 것이었다. 빚에 쪼들릴 때는 이것저것 아무것도 신경 쓸 여력이 없었다가 우리 부부가 빚을 갚아 주자마자 몸과 마음에 여유가 생겨 버린 것이다. 빚에서 해방된 현주는 어떻게 그동안 참고 살았나 싶을 정도로 절제했던 죄의 욕구를 폭발시켰다. 이 정도로 형편없는 사람이었나 싶게 한순간에 손을 쓸 수 없을 만큼 무너져 내렸다. 카드 빚을 상환하자마자 재대출을 할 때 이미 다시 돌아올 생각이 없었던 것이다. 그렇게 현주는 내면에서 올라오는 죄성에 몸과 마음을 그대로 맡겨 버렸다. 그토록 애정했던 한 성도가 한순간의 잘못된 선택과, 무절제한 행동으로 자신뿐 아니라 온 가족이 그야말로 나락으로 떨어지는 모습을 보고 우리 부부는 우리가 그 가정을 지키기 위해 그녀에게 했던 모든 일들을 후회했다. 하지만 돌이킬 수 있는 게 단 하나도 없었다. 그 지경이 되어서야 뒤늦게 현주가 우리 부부에게도 빚을 지고 있다는 사실을 알게 된 정민 형제는 우리에게 자초지종을 물어 왔고, 나는 그간 있었던 일들을 짧게 이야기해 주었다. 정민 형제는 죄송하고 감사하다는 말을 연신 내뱉더니 굳은 결심을 한 듯 현주의 손을 잡았다.

"내가 갚아 줄게, 그 돈 7천만 원. 내가 갚아 줄게. 우리 민지, 은지, 애들 보고 살자. 같이 살자…. 내가 잘할게."

대출금 7천을 커밍아웃해 버렸는데 남편의 반응이 저리 나오니 현주도 적잖이 당황한 눈치였다.

정민 형제의 마음을 확인했으니 때가 됐다. 나는 재빨리 개입했다.

"현주야, 저런 남편이 어디 있니? 살아…. 덮겠다고 하잖아. 살아…. 제발 부탁이야. 애들 생각해…. 네 빚 갚아 준다고 하잖아…. 우리끼리만 알자. 성도들은 아무도 몰라. 남편한테 잘하고 그냥 덮고 살자. 주일에 꼭 아무 일 없었다는 듯이 교회 나와야 돼…. 알겠지?"

그 이후 수많은 말들이 오가며 설득과 설명이 이어졌다. 정민 형제, 목사님에, 나까지 모두, 현주 단 한 사람을 향해서 이야기했다. 마음을 돌려 함께 가자며 애원하듯 매달렸다. 정말 오랜 시간이 흘렀다.

"네… 죄송해요. 심려 끼쳐 드려서…. 주일에 봬요."

그렇게 말하고 돌아선 현주는 끝내 그다음 주일 예배에 나타나지 않았다. 그렇게 그녀는 그토록 짧고 굵게 신앙생활을 했던 우리 교회에서 자취를 감추었고, 정민 형제는 늘 현주와 함께 나란히 앉아 있던 그 자리에 옆자리를 비워 둔 채로 홀로 앉아, 주일 예배를 드리러 온 성도들 틈에서 흐르는 눈물과 터져 나오는 통곡을 제어할 길이 없어 꺼이꺼이 울었다. 그렇게 한 여자와의 두 번째 이혼을 결심하며 가정의 깨어짐을 가슴 깊이 애도하고 있었다.

교회에 올 때까지만 해도 무슨 일이 일어난 건지 아무것도 몰랐던 성도들도 무언가 심각한 일이 정민 형제의 가정 가운데 벌어졌음을 직감하고 마음으로 함께 울어 주고 있었다.

2.
이호석 전도사를 만나다

두 사람이 한 사람보다 나음은 저희가 수고함으로 좋은 상을 얻을 것임이라
전도서 4장 9절

학부 2학년 때부터 전공할 과목으로 중국어를 일찌감치 선택해 놓고 중국 어학연수를 위해 휴학을 한 상태로 1학년 겨울방학을 맞이했다. JOY라는 기독교 동아리의 최영진 선배는 때마침 남편이 섬기던 교회의 후배였다. 방학 전 1학년 마지막 기말고사를 앞둔 어느 날 영진 선배로부터 받은 전화 한 통이 내 인생을 이렇게 바꿔 놓을지 몰랐다.

"민아야, 너 이번 주일에 뭐해? 우리 교회 와 보지 않을래? 아직 교회 못 정했잖아? 우리 교회는 천안역 언덕에 있는 천안제일교회야. 이번 주일에 우리 교회에서 행사가 있어. 친구 초청 행사인데 마땅히 초청할 사람이 없네. 네가 한번 와 주면 좋을 것 같아."

노는 것에 젬병이었던 나는 대학에 들어가서도 마찬가지였다. 멋모르고 따라간 신입생 오리엔테이션에서 남녀가 뒤섞여 혼숙을 하고 수

백 병의 술을 부어라 마셔라 하는 모습을 보고 충격에 휩싸인 나머지 스스로 아웃사이더의 길을 가기로 입학식 전부터 굳게 마음먹었다. 그런 와중에 '혼밥'은 도저히 용기가 나지 않아 그래도 밥은 같이 먹어 줄 사람이 있었으면 좋겠다 생각해서 들어간 기독교 동아리 JOY에서 딱 선배·동기들과 식사를 함께할 수 있을 정도로만 발을 담갔다. 그리고 거기서 영진 선배를 알게 되었다. 영진 선배는 대학에 와서 1년 동안 천안의 지역 교회를 정하지 못하고 있던 나에게 섬기던 교회에서 '잃은 양 찾기' 행사의 일환으로 친구 초청의 날 행사가 있다며 나를 초대했다. 공교롭게도 시험 기간이었기 때문에 갈 생각이 1도 없었는데 그날, 그 시간이 되자 나도 모르게 주섬주섬 옷을 챙기고 있었다. 2주일이 넘는 시간 동안 제대로 씻지도 먹지도 못하면서 기말고사 준비에만 매달렸던 나의 몰골은 말이 아니었다. 원래 예쁜 얼굴도 아닌데 말이다. 한눈에 봐도 피폐해진 육신을 이끌고 겨우겨우 예배당에 도착했다. 천안역에 교회가 있다는 말만 듣고, 한 번도 가 본 적 없는 선배네 교회에 버스를 타고 도착했다. 언덕 위에 있는 교회는 하나뿐이었다. 언뜻 놀란 것은 1학기 때 대학에 입학한 지 얼마 되지 않아 친구와 함께 버스를 잘못타서 어쩔 수 없이 바로 이 교회 앞에서 내린 적이 있었다. 그날 잘못 든 길을 거슬러 올라가면서 오늘의 이 교회를 지나쳤다. 그때 나도 모르게 이런 생각이 기습적으로 들었다.

'무슨 교회가 이렇게 커? 나는 오늘 우연히 길을 잘못 들어 생전 처음 이곳을 지나가고 있는데, 지금 이 교회 안에 훗날 나의 남편 될 사람이 일을 하고 있다면 얼마나 신기할까? 사람 일은 원래 모르는 거

니까?'

 이런 말도 안 되는 상상의 나래를 펼치며 가던 길을 잠시 멈추고 교회를 물끄러미 바라보았었다. 함께 걷던 친구가 뭐 하러 서 있는 거냐며 핀잔을 주지 않았더라면 나는 그대로 한참을 그곳에 서 있을 요량이었다. 나는 어릴 적부터 유별나게 주님을 사랑했고, 유별나게 주님을 섬겼다. 그래서 아직도 교회만 보면 가슴이 몽글몽글해진다.

 와 보니 바로 그곳이었다. 영진 선배가 나를 이곳으로 다시 부른 것이었다. 친구 초청 행사를 한다 했으니 시끌벅적 환영행사가 도저히 갈 수 없는 상황임에도 어려운 발걸음을 해 준 나를 기다리고 있을 줄 알았다. 하지만 막상 도착해 보니… 이런, 너무 빨리 왔나 보다. 학교생활에 크고 작은 도움을 많이 준 선배의 부탁을 거절할 수 없어 움직이기로 결정하면서 영진 선배에게 눈도장만 찍고 돌아올 심산으로 대충 차려입고 서둘러 집을 나선 탓에 많이 일찍 도착했다. 심지어 영진 선배는 보이지도 않았다. 전적으로 내 불찰이다. 그렇게 교회 한쪽 구석에 자리를 잡고 앉아 호기심 가득한 눈빛으로 교회 이곳저곳을 두리번거리고 있는 앳돼 보이는 자매가 바로 나였다. 그런 내가 마음에 영 거슬렸는지 나를 향해 한 남자가 다가왔다. 딱 봐도 180㎝는 족히 넘어 보이는 큰 키에 훤칠한 외모를 가진 호남이었다.

 "안녕하세요. 오늘 행사에 초대받아 오신 거죠? 행사는 잠시 후에 열리는데 사람들이 아직 오기 전이네요. 여기서 잠시만 기다려 주세요. 저는 청년부 담당 이호석 간사라고 합니다."

 별로 에너지가 실려 있는 말도 아니었다. 그런데 그 말 한마디를 남기고 돌아서는 이호석 간사의 뒷모습을 보며 또다시 어떤 생각이 들어왔다.

'저런 사람과 나중에 결혼을 한다면 얼마나 재미있을까? 안녕하세요? 하고 말한 오늘의 이 첫 만남을 돌이켜 보면 얼마나 신기할까?'

나는 도무지 이런 생각이 왜 드는지 당최 알 수가 없었다. 생일이 많이 늦은 나는 그 당시 만 18세로, 대학에 입학했지만 만 나이가 안 돼서 대통령 선거도 할 수 없었던 말 그대로 어린애였다. 결혼이라니…. 왜 자꾸 이쪽에만 오면 이런 생각이 드는 것인가? 잊자, 앞길이 구만리같이 창창한 중문과 꿈나무여!

그날 이후 영진 선배는 진짜 나를 되찾은 어린양이라 생각을 했던 것인지도 모르겠다. 1월에 교회에서 중국 비전 트립을 가는데 저렴한 가격으로 갈 수 있는 기회이니 어학연수를 가기 전에 여행으로 가볍게 한 번 더 다녀오면 어떻겠냐는 제안을 해 왔다. 부모님과 상의해 흔쾌히 허락을 받았고 그렇게 또다시 나는 영진 선배 덕에 그 교회 행사에 자의로 참여하게 되었다. 지금 생각해도 영진 선배에게 참 고마운 게, 선배에게 특별히 해 준 것도 없는 나인데 후배라고 참 살뜰히도 챙겨 주셨다. 그리고 나는 이호석 간사를 그곳에서 그렇게 다시 만났다.

공항으로 가는 버스를 타기도 전부터 계속해서 나를 따라붙는 시선이 있음을 느꼈다. 생일이 늦어서 그런지 몰라도 질풍노도의 시기를 늦게까지 경험했던 나는 외모에 어지간히 자신이 없었기 때문에 남들이 나를 쳐다보는 것은 100퍼센트 내가 못생겼기 때문이라는 왜곡된 생각을 가지고 있었다. 그도 그럴 것이 대학에 가 보니 동기들이 정말 예뻤다. 나 빼고 다 예뻤다. 그랬기 때문에 나는 오직 공부로 나의 가치를 높여야만 한다고 생각하고 있었다. 그래서 죽을힘을 다해 열심히 공부했다. 늘 결과도 만족스러웠다. 그런데 아까부터 귀찮게 따라붙는 저 시선의 출처가 궁금했다. 누군가가 자꾸 나를 쳐다본다. 근데 그 시선이 따갑지가 않다. 분명 못생겼다고 생각해서 쳐다보는 건 아니었다. 확인을 하고 싶어 시선이 느껴질 때마다 그 시선 쪽을 향해 얼른 고개를 돌렸다. 그럴 때마다 나를 바라보던 그 시선은 재빨리 거두어졌다. 그렇게 여행 첫날의 반나절쯤이 지나던 때였다. 버스 제일 뒷자리 영진 선배 근처에 앉아 있던 나를 분명 뚫어져라 바라보고 있는 굵고 묵직한 시선이 이번엔 제대로 느껴졌다. 그동안은 숨어서 이따금씩 몰래 쳐다보던 느낌이었는데 이번엔 달랐다. 영진 선배와 재미난 이야기를 하며 깔깔 웃고 있는 나를 향해 쏟아지던 그 시선의 출처를 확인하고자 시선의 끝을 재빠르게 낚아챘다. 저 멀리서 나를 향해 몸을 아예 돌리고 앉아서 쳐다보다가 그 시선을 추적하던 나의 시선과 드디어 마주치고야 말았다. 오히려 깜짝 놀라 당황하던 나에게 찡끗하며 눈짓을 보내더니 그제야 앞을 보고 돌아앉았던 그 시선의 주인공은 바로 이호석 간사였다. 그렇게 그 사람은 나에게 여행 내내 무슨 의미인지 모를 시선을 보냈다.

   만리장성 탐방 일정을 진행하던 날이었다. 장성을 오르느라 옆에 누가 있는지 신경도 쓰지 않고 집중해 바닥만 보며 걷고 있는 나에게 누군가 따라붙었다. 역시나 그 사람이었다.

"나는 올해 28살이고 이호석 간사라고 해. 협성신학대학원 1학년 마쳤고 예배학을 전공하고 있어. 지난번에 잃은 양 찾기 행사 때 교회에 왔었지? 영진이 후배고?"

"네… 저는 영진 선배 후배예요. 학부 1학년 마치고 어학연수 오려고 지금 휴학한 상태인데 선배가 이번 여행 기회가 너무 좋은 것 같다며 같이 가자고 추천해 줘서 함께 오게 됐어요. 근데 간사님은 동안이신데 생각보다 나이가 많으시네요. 목회하시려면 결혼 빨리 하셔야 할 텐데 서두르셔야겠어요."

묻지도 않았는데 자기소개를 늘어놓는 그 사람의 나이를 듣는 순간 나와 엮일 사람은 절대로 아니라는 확신이 들었다. 8살 차이는 강산도 변한다는 10년에서 딱 2년 빠지는 세월이다. 이건 아닌 것이다. 더군다나 신학을 전공하고 있다. 목사가 될 남자라는 것이다. 이럴 땐 36계 줄행랑이 상책이다. 혼자서 이 남자와 어디까지 갔다 왔는지 모르겠지만 암튼 이 사람의 자기소개를 듣자마자 나는 내가 그을 수 있는 가장 진한 선을 그어 그와 나와의 거리를 명백하게 정하고 있었다.

"어, 안 그래도 이번에 여행 끝나고 돌아가면 소개받기로 했어."

"네, 꼭 그분과 잘되셨으면 좋겠어요. 호남형이시니까 여성분들이 많이 좋아하실 거예요."

어차피 더 이상 볼 사이도 아닌데 덕담이나 해 주자 하는 마음으로 선심 쓰듯 말하며 만리장성에서 우리 둘의 대화는 그렇게 끝이 났다.

그리고 그날 저녁 중국의 신학교 탐방이 있었다. 사람들이 시끌벅적하게 모여 있는 강당을 벗어나 혼자 조용히 마당으로 나왔다. 밤하늘에 촘촘히도 박힌 별을 보며 정말 오랜만에 신비로운 감정에 휩싸여 있던 나에게 또 누군가가 어디선가 다가와 말을 건네 왔다. 역시 이호석 간사였다. 만리장성에서의 대화가 만족스럽지 않았는지 이번에는 질문이 다소 철학적이었다.

"민아야, 너는 꿈이 뭐야?"

이번 여행을 마치고 돌아가면 누군가를 소개받기로 예정되어 있는 남자가 여자에게 할 수 있는 질문치고는 상당히 무게감이 있었다. 꿈이 뭐냐? 장학금 받으려고 미친 듯이 공부만 했다. 못생겼으면 공부라도 잘해야 한다는 나름의 소신을 가지고 열심히 노력해 왔다. 그리고 그곳이 어딘지도 모르는 중국 베이징의 어느 시골 마을 밤하늘 아래에서 내 인생에 별 영향력이 없을 것 같은, 곧 다른 여자와 소개팅할 예정인 어떤 남자에 의해 훅이 들어왔다.

"저는 중학교 2학년 때 예수님을 인격적으로 만났어요. 그때부터 한동안 전도사가 되는 게 꿈이었어요. 그러다가 꿈을 바꿨죠. 주님과 교회를 너무 사랑하는데 평생 주님과 같이 있을 수 있는 방법이 무얼까 고민하다가 목사 남편을 만나면 평생 예수님 섬기면서 교회에서 살 수 있겠더라고요. 그래서 고2 때까지 사모가 되는 게 꿈이었어요. 지금은 제가 섬기던 교회가 잘못돼서 교회에 다니지 않은 지 2년이 되었지만요…."

질문을 통해 상대가 나에게 분명 호감을 느끼고 있음을 내가 바보가 아닌 이상 알아차릴 수 있을 만큼의 농도로 그 사람은 나와 더 깊은 대화를 이어 가기를 원했고 그것을 알아차린 나는 지금 교회를 나가지 않고 있다는 말로 '당신이 찾고 있는 여자가 나는 아니오'라는 거절의 대답을 하고 있었던 것이다.

그런데 이 남자는 무슨 자신감이었는지 포기를 몰랐다. 사모가 되는 게 꿈이었다는 말만 듣고 지금 교회를 나가고 있지 않다는 얘기는 못 들었거나 잊어버린 게 분명했다. 다음 날부터 이호석 간사는 이번 여행을 일생의 비전 트립으로 만들어 가고 있었다. 경극을 보러 가서는 모든 사람들을 물리치고 기어이 내 옆에 자리를 잡았다. 경극을 보는 내내 오른편에 앉아 내 귀에 대고 이야기를 속삭였다. 고3 때 일찍이 돌발성 난청으로 오른쪽 귀의 청력을 상실했기 때문에 그 사람이 공연 중 속삭이는 귓속말을 듣기 위해서 나는 어쩔 수 없이 고개를 돌려 왼쪽 귀를 그에게 들이대야 했다.

"제가 사실은 오른쪽 귀가 안 들려서 뭐라고 얘기하는지 아예 안 들려요…."

고개를 돌려 그 사람의 이야기를 듣고 대답을 하며 공연을 감상했다. 그전까지와는 다른 미묘한 감정이 두 사람 사이에 싹트기 시작한 시점이었다. 나는 그것이 싫지 않았고 그 감정은 나만의 것이 아니었다. 그날 이후 이호석 간사는 나에 대한 호감을 대놓고 표시하기 시작했다. 틈만 나면 농담하고 놀리고, 때로는 진지하게, 때로는 소년처럼 내 주변에 머무르며 떠나질 않았다. 마지막 날 밤 숙소였던 호텔로 들어가는 나에게 그 남자는 말했다.

"민아야, 오빠가 이따가 뻐꾸기 칠 테니까. 뻐꾸기 소리 들리면 밖으로 나와."

어느샌가 나 역시 그 사람의 농에 짙게 물들어 버렸다. 호텔방에 앉아 있으면서 뻐꾸기 소리가 밖에서 나기를 기다리고 있었다. 룸메이트 언니가 씻으러 간 사이 정말로 밖에서는 뻐꾸기 소리가 들렸다.

그렇게 뻐꾸기 소리를 따라 나는 로비로 내려왔다. 호텔 커피숍이 문을 닫는 바람에 우리는 커피숍 소파에 음료 없이 앉아 다른 청년들과 함께 시간 가는 줄 모르고 이야기 삼매경에 빠졌다. 이호석 간사는 그때 나를 뚫어지게 쳐다보더니 환하게 자기를 보며 웃어 줄 수 없느냐 부탁했다. 왜 그러냐고 했더니 평소 치열이 고른 여자가 이상형인데 치열이 이렇게 고른 여자를 본 적이 없다면서 칭찬한 것이었다. 그때 옆에서 우리의 시작을 지켜본 한 사람이 있었으니 단국대학교(천안캠퍼스) 중문과 01학번 동기였던 김성수 형제였다. 지금도 우리 교회에 아버지 김종천 장로님의 십일조를 보내 주고 있는, 목회의 중요한 고비고비마다 혜성처럼 등장하여 마치 '나 여기서 하늘꿈 교회를 지켜보고 있소'라고 말하며 존재감을 흩뿌리고 사라지는, 몸은 떨어져 있지만 마음으로 늘 하늘꿈 교회와 함께한다고 고백하는 그런 형제다. 치열 고른 여자가 이상형이라고 고백하는 이호석 간사에게 무슨 짐승 짝 고르냐면서 면박을 주던, 그래서 또 그렇게 한참을 함께 웃었던……. 그렇게 꿈같던 2박 3일의 일정을 마치고 한국에 돌아오는 날이었다. 사건은 베이징 국제공항에서 일어났다.

 돌아오는 날, 하필이면 생리가 시작되었다. 이런 일정이 있을 때는 좀 늦어져도 되련마는 뜻밖의 손님은 나를 배려할 생각이 전혀 없었다. 하필 베이지색 바지에 생리혈이 묻고 말았다. 공항 안은 온도조절기가 잘못되었는지 난방 풀가동 상태임에 틀림없었다. 더위를 잘 타지 않는 내가 견딜 수 없을 만큼 후덥지근했다. 때는 1월 그야말로 한겨울이었는데 말이다. 롱패딩 점퍼를 입고 있던 나는 화장실에 갔다가 생리혈이 바지에 묻었다는 사실을 알게 되었고 이미 모든 짐을 화물로 부친 이후여서 갈아입을 옷도 없었다. 바지를 가리기 위해서는 그냥 점퍼를 입은 상태에서 절대 벗으면 안 되는 것이었다. 문제는 온도였다. 공항 내부는 미친 듯이 더웠다. 모든 사람들의 얼굴이 열에 의해 홍조를 띠었으며 땀을 흘리는 이도 여럿이었다. 패딩을 입고 있을 수가 없었다. 그때부터 무리에서 동떨어져 걷기 시작했다. 비행기가 이륙하기 전에 자리에 착석만 하면 되는 것이다. 바지에 묻은 혈을 가리기 위해 롱패딩을 입자니 더워 죽을 노릇이었다. 게이트로 이동하는 사이사이 패딩 점퍼를 입었다 벗었다 반복했다. 사람들이 있다 싶으면 입고, 없다 싶으면 벗어 가며 체온을 조절했다. 근데 이번에도 문제는 이호석 간사였다. 생리혈이 바지에 묻어 일부러 일행들을 따돌리며 탑승게이트까지 따로 이동하고 있는데 그런 나의 주변을 떠나지 않았다. 나는 그를 따돌리기 위해 일부러 다른 게이트에 앉았다 가기로 했다. 이호석 간사만 보내고 나면 나는 정말 일행에서 마지막이다. 내 뒤에는 아무도 없다. 내 엉덩이에 뭐가 묻었는지 자세히 볼 사람이 없게 되는 것이다. 나는 패딩 점퍼를 입은 채 달려가다가 더위를 못 참고, 얼른 벗으며 다른 게이트 앞에 놓여 있는 대기석에 앉아버렸다. 그랬더니 그 역시 가던 길을 멈추고 나를 따라 내 뒷좌석으로 와서 나를 등지고 앉는 것이 아닌가? 나는 이 남자를 싫어하기로 마음먹었다. 나에게도 말 못 할 비밀이란 것이 있을 수 있지 않겠는가? 왜 남의 속도 모르고 저렇게 따라붙는 건지 도무지 알 수가 없었다.

'제발 가라… 제발 먼저 가라고…. 나는 말 못 할 속사정이 있다고… 나 더워 죽겠다고…. 간사님, 제발 먼저 가세요….'

이렇게 된 이상 차라리 이쯤에서 이 남자를 따돌리고 자유롭게 가면 될 것 같았다. 내가 왜 여태 이 생각을 못 했나? 이 남자는 나와 관계없이 빨리 갈 생각이 없어 보였다. 차라리 내가 먼저 가면 되겠네, 싶어서 자리에서 벌떡 일어났다. 그랬더니 이 사람도 기다렸다는 듯이 나를 따라 일어나는 것이 아니겠는가? 이 사람 도대체 꿍꿍이가 뭐지? 하는 사이 그 사람은 내 왼쪽 귀에 자기 얼굴을 갖다 대더니 귓속말로 조용히 속삭였다.

"입어~"

그 한마디였다. 그리고는 아무렇지 않게 나를 앞질러 탑승게이트 쪽으로 걸어가는 것이었다. 언제 봤는지는 모르겠으나 생리혈이 묻은 나의 바지를 발견하고는 다른 사람들이 그것을 볼 수 없도록 내 뒤쪽에 머무르면서 계속 그 상황을 커버하고 있던 상태였다. 그런 사실을 까맣게 모르고 있던 나는 이 남자는 왜 남의 속도 모르고 빨리 안 걸어가냐며 투덜거리고 있던 것이다.

베이징에서 인천으로 향하던 비행기에서의 기억이 없다. 나는 그날 그냥 쥐구멍만 찾고 있었다. 그리고 천안에 도착하니 이미 밤늦은 시간이었다. 집에 어떻게 돌아가야 할지 모르고 있던 내 앞에 이호석 간사의 차가 멈추어 섰다. 그렇게 그 사람은 자기 차에 탄 모든 사람을 다 집 앞까지 데려다주고 나를 가장 마지막에 내려 주었다. 이미 늦은 시간이었지만 아쉬움 가득한 표정으로 즐거웠다면서 기회가 있으면 또 보자는 말이 그와 나의 마지막 인사였다….

그렇게 중국 비전 트립을 마치고 돌아온 나는, 다음 달에 떠나기로 한 중국 어학연수 준비를 시작했다. 즐거웠던 비전 트립의 추억을 뒤로하고 유학 짐을 싸다 보니 낯선 배낭 하나가 눈에 들어왔다. 그 배낭은 이번 여행을 함께 갔던 조상규 전도사님의 배낭이었다. 돌아오는 날 사정이 생겨 급하게 그 배낭을 빌렸고 돌려 드려야 하는 물건이었다. 전도사님의 연락처도 모르고 방학 중이라 영진 선배를 만날 수도 없으니 여행에서 돌아와 2주가 지난 토요일에 배낭을 갖다 드리러 천안제일교회를 찾았다.

"계세요?"

문을 살짝 열고 문틈으로 고개를 빼꼼히 내밀었는데 사무실 저 멀리서 나를 마주한 한 사람이 그대로 자리에서 일어나더니 얼음땡 상태로 그저 나를 바라보고 있었다.

"안녕하세요? 이호석 간사님? 잘 지내셨어요? 조상규 전도사님께 빌린 가방이 있어서 돌려 드리려고 왔는데 혹시 여기 계실까요?"

반가움은 반가움이고 처리해야 할 일이 있었으니 조상규 전도사님부터 찾았다.

가방을 돌려주기로 한 미션을 마친 내 옆에서, 그 사람은 자리를 떠나질 않았다. 사람들이 나를 둘러싸고 오랜만에 만나서 반갑다며 인사를 하고 있는데 그 사람은 그곳에서 나에게 틈새 어필을 하고 있었다.

"민아야, 그동안 네가 얼마나 보고 싶었는지 알아? 네 전화번호도 몰라서 전화도 못 하는데, 롱패딩을 입고 지나가는 여자만 봐도 달려가서 너 아닌지 확인했어. 2월에 어학연수 가면 못 보니까 시간이 별로 없잖아. 어떻게 해야 볼 수 있을지 몰라서 고민 많이 했어…."

이 사람 올해 스물여덟 살이다. 근데 열네 살 소년처럼 내 앞에서 부끄러워하는 모습이 너무 사랑스럽다.

"아니, 간사님…. 그러면 전화번호를 알아보셔서 전화를 주시지 그랬어요. 가기 전에 식사라도 한번 하게요."

"나이 많은 사람이 주책이라 할까 봐 아무에게도 물어볼 수가 없었어."

"아이고… 그러셨어요. 그럼 제가 알려 드릴게요. 제 번호는요…."

그렇게 그날 우리 두 사람은 전화번호를 교환했다. 그리고 어학연수를 가기까지 40여 일의 시간 동안 우리는 서로를 알아 갔고 천천히 서로에게 스며들었다. 나는 중국, 이호석 전도사는 한국에서 지내며 1년여 간의 장거리 연애를 했다. 대학교 2학년 복학과 동시에, 며칠간의 폭설 후 아주 맑게 개인 토요일이었던 2003년 1월 25일에 그와 첫 만남을 가졌던 천안제일교회 본당에서 우리는 이성수 목사님의 주례로 결혼식을 올렸다. 그렇게 나는 협성신학 4/6학기 이호석 전도사의 배우자가 되었다. 그렇게 쪽박이 될지 대박이 될지 모를 우리의 우당탕탕 목회 인생은 시작되었다.

3.
감사를 선택하다: 감사로 받은 전액 장학금

범사에 감사하라 이는 그리스도 예수 안에서 너희를 향하신 하나님의 뜻이니라

데살로니가전서 5장 18절

어학연수를 다녀오느라 1년간 휴학을 했고 그사이 유부녀가 되어 학교에 복학한 나는 3학년이 되면서 본격적으로 등록금 고민을 하기 시작했다. 2학년 때까지는 친정 부모님께서 도와주신 덕분에 결혼 전과 별반 다르지 않게 학교생활을 영위할 수 있었다. 하지만 3학년이 되면서, 전도사 남편의 월급으로 등록금을 마련한다는 것이 여간 힘든 일이 아니었다. 장학금을 받기는 했지만 그럼에도 불구하고 납입해야 하는 금액은 150여만 원에 이르렀다. 양친 부모님이 학비를 내주시지 못할 형편은 아니었지만 남편은 대학원생, 나는 대학생으로 성인 남녀가 만나 이왕 결혼을 했으니 최대한 우리 힘으로 해결해 보려는 노력이라도 있어야 하지 않겠는가? 하는 것이 기본적인 나의 생각이었다. 그래서 최선을 다해 공부했고 매학기 성적 장학금은 확보할 수 있었다.

그러던 어느 날 학교 어문학부 사무실에서 연락이 왔다.

"여보세요? 인민아 학생 맞나요?"

"네, 맞습니다만 어디시죠?"

"네, 단국대학교 어문학부인데요. 작년에 휴학했던 분들 대상으로 파악할 일이 있어서 연락을 좀 드렸어요. 이번에 복학하셨던데 작년에 휴학하셨던 이유가 뭐죠?"

당연히 어학연수를 위해 휴학을 했고 1년간 중국에 잘 다녀왔다. 그리고 복학해서 학교를 잘 다니고 있는 상황이었다. 달라진 것은 휴학한 사이 결혼까지 했다는 점이었다. 어학연수는 어문학부 학생들에게 필수 코스 같은 것이었기에 특별한 일은 아니었고 그냥 사실대로 말하면 될 것 같아서 그렇게 말하려는 찰나 갑자기 입에서 말이 떨어지지 않았다. 이 무슨 일인가 당황스러웠지만 사실이었다. 꿀 먹은 벙어리가 되어 아무것도 아닌 직원의 질문에 "음…… 음……." 소리만 내며 대답을 못 하고 있었다. 선뜻 말을 이어 가지 못하는 나를 대신해 직원은 다시 새로운 질문을 만들더니 재차 질문하기 시작했다.

"여기 휴학 사유서에 보니 가사 휴학이라고 되어 있던데 혹시 가정 형편이 어려우셔서 휴학하셨던 건가요?"

보호자가 누구냐에 따라 대답이 달라지는 질문이었다. 결혼 전이라면 별다른 어려움이 없었겠지만 지금은 다르다. 뭐라 대답해야 할지 몰라 어물쩍거리며 대답을 미루고 있었다.

"네? 네……."

"그러면 뭐 하나만 더 확인할게요. 보호자가 인호열 씨 맞으신가요? 신상을 좀 확인할 게 있어서요."

이미 결혼을 하는 바람에 호적 정리가 끝난 상태로 나의 법적 보호자는 더 이상 친정 부모님이 아니라 남편 이호석 전도사였다. 그러니 저 질문의 대답은 정확하게 정정할 필요가 있었다.

"아! 아니요. 사실은 제가 결혼을 했거든요. 그래서 이제는 법적 보호자가 바뀌어 남편일 거예요. 남편 이름은 이호석입니다. 이호석으로 바꿔 주세요."

"네? 결혼을 했다고요? 82년생 01학번 맞으시죠?"

"네네…. 그렇게 됐어요."

"그럼 혹시 남편 직업을 물어봐도 될까요?"

"네. 저희 남편 직업은 전도사예요. 목사가 될 예정인데 아직은 대학원생이라 전도사입니다. 작은 교회 전도사(당시 천안만나교회)로 섬기고 있어요."

"어머, 그래요? 남편이 전도사님이면 많이 어려우시겠네요? 지금 남편이 신학생이라는 말이죠?"

"네. 아직 남편은 신학교에 다니고 있습니다. 아무래도 둘 다 학생이다 보니 형편이 녹록지는 않죠. 어려운 게 맞습니다. 그런데 어떻게 아세요? 형편이 어렵다는 걸요?"

"우리 시동생이 전도사라 제가 잘 알아요. 어쨌든 알겠습니다."

그게 교직원과 나 사이에 이루어진 대화의 전부였다. 그렇게 부모님이 내주신 2학년 1, 2학기 등록금을 잘 누리고 나서 겨울방학이 시작되었고, 다음 학기 등록금 고지서가 날아올 생각을 하니 머리가 하얘졌다. 더군다나 결혼과 동시에 각종 명분으로 하나님께 드릴 때가 많아 통장에 돈이 남아날 틈이 없었다. 자원하는 심령으로, 언제나 기쁨으로 드렸다. 생각 없이 드렸던 적은 한 번도 없었다고 자부했었는데, 어느 순간 돈 걱정에 입이 바싹바싹 마르기 시작했다. 이번 학기부터는 친정 부모님 대신 시부모님이 며느리 등록금까지 내주시기로 하셨는데 막상 때가 되니 그걸 냉큼 받는다는 게 도무지 쉽지 않았다. 남편도 아직 대학원생인데 대학생인 며느리 등록금까지 내 달라고 하는 것이 여간 염치없는 일이 아니었다. 등록금 고지서를 받을 때가 되자, 아무런 계산 없이 일 년 동안 하나님께 드린 기백만 원의 헌금이 떠올랐다. 그렇다. 최소한 등록금 계산 정도는 했어야 했던 것이다. 이미 드린 헌금을 어찌 되돌릴 방법은 없고 이렇다 할 대책도 없이 그렇게 받아 든 3학년 1학기 등록금 고지서엔 납입 금액 0원이 찍혀 있었다. 성적 장학금은 학부에서 학년 1등이 아닌 이상 나머지는 90만 원으로 금액이 통일되어 있는 것으로 알고 있었는데 무슨 일로 남아 있어야 할 150여만 원에 대한 납입 금액이 0원이 되었단 말인가? 며칠 후 너무도 궁금한 나머지 장학과를 찾아갔고 담당 선생님을 만나 속사포 질문을 쏟아 냈다. 알고 보니 내가 어떤 이유에서 한국장학재단에서 주는 장학금을 받을 수 있는 학생으로 추천되어 선정된 것이었다. 그 장학생으로 추천되기 위해서는 몇 가지 조건이 필요했는데 성적은 4.0 이상, 가정 형편이 어려워 휴학했던 학생들 중 추천 선발이 요건이었다. 그래서 각 학부별로 2명씩 추천을 받았는데 기억도 가물

가물하리 만큼 오래된 그날의 교직원과의 통화. 그렇다. 오래전 어문학부 직원과 했던 휴학 관련 전화 통화가 다름 아닌 장학생 추천 면접 통화였던 것이다. 더 놀라웠던 것은 한국장학재단 장학생은 1년 동안 두 학기의 등록금 전액을 보장해 준다. 다음 학기에도 평점이 4.0 이상이면 자동 선발되어 결과적으로는 1년 치 등록금 전액을 장학금으로 지급해 주는 시스템이었다. 다만 1년 이상은 받을 수 없다는 지침이 있다는 사실도 알게 되었다. 두 학기만이라도 어딘가? 전혀 예상치 못한 한국장학재단 장학생으로 선발된 덕에 3학년 내내 오로지 공부에만 전념할 수 있었다. 전액 장학금을 받기 위해 총점 4.0만 넘자며 열심히 공부했더니 감사하게도 4.5 만점으로 어문학부 1등을 하는 경사가 일어났다. 그래서 1등 장학금으로 150만 원을 받고 한국장학재단 장학금도 함께 받게 된 일도 있었다. 영광스러운 일이었다. 그렇게 1년 동안 돈 걱정 없이 3학년을 마무리하고 나니 남편이 조심스럽게 제안을 해 왔다. 장학과의 담당 선생님께 인사를 드릴 필요가 있지 않겠냐는 것이었다. 지금이야 김영란법으로 사소한 인사치레조차 모두 막혀 버렸지만 그때는 그런 인사치레가 가능했던 시절이었다. 남편은 1년 동안 수백만 원의 장학금을 받았는데 담당 선생님께 인사를 하지 않는 것은 사람으로서 예의가 아니며 다행히 이제 1년간의 장학금 지급 기간이 완전히 끝나 더 이상 이해관계가 얽힌 사이가 아니니 감사한 마음을 반드시 표현하고 가는 게 옳은 일이라며 나를 설득했다. 감사를 표현할 줄 아는 삶이 그리스도인다운 삶이라고 이야기하는 남편의 설득 끝에 마트에 가서 우리 형편에서 사 드릴 수 있는 작은 벌꿀

집 하나를 사서 장학과 선생님을 찾아뵀다. 찾아뵙고 보니 빈손으로 갈 자리는 아니었다는 생각에 참 잘한 선택이었다고 생각했다.

"선생님, 저 지난번에 인사드렸던 어문학부 인민아 학생입니다. 다름 아니고 지난번 한국장학재단 장학생으로 선발해 주셔서 제가 1년 동안 등록금 걱정 없이 공부할 수 있었어요. 그런 수혜를 입도록 배려해 주셔서 감사합니다. 저희 남편이 이렇게 은혜를 입었는데 그냥 넘어가는 것은 도리가 아니라고 꼭 찾아뵙고 감사하다고 인사드리라고 해서 이거 저희가 받은 것에 비하면 아무것도 아닌데 인사드리고 싶어서 가져왔어요. 받아 주세요. 어차피 저는 1년 동안 혜택을 받아서 이제는 추천받을 자격도 안 되니 이 작은 선물의 의미가 왜곡될 일도 없을 거라 여겨져서 마음 편하게 준비했어요. 선생님 지난 일 년 동안 감사했습니다."

나는 공손하게 감사 인사를 전했다. 그러자 그 선생님은 너무도 놀라 자리에서 일어나 어찌 보면 보잘것없는 그 작은 벌꿀집을 두 손으로 받아 드셨다.

"학생, 내가 지금껏 이십 년 넘게 장학과에 있으면서 수많은 학생들에게 장학금을 집행했는데 단 한 명의 학생도 감사하다고 찾아와서 인사를 했던 적이 없었네. 더군다나 선물을 가져오다니…. 이런 선물로 감사 인사를 한 학생 역시 역대 졸업생을 통틀어 자네가 처음이네. 그래서 오히려 내가 당황스럽고 대단히 감사하네. 자네 이름이 뭐라고 했지?"

"네. 저는 어문학부 3학년 인민아라고 합니다."

"그런데 아까 뭐라고? 자네 지금 3학년 아닌가? 남편이 인사를 하라 했다니?"

"아… 제가 2학년 복학하면서 좀 이른 결혼을 했어요. 남편이 직업적으로 결혼이 늦어질수록 별로 좋지 않아서 결혼을 좀 서둘렀습니다."

"그래? 결혼을 했어? 남편 직업이 뭔데?"

"네, 전도사예요. 남편이 감리교회 전도사입니다."

"그래? 대단히 어렵겠구먼, 자네가. 우리 형님이 목회자라 그 어려운 형편을 내가 잘 알아. 그럼 지금 사역을 어느 교회에서 하고 있나?"

"네, 작년까지 작은 교회 섬기다가 올해 다시 모교회로 돌아와서 지금은 천안역 언덕에 있는 천안제일감리교회 청년부 전도사로 있습니다."

"그렇군…. 나도 어릴 적에 시골에서 교회를 다녔었지. 우리 어릴 때는 교회에 안 다녀 본 사람을 찾기가 더 어려울 정도로 교회가 부흥했던 시대였으니까…. 그런데 지금은 교회를 다니고 있진 않아…. 아무튼 고맙네. 다들 당연히 장학금을 받는 것으로 알고 감사 인사를 해 온 사람이 없었는데. 내가 더욱 고맙네. 20년 만에 이런 뿌듯함을 느끼게 해 주어서."

그렇게 장학과 선생님과의 인상 깊었던 만남을 뒤로하고 집에 돌아오니 또다시 1년 만에 전보다 더한 강도로 다음 학기 등록금 걱정이 시작되었다.

지난 일 년 동안 전액 장학금을 받은 것이 너무 감사해 1학년 때부터 받은 장학금에 대한 모든 십일조를 작정하고 한꺼번에 드렸더니 남편 두 달 치 월급을 넘어섰다. 나는 전형적인 머리형 인간으로 굉장히 지능적이고 계산적인 사람이라 믿어 의심치 않고 살았는데 헌금할 때만 되면 계산기가 머릿속에서 지워져 버린다. 한 치 앞을 보지 못하고 늘 드리고 나서 대책이 없음을 확인한다. 이번에도 마찬가지였다. 다행히 마지막 4학년이다. 올해 일 년만 버티면 나가서 돈을 벌 수 있다. 지난 일 년 동안 전액 장학금으로 양가 부모님들을 기쁘게 해 드렸으니 마지막 두 학기는 부모님께 다시 비벼 볼까? 하는 생각이 꼬물꼬물 올라오고 있던 참에 등록금 고지서가 날아왔다. 뜯자마자 너무 놀라 고지서를 떨어뜨렸다. 보고는 있었지만 믿을 수가 없었다. 이번엔 무슨 이유에서인지 납입 금액이 또다시 0원이었다. 확인해 보니 한국장학재단 장학생으로 1년간 재선발되었는데 그것도 장학과 담당 선생님 직권으로 재추천 선발된 것이었다. 후에 알고 보니 1년 이상 장학금을 받을 수 없다는 조건은 재단 지침이 아닌 학교 나름의 가이드라인이었을 뿐 재선발이 이루어져도 법적으로 아무런 문제가 없었다. 어차피 같은 조건에서 선발된 사람들이라면 감사할 줄 아는 학생이 장학금을 수령하게 하는 것이 맞는 것이라며 재선발 이유를 특별히 나에게만 고지해 주셨다. 우리는 하나님이 주시는 축복임을 직감적으로 알았다. 또한 그 일로 인해 은혜를 준 사람들에 대한 감사의 표현이 얼마나 중요한 것인지 마음 깊이 새기게 되었다. 3, 4학년. 총 4학기 동안 한국장학재단에서 받은 장학금은 무려 천여만 원이 넘었다. 3학년 때 받은 장학금은 은혜로 받은 장학금이었다면 4학년 때

받은 장학금은 감사로 받은 장학금이었다. 등록금 고지서 때문에 두려움에 떨고 있을 나를 위해 주님은 이미 수개월 전부터 준비하고 계셨다. 교직원과의 통화에서 휴학의 이유를 묻는 물음에 가사 휴학이 아닌 어학연수라고 대답할까 봐 우리 주님은 내 입을 아예 막아 버리셨다. 아무리 머리를 굴려 봐도 주님의 시나리오가 아니고는 이런 반전이 나오긴 어렵지 싶었다. 이와 같이 때를 따라 돕는 주님의 은혜로 나는 그렇게 무사히 학부를 졸업할 수 있게 되었고, 그 덕에 어떠한 경우에도 돈이 없어 무엇을 못 한다는 얘기는 무조건 핑계임을 알게 되었다. 우리 주님이 함께하시는 이상 말이다.

4.
지금 장난해?!
오기로 등록한 호서대 연합신학대학원

가로되 내가 모태에서 적신이 나왔사온즉 또한 적신이 그리로 돌아 가올찌라 주신 자도 여호와시요 취하신 자도 여호와시오니 여호와의 이름이 찬송을 받으실찌니이다 하고

욥기 1장 21절

남편은 감리교 목사다. 감리교회에서 목사 안수를 받는 방법은 세 가지가 있다. 신학대학원 졸업 후 교회 개척 후 3년 유지 또는 인턴 전도사 시험을 봐서 합격한 후 인턴 전도사가 필요한 교회에서 3년을 섬긴 후 개척이나 담임자로 부임, 졸업하자마자 먼저 목사 안수를 받고 선교지로 파송받는 방법이다.

남편의 전도사 시절은 참으로 파란만장했다. 남들은 하나도 어렵다는 교회 담임 자리를 세 군데나 거쳤다. 1년 반은 경기연회 수원 연무 사랑의 교회 담임자로 섬기면서 지하에 있던 교회를 지상 2층으로 이전하였고, 나머지 1년 반 동안은 천안으로 다시 내려와 천안 외국

인 교회 담임으로 부임하여 아프리카 출신 외국인들을 섬기는 사역을 감당했다. 그렇게 목사 안수를 받게 되는 3년째가 되었을 때 남편은 천안 외국인 교회 담임을 사임하고 오랜 시간 준비했던 선교사 파송을 받게 되었다. 말레이시아 쿠알라룸푸르 닐라이의 땡낄이라는 지역으로 화교 목회를 떠난 것이다. 가족들이 한 번에 들어가서 고생하는 것보다는 남편이 먼저 자리를 잡아 놓는 것이 더 좋다는 조언을 듣고 단독으로 먼저 파송받은 남편은 그곳에서 목사 안수를 받기 전 3개월 동안 이제껏 경험해 본 적이 없는 온갖 부조리와 정서적 학대에 가까운 일들을 경험하게 되었다. 선교사로 나가기 위해 그간 한국에서 소유하며 누렸던 모든 것들을 이미 정리한 상태였다. 국내에 있는 동안 우리가 거했던 어머님 명의의 아파트는 선교비에 보태기 위해 월세를 놓은 상태였고 타던 차는 아버님께 반납했다. 아버님과 어머님은 그 사이 나머지 집 한 채도 정리하시어 천안제일교회(현 하늘샘 교회) 건축 헌금으로 작정하신 1억을 헌금하셨다. 하나님께서는 돌아가 봐야 갈 곳 없으니 이곳에 뼈를 묻으라는 말씀을 주시며 퇴로를 차단해 버리신 것 같았다. 하지만 파송 3개월 만에 현지 선교사님과의 갈등으로 모든 것을 탈탈 털린 채 만신창이가 되어서 남편은 돌아왔다. 이민을 준비했기에 갈 곳이 없어진 우리 가족은 어쩔 수 없이 친정엄마의 아파트에서 더부살이를 시작했다. 남들은 쉽게도 받는 목사 안수를 우리는 그렇게 돌고 돌아 받는 느낌이었다.

2008년 4월 말레이시아 선교 사역을 완전히 정리하고 한국으로 돌아와 그토록 꿈에 그리던 감리교 목사 안수를 받았지만 너무도 암울한 우리의 미래에 눈앞은 캄캄하기만 하였다. 목사 안수만 받으면 뾰족한 수가 생길 줄 알았다. 하지만 정말 아무런 일도 일어나지 않았다. 오히려 전도사 시절에는 용납되고 이해되던 부분들이 목사가 되고 나니 달라졌다. 모든 게 실전이고 프로다워져야만 했다. 변명의 여지가 없었고 책임져야 했고, 자립해야만 했다. 목사 안수를 받은 후 미래에 대해 깊은 고민에 빠져 있던 그때, 남편의 모교회 담임 이성수 목사님께서 남편에게 부교역자로 교회를 섬겨 줄 것을 제안하셨다. 남편이 선교사로 나갈 때 한창 교회가 건축 중이었음에도 불구하고 천만 원의 후원금을 마련해 주셨다. 하지만 가져간 돈은 현지 사역자에게 탈탈 털리고 3개월도 버티지 못한 채, 선교사역을 정리하고 돌아온 남편에게 목사님은 그 어떤 것도 묻지 않으시고 그냥 부교역자로 함께하길 원하셨다. 훗날 이성수 목사님께 여쭈었다. 그 당시 왜 그 길이 아니라는 것을 이미 아셨으면서 말리지 않으셨냐고 여쭙자 목사님은 이렇게 대답하셨다.

"내가 말렸어도 갔을 거잖아. 그럴 땐 그냥 그것을 경험해 보게 두는 게 훨씬 빠르거든. 가 봐야 그 길이 아니라는 것을 가장 정확히, 그리고 빨리 알게 되지…."

이성수 목사님께서 사랑으로 우리를 품어 주신 덕분에 우리는 잠시나마 정서적으로 안정감 있는 생활을 영유할 수 있었다. 얼마 후 나의 개인적인 연약함으로 인해 큰 교회에서 부교역자 사모로서 사역하면서 적응이 쉽지 않아 많은 어려움을 겪어야만 했지만 남편의 모교회인 하늘샘 교회(구 천안제일교회)에서의 사역은 지금도 항상 가슴 한편을 먹먹하게 하는 그리움으로 남아 있다. 또한 여전히 끔찍이도 사랑하는 교회다. 나의 남편 이호석 목사를 36년 동안이나 품어 주고 길러 준 그곳.

부교역자로 교회를 섬긴 지 3년째로 접어들던 어느 날 남편 나이 36세가 되던 해였다. 어느 날부터인가 남편은 교회 건축으로 인해 힘든 시절을 보내고 있던 하늘샘 교회에서의 사역을 정리해야 할 때가 되었다고 이따금씩 이야기하기 시작했다.

안정감을 인생 최고의 가치라고 여기며 살던 나에게 남편의 사임 이야기는 존재 자체를 뒤흔드는 커다란 두려움으로 다가왔다. 상담 공부를 하고 싶어 호서대 연합신학대학원 목회 상담학과에 원서를 써놓은 상태였고, 등록금까지 이미 마련해 놓은 상태였다. 남편의 사임 이야기는 곧 교회 개척을 의미하는 것이었다. 남편에게 더 이상 부교역자에 대한 뜻이 없다는 것을 알기에….

개척 교회를 섬긴다는 것은 이미 서리 전도사 때 충분히 경험을 해 본 터였기 때문에 더욱더 두려웠다. 남편은 어차피 떠나야 한다면 한 살이라도 더 젊었을 때 새롭게 시작해야 한다면서 기어이 교회에 사표를 제출했다. 2010년 1월의 어느 날이었다.

성도들과의 교제, 봉사는 물론이고, 기도나 각종 훈련 신청과 참여, 몇 부 예배를 드릴 것인가에 이르기까지 그 무엇 하나 자유롭게 결정할 수 없었던 부교역자 사모 시절 나는 27세의 꽃다운 나이에 사택에만 갇혀 침잠해야 했다. 의지 하나만큼은 따라올 사람이 없다 자신했었다. 대학교 2학년 때 결혼해서 4학년 1학기 기말고사 마지막 날 교직 과목 시험을 보고 병원에 가서 첫째 아이 희민이를 출산했고, 그 학기에 나는 총 평점 4.5점 만점에 4.5점을 맞는 경이로운 기록을 남겼다. 그런 불굴의 의지를 가진 내가 정서적으로 많이 다쳐 끙끙 앓고 있었다. 불만 끄면 커다란 관 안에 누워 있는 것 같았다. 하루가 다르게 폐인이 되어 가는 내 모습을 보며 남편의 걱정도 이만저만이 아니었다. 그래서 내가 대학원을 간다 했을 때 남편은 적극적으로 지지해 주었다. 무엇을 하든 남편은 내가 다시 살아나길 원했다. 우수한 성적으로 학부를 졸업했기에 대학원에 어렵지 않게 붙을 수 있을 것으로 예상했다. 당시 단국대학교(천안캠퍼스) 학부 졸업 동기들은 최소 동대학원 이상으로 진학하는 데 별다른 어려움이 없었기 때문에 더더욱 그렇게 생각했다. 신학대학원은 일반대학원 입시와는 완전히 다르다. 더군다나 호서대 연합신학 전문대학원은 지금도 그렇지만 당시에도 지역 교회 목회자 부부와 성도들을 우수한 기독교 리더로 양성하기 위해 물심양면으로 지원을 아끼지 않는 학교였다. 신학대학원의 경우 목회에 뜻을 두고 진학하는 경우가 많기 때문에 경쟁률 자체가 별 의미가 없는 상황이었다. 목회라는 직업이 경쟁이 치열한 종류의 업은 아니지 않은가 말이다. 이번엔 원서 접수부터 그동안과는 달라도 많이 달랐다. 매년 신입생 모집 기간을 놓쳐서 원서 접수조차 못 해 보고 내년을 기약했었는데 그해 11월에는 하나님께서 기가 막힌 사인을 주시며 원서 접수 기간을 정확히 인지시켜 주셨다. 성적으로 보나 경쟁률로 보나 여러 가지 정황상 무리 없이 합격할 수 있을 거란 확신이 있었고, 이는 분명 하나님께로부터 오는 감동 같았다. 얼마나 자신만만했으면 남편의 월급을 쪼개고 쪼개 400여 만 원이 넘는 등록금까지 미리 준비해 둔 상태였겠는가?

하지만 계획대로 되지 않아 인생인가 보다. 대학원 진학을 코앞에 두고 남편은 사표를 제출했고 남편의 월급에서 한 푼 두 푼 모아 고상하게 대학원을 다녀 보고자 했던 내 계획은 수포로 돌아가게 되었다. '그래, 사표 냈으니 당장 떠나거라!'라는 명령이 떨어지지는 않았지만 사표를 쓴 이상 언제든 이제 출근 그만하라 하시면 그만하는 것이 전혀 이상한 일이 아니었다.

하늘샘 교회에서 사임이 예정되어 있던 남편은 하늘샘 교회로 출근은 했지만 개척할 교회에 대해 하루 종일 생각하다 퇴근하곤 했다. 다시 개척 교회를 섬긴다는 것이 매우 불안했지만 부교역자로 계속 있는 것도 우리 미래에 대한 정답은 아니었기에 어차피 다시 부딪혀서 승부를 봐야 한다면 하루라도 젊었을 때 빨리 보자 하는 마음이 내 안에서도 조금씩 조금씩 피어나고 있었다.

호서대 연신원 목회상담학과에 합격하는 것은 이미 하나님께서 원서를 쓰기 전부터 감동으로 확증해 주신 사안이었기 때문에 걱정이나 염려를 할 성격의 것이 아니었다. 그래서 당연히 합격이라고 떠 있을 줄 알았는데 웬일인지 불합격 통보를 받았다. 어안이 벙벙하고 어리둥절했다. 그중에서도 가장 해석이 안 됐던 부분은 원서를 쓸 당시에 받았던 합격에 대한 강력한 확신이었다. 주님이 주신 감동임이 틀림없다 생각했고 단연코 그 믿음에 의구심을 가져 본 적이 없었다. 원서를 쓴 이후로 말이다. 그런데 결과적으로는 불합격이었다. 그렇게 불합격 통보를 받고 나서 그날 밤, 교회에서 열린 외부강사 초청 부흥집회에 참석했다. 마음이 진정되지 않았고 미래에 대한 막연한 불안감이 또다시 나를 사로잡았다.

'하나님, 남편은 사표 써 놓고 개척을 고민하고 있고, 저 역시 대학원에 떨어졌어요. 우리 부부 둘 다 지금 어디로 가야 할지 갈 바를 알지 못하고 이렇게 나와 앉아 있습니다. 이제 우리 부부는 오라는 데도 없고 갈 데는 더더욱 없습니다. 어찌합니까, 주님⋯.'

사모가 울며 기도하면 안 좋은 사연이 있어 보일까 봐 최대한 절제하며 기도하려고 노력했지만 그 시절 나는 앉기만 하면 수도꼭지였다. 다른 성도들에게 누가 될까 어느 순간부터 소리치며 우는 기도는 멈췄지만 눈에서 눈물은 하염없이 흐르고 있었다. 그렇게 무거운 마음으로 집회에 참석한 상태였는데 갑자기 강사 목사님은 다음 날까지 지금껏 듣도 보도 못한 '생명의 속전 예물'을 준비해 오라고 권면하셨다. 그런데 그 액수가 결코 작지 않았다. 한 명당 300만 원 부부 합계 600만 원의 헌금을 준비해 오라고 말씀하셨다. 말이 생명의 속전 예물이지 이미 예수님께서 우리의 죄를 다 대속하셨는데 무슨 생명의 속전 예물이 필요하겠는가? 그 헌금의 진짜 의미는 건축으로 인해 어려움을 겪고 있는 교회를 세우기 위한 건축 헌금이었다. '눈 뜨고 코 베인다' 했던가? 어찌 보면 그 집회 자리가 그러했다. 부교역자로 있는 동안 이미 최선을 다해 헌금을 드렸다. 항상 내 수준을 뛰어넘어 헌금을 드려 왔다. 그것은 신혼 때부터 하나님이 주신 감동대로 드리는 훈련을 잘해 왔기 때문에 우리 부부에게 그다지 어려운 일이 아니었다. 남편이 교회에서 사례비를 60만 원 받던 시절에는 15만 원을 헌금했고 180을 받던 시절에는 50만 원씩 헌금했다. 그리고 각종 절기 때마다 또는 감동을 주시면 주시는 대로 순종해 왔다. 이번 집회가 있기 얼마 전에도 하늘샘 교회 악기 헌금으로 1년 넘게 보습학원에서 일을 하면서 어렵게 모은 1,000만 원을 이미 헌금으로 드린 상태였다. 교회가 많이 어렵다는 것은 이미 잘 알고 있었기 때문에 생명의 속전 예물의 성경적 근거가 뭐냐고 따지고 싶은 마음이 1도 없었다. 그래도 명색이 목회자 부부이지 않은가? 척하면 척이다. 그러니 이렇게라도 건축 헌금을 충당할 수밖에 없는 교회의 현실이 그저 안타까울 뿐이었다. 하지만 우리 부부의 입장은 다를 수도 있었다. 이미 사표도 썼겠다. 나도 내 갈 길을 준비해야 한다. 교회를 개척하려면 다만 얼마라도 있어야 하지 않겠는가?

방금 전 나는 분명 부부 합산 600만 원 건축 헌금을 준비해 오라 들었다. 들었지만 나는 들은 게 아니다. 그냥 어차피 떠날 몸. 우리는 사표를 이미 쓴 사람들이 아닌가? 드리지 않아도 되지 않는가? 결정적으로 우리는 돈이 없었다. 아무것도 없었다. 그러니 우리는 패스다. 저 명령으로부터 자유해도 된다는 이야기인 것이다. 하지만 경험상으로 보자면 이런 고민이 내면에서 계속 일어나고 있다는 것 자체가 드리기로 마음먹었다는 반증이다. 그렇다면 좋다. 백번 양보하자. 있으면 드릴게요. 얼마 전에 1,000만 원 가져가 놓으시고서 또 600만 원을 가져가시겠다면 가져가셔요. 근데 이번에는 없을 걸요? 아차! 하는 순간 내 뇌리를 스치는 대학원 등록금 400만 원의 존재감… 없을걸요?! 자신만만했던 순간 갑자기 생각난 400만 원 때문에 적잖이 당황했지만 내 머리는 이미 600만 원을 만들어 내기 위해 미리 준비된 400만 원에 보탤 200만 원을 어떻게 마련할 것인가에 대한 계산이 돌아가고 있음을 직감했다. 그렇다… 실은 듣자마자 내 무의식 깊은 속에서 그것을 드리고자 이미 마음을 먹었을 것이다. 나는 원래 그런 주님의 자녀이니까…. 자유해도 된다! 드리지 않아도 된다! 하고 수없이 속으로 외쳐 보았지만 더욱더 강력하게 내 머릿속으로는 600만 원을 만들어 내고 있었다. 이렇게 되고 보니 결국 주님은 건축 헌금으로 600만 원을 취해 가시기 위해 대학원 찰떡 합격 예정이라는 트랩으로 나를 유인한 뒤 등록금을 미리 모으게 하신 큰 그림을 이미 그리고 계셨다는 생각에 다다르게 되었다. 역시 치밀한 양반이다. 알면서도 또 당했다. 그렇다 우리 주님은 원래 나를 대학원에 붙일 생각이 없으셨던 것이다. 가져가시기 편하도록 미리 모으게 하신 게 틀림없다. 생각이 여기까지 미치자 나는 그날 밤, 무조건 600만 원을 만들어 내고야 말겠다는 결심을 하게 되었다. 드리자 까짓것. 금도 내 것이고 은도 내 것이라고 말씀하신 주님께서 나에게 마치 600만 원을 맡겼다가 찾아가시겠다는 느낌으로 요구하시는데 이거 한번 드려 보자. 사표 썼지만 떠나기 전 하늘샘 교회에 먼지까지 털어 버리고 가라고 말씀하시는 듯했다. 그렇게 마음에 결심을 하고 집회가 끝난 오후 늦은 밤 친정에 전화를 드렸다. 자초지종을 말씀드리고 틀림없이 한 달에 100만 원씩 갚기로 약속하고 급하게 부족한 200만 원을 친정 부모님에게 빌렸다. 다음 날 나는 아침 일찍 은행으로 갔다. 친정에서 빌린 200만 원에 어차피 불합격해서 목적을 상실한 등록금 400만 원 총 600만 원의 돈이 하룻밤 새 만들어졌다. 신기했다. 그렇게 만들어진 돈을 은행에서 찾는데 계속해서 눈물이 났다. 그리고 드릴 수 있음에 감사했다. 600만 원을 현금으로 찾아 두둑해진 봉투를 들고 집회 전 예배당에 일찌감치 도착해서 앉아 있는데 여기저기서 어젯밤 선포된 생명의 속전헌금에 대해서 이런저런 말들이 오가기 시작했다. 듣자마자 이미 예견됐던 일이긴 했지만 이렇게 빨리, 그리고 직접적으로 반응이 올 줄은 몰랐다. 이미 시험에 들어 집회에 나오지 않기로 했다는 사람이 있다, 누군가는 교회를 떠난다더라, 각종 이야기들이 들려오기 시작했다. 하지만 나는 원래 '믿음으로 취하는 자가 승자다!'라는 생각으로 신앙생활을 해 왔기 때문에 누가 시험에 들거나 들지 않거나 중요하지 않았다. 나는 믿음으로 순종하여 취하기로 마음먹고 이미 헌금을 준비해 오지 않았는가? 이제 기쁨으로 드리기만 하면 된다. 그렇게 기쁨이 충만했지만 미래에 대한 막연한 불안함에 한편에서는 사표 써 놓고 이래도 되나? 하는 걱정도 없지는 않았다. 그날 낮 예배 때 그토록 어렵게 마련한 건축 헌금이 드디어 하나님께 드려졌다. 감사와 기쁨이 충만했다. 잠시 후 낮 집회가 끝나자마자 얼마나 기가 막힌 소식을 듣게 될지 상상도 못 한 채 그저 드릴 수 있음에 감격했다.

무사히 예물을 드린 감격에 겨워 기쁨이 충만한 낮 집회를 마치고 성전 문을 나오기가 무섭게 전화벨이 울리기 시작했다. 모르는 번호로부터 걸려 온 전화여서 듣자마자 첫마디를 듣고 끊으려고 빨간색 전화 표시 버튼에 아예 손가락을 갖다 댄 채 통화를 시작했다.
"여보세요?"
"네, 여보세요? 인민아 선생님 되시나요? 여기는 호서대학교 연합신학 대학원입니다."
인민아 선생님까지 듣고 나를 그렇게 불러 줄 이는 각종 마케팅 업체 콜센터 담당자밖에 없다고 생각했기 때문에 심드렁하게 영혼 없는 '예'를 남발하고 있었다. 애초부터 예의 있게 끊을 타이밍만 잡을 목적이었다.
"예, 예, 예. ……예?"
호서대학교 연합신학 대학원이라고?
"예, 예, 잠시만요, 어디시라고요?"
"네, 호서대학교 연합신학대학원이요. 여기 원서 넣으셨잖아요. 추가 합격하셨다는 거 안내드리려고 연락드렸습니다."
"네? 추가 합격했다고요? 아니 왜?!"
"예? 선생님 추가 합격하셨다고요. 인민아 선생님 본인 맞으시죠? 선생님 오늘 안에 등록하셔야 추가 합격자가 되십니다. 그때까지 등록하지 않으시면 다른 분께 연락을 드릴 거예요. 가능하시겠어요?"

"네네… 해 볼게요. 지금 너무 예상치도 못한 일이 생겨서요. 일단 등록할게요. 다른 분께 연락하지 마세요. 감사합니다."

방금 전까지 분명 은혜가 충만했었는데 그 은혜를 갑자기 어디로 쌈 싸 먹었는지 내가 서 있는 그곳 성전 앞 로비가 호랑이 굴 같은 느낌이었다. 정신만 차리면 산다 했다. 나는 그토록 원하던 대학원에 추가 합격했다. 그런데 방금 전 나는 그 대학원 등록금으로 마련해 두었던 400만 원을 헌금했다. 그 어떤 일도 되돌릴 수 없으며 오늘까지 등록을 해야 하는데 결정적으로 나는 지금 가진 돈이 없다. 남편을 찾아도 별수가 없다. 남편은 돈에 대해 아무것도 모르는 사람이다. 전적으로 나에게 가정의 모든 재정 권한을 위임했다. 내가 없다면 없는 것이었다. 결국 내가 생각해 낸 사람은 다름 아닌 어젯밤 급전 200만 원에 대해 나의 물주가 돼 주었던 친정 부모님이었다.

잠시 망설이다 또다시 친정 부모님께 전화를 드렸다. 그리고 자초지종을 설명했다.

나는 훗날 천국에서 주님을 마주하게 되면 꼭 여쭤볼 몇 가지 질문 리스트가 있는 데 그중 하나가 바로 이 대학원 추가 합격 에피소드이다.

이틀 사이 계획에도 없었던 기백만 원의 지출을 감당해야 했던 친정아버지는 기어이 화를 내셨다. 사려 깊지 못하고 신중하지 못하다면서 심하게 화를 내셨다. 내가 생각해도 욕을 먹어도 쌀 만큼 사려 깊지 못했다. 신중하지 못했다. 한 치 앞을 내다보지 못하고 털썩 사고를 친 셈이 되고 말았다. 수습은 언제나 부모님 몫이었다. 하늘 아버지는 지금 이런 상황을 꿀잼이라며 주목하고 계실 것 같은데 땅의 아버지는 당시 나에게 엄청난 화를 내고 계셨다. 작전상 무조건 엎드려야 한다. 양손으로 전화기를 감싸고 연신 고개를 숙이며 잘못했으니 이번 한 번 마지막으로 등록금 좀 해결해 달라 부탁했다. 부농이었던 땅의 아버지 인호열 집사는 있는 힘껏 갖은 성질을 다 부린 후 결국 못 이기는 척, 시집간 첫째 딸 대학원 첫 학기 등록금을 입금해 주었다. 그렇게 그날이 가기 전에 아빠 찬스로 대학원을 등록하고 나서야 나는 주님께 드려야 할 말이 있다는 생각이 났다. 이쯤 되면 나는 나대로 오기가 생기지 않았겠는가 말이다.

'주님, 제가 오늘 좀 정신없이 천국과 지옥을 오갔습니다. 그러다 이제야 정신을 좀 차렸네요. 근데요, 주님, 오늘 좀 심하셨잖아요? 아니, 대학원을 추가 합격시키실 거면 건축 헌금 감동을 주시질 말든지, 건축 헌금을 얼마나 기쁘게 드렸는지 아시면서 그 헌금을 받으셨으면 대학원 추가 합격을 시키질 마시든지…. 주님 이게 뭡니까? 결국 제가 한 것은 하나도 없어요. 하나님은 오늘 저와 아빠에게서 1,000만 원이라는 돈을 찾아가셨습니다. 근데요, 주님 제가 한 번 당하지 두 번은 안 당해요. 저는 앞으로 대학원 남은 세 학기 동안 제 힘으로 등록금을 마련할 일은 없을 겁니다. 주님이 준비하셔서 그 돈을 등록금으로 딱 마련해 주시지 않으면 저는 따로 등록금을 모을 생각도 없고 대출받을 생각은 더욱 없습니다. 등록금이 마련되지 않으면 저는 그날로 학교를 그만두겠습니다. 제 첫 학기 등록금을 취하셨으니 주님께서 저의 남은 학기 등록금을 해결해 주실 것을 믿습니다! 아멘! 아, 몰라!!'

그렇게 그날의 선포대로 나의 한 학기 등록금을 취해 가신 선하신 우리 주님은 남은 세 학기 등록금을 모두 해결해 주셨다. 그 모든 것이 때를 따라 도우시는 하나님의 은혜대로였다.

5.
포교원이 될 뻔한 하늘꿈 교회:
천안역 지하에 교회를 개척하다

이르시되 너희 맞은편 마을로 가라 곧 매인 나귀와 나귀 새끼가 함께 있는 것을 보리니 풀어 내게로 끌고 오너라 만일 누가 무슨 말을 하거든 주가 쓰시겠다 하라 그리하면 즉시 보내리라 하시니

마태복음 21장 2~3절

모든 것을 탈탈 털어서 드리고 나니 그야말로 빈털터리 신세가 되었다. 1월에 사표를 제출하고 봄이 되자 남편은 교회 개척을 위해 실제로 움직이기 시작했다. 문제는 언제나 돈이었다. 돈을 가지고 있을 리 만무하지 않은가? 그때까지 우리 부부에게 하나님의 캐릭터는 극강의 가성비를 추구하시는 주인이셨다. 언제나 주님께 돈이 필요한 순간이 되면 '나 좀 다오. 나 좀 쓸게…' 하시며 그냥 마음대로 우리의 것을 취하시는 분이었다. 매번 그렇게 삥(?)을 뜯기는 느낌이 드는데도 아들을 주신 목숨값이 거기에 비할쏘냐 싶은 마음이 더 컸으니 언제나 '주가 쓰시겠다 하라.', 이 감동 하나면 충분했다. 나에게 찾으러 오셨으니 내가 드려야 하는 것이다. 시도 때도 없이 몰려드는 감동 때

문에 부교역자 시절 받은 사례비의 거의 전부를 주님께 드렸다. 준비가 되지 않았을 때도, 몰려드는 감동을 외면할 수 없어, 아주 싸구려이긴 했지만 타던 차까지 두 번이나 팔았다. 주님은 그렇게까지 탈탈 털어서 우리의 재정을 남김없이 취해 가셨다. 그리고 막상 우리가 개척해야 하는 상황이 되니 남은 돈이 없었다. 돈 한 푼 없이 교회 자리를 물색하러 돌아다니는 남편이 때로는 제정신인가 싶을 정도로 안쓰러워 보였다. 남편은 아랑곳하지 않았다. 비가 억수로 쏟아지던 어느 날 저녁, 교회 차를 가지고 퇴근한 남편이 함께 교회 자리를 보러 가자며 나를 차에 태웠다. 봐 둔 자리가 있으니 가자는 건 줄 알고 불안에 요동치는 마음을 가까스로 여미고 따라나섰다. 한참을 목적지 없이 달리다가 천안역 태극당 빵집 사거리 앞 횡단보도에 신호대기를 하던 중이었다. 남편은 차를 급히 대로의 가장 자리에 정차하더니 무언가 결심을 한 듯 말했다.

"여보, 나 잠시 태극당에 들렀다 올게."

"왜요? 여기에 교회 자리가 있어요? 여기 사장님 아셔요?"

"아니, 몰라."

"그럼 어쩌자고요? 돈 있어요? 뭘 어쩌려고?"

"나도 몰라. 그냥 감동이 있어서 그래. 가서 빈 공간 공짜로 쓰게 해달라고 말해 볼 거야, 사장님께……. 잠시만 다녀올게."

이 무슨 자다가 봉창 두드리는 소리란 말인가? 드디어 미친 것이 틀림없다. 남편이 실성한 듯 보였다. 잠시만 기다리라는 말과 함께 빗속을 뚫고 뛰어가는 남편을 뭔가에 홀린 듯 바라보노라니 내리치는 빗방울이 한 치 앞을 내다볼 수 없을 정도로 거세졌다. 그리고 날씨가 그런 것이 마치 우리 부부의 미래에 대한 복선인 듯싶어 그 짧은 순간 기분이 매우 언짢아졌다. 그렇게 달려가는 남편을 응시하던 중 내 시선은 굵은 빗방울이 울퉁불퉁 볼록렌즈 역할을 하는 바람에 하나도 보이지 않는 바깥 풍경 속, 유일하게 또렷했던 태극당 전면 유리창, 정갈하게 쓰인 "지하 세놉니다" 전단 6글자에 꽂혀 버렸다.

이 사람은 태극당 지하를 세놓는다는 사실을 어떻게 알았을까? 공짜로 쓰게 해 달라는 말은 도대체 어떤 근거로 제안해 보겠다는 것인가? 미치지 않고서야 상가를 임대하기 위해 내놓은 주인에게 일면식도 없는 사람이 '저 상가를 공짜로 주세요.'라는 말을 어떻게 할 수 있다는 말인가?

머릿속에 물음표가 수백 개쯤 떠올랐다.

잠시 후 이야기를 마친 남편은 얼굴에 알 수 없는 미소를 지으며 차에 올랐다.

"여보, 어떻게 된 건지 말 좀 해 봐요. 여기 지하에 상가가 있나 봐, 근데 세를 놓는대요. 저기 전단지가 붙어 있어요. 알고 들어간 거예요? 진짜로 공짜로 쓰게 해 달라고 이야기했어요? 사장님은 뭐라 하세요? 사장님을 만나기는 한 거예요?"

"사실 내가 몇 개월 전에, 그때는 내가 사임을 하게 될 줄 몰랐던 때였어. 프런트라인 은미 간사한테 태극당 지하에 빈 상가가 있는데 사장님께서 거기를 선교 단체에게 무료로 개방하시고 싶어 하신다고, 그래서 공간을 무료로 빌려줄 테니 알아서 꾸미고 들어가라는 제안을 했다는 소식을 들은 적이 있었어. 그런데 그 단체에서는 그 공간을 수리할 엄두가 나지 않아서 정중히 사양했다고 하더라고 물론 나는 그때까지만 해도 우리가 개척을 다시 하게 될 거라 예상하지 못했었기 때문에 귀담아듣지 않았지만 선교 단체에게 무료로 공간을 내어주고 싶어 하신다는 그 사장님의 마음이 참 귀하다는 생각을 했었지…. 그리고 오늘 이곳을 우연히 지나는데 갑자기 그날 들었던 그 이야기가 기억이 나더라고. 아직도 그 조건이 유효한지는 모르겠지만 저 유리 벽에 붙어 있는 임대 전단을 보니 지하가 아직은 비어 있다는 확신이 들잖아. 그래서 무작정 차를 세우고 뛰어 들어간 거였어. 일단 사장님께 내 소개는 했고, 지하를 임대해서 교회를 개척하고 싶다고 말씀드렸어…. 돈이 없으니 죄송하지만 무료로 쓸 수 있게 해 달라고도 부탁드렸지. 확실히 당황하시긴 했지만, 긍정적으로 생각해 보시고 연락 주시겠대."

우리 부부는 신혼 초부터 늘 하나님과 경제 공동체라는 생각을 가지고 가정 경제를 꾸려 왔다. '주가 쓰시겠다' 하시면 언제든 아낌없이 우리의 것을 내어드리곤 했다. 10여 년의 세월 동안 그렇게 재정의 훈련을 받으며 살다 보니 자연스럽게 깨달아지게 되는 것이 있었으니, 하나님은 필요할 때 우리의 것을 언제든 상큼하게 가져가신다. 그리고 매번 그토록 주님께 탈탈 털린 우리에게 진짜 돈이 필요한 순간이 오게 되면…. 그 순간 역시 우리에게 진짜 돈이 필요한 순간이 아니라 하나님께 돈이 필요한 순간들이었다. 우리 부부는 하나님께 드려진 목회자 부부이지 않은가? 우리가 하는 대부분의 일이 주님의 일들이었다. 교회 개척은 하나님의 일이었다. 우리가 교회를 개척하기 위해 돈이 필요한 것이 아니라 하나님의 교회를 개척하기 위해 돈이 필요했던 것이다. 결국 우리의 어떠함 때문에 돈이 필요하다 생각하는 그 순간도 실상을 들여다보면 하나님의 필요에 의해서 돈이 필요한 것이었다. 그러니 하나님의 교회는 주님이 세우셔야 하지 않겠는가? 남편은 항상 주님께 아낌없이 드려 왔기 때문에 지금 개척 자금이 없어도 두려워하지 않았다. 하나님이 해결하실 차례라는 것이 오랜 시간 재정 훈련을 통해 이미 습득되어 있었고 우리는 그냥 늘 통로였기 때문이다.

그리고 며칠 후 남편은 정말 태극당 사장님으로부터 우리가 원했던 지하 공간을 무보증에 월 20만 원이라는 파격적인 조건으로 계약을 진행하자는 연락을 받았다.

하늘샘 교회 청년들은 청년부 담당목사였던 남편의 교회 개척 사역을 열심히 도왔다. 계약을 하고 수리를 하기 위해 들어간 지하 공간은 울고 싶을 정도로 상태가 처참했다. 안 쓴 지 십수 년 지하에서 올라온 습기는 냇물을 이루었다 해도 과언이 아닐 정도로 첨벙첨벙 물기가 가득했고, 곰팡이는 벽이란 벽에 모조리 피어 있었으며 우리가 들어오기 전 PC방이었던 공간이어서 그런지 케케묵은 담배 찌든 냄새가 그 오랜 시간이 지났어도 여전히 그곳에 가득히 배어 있었다. 날카로운 못, 깨어진 유리 조각 등 각종 건축 자재들과 앞으로도 쓰지 않을 공간으로 여겨져 이것저것 덮어 놓고 그곳에 쌓아 둔 탓에 양을 가늠할 수도 없을 만큼 쏟아지는 폐기물들…. 그 장소를 정리하면서 동원된 청년들의 파상풍 주삿값으로만 32만 원을 썼다. 그것이 교회를 개척하는 과정에서 우리가 사용한 돈의 전부였다. 나머지 우리의 모든 필요는 감사하게도 이성수 담임목사님의 배려로 하늘샘 교회 성도들의 후원을 통해 하나씩 하나씩 채워져 갔다.

2010년 6월 10일. 하늘꿈 교회 개척 예배를 시작으로 그곳에서 머무른 시간은 새 성전을 건축하여 풍세 땅으로 이사하기 전까지 10여 년이나 되었다.

버려졌던 지하 공간이 깔끔하고 단정한 모습으로 정리되었다. 스스로도 놀라운 공간의 변화라고 생각하고 있던 어느 날 남편과 함께 교회에 출근해 목회와 관련된 이야기를 나누던 중에 바랑을 메고 승복을 입은 한 사람이 교회 문을 열고 들어왔다. 우리가 있는 곳은 교회였고 상상치 못한 만남이었다. 나는 당황한 기색을 감추지 못하고 조심스럽게 물었다.

"어? 어떻게 오셨나요?"

"네…. 지나가던 승려인데 이곳이 뭐 하는 곳인지 알고 싶어 잠시 들렀습니다."

"네, 여기는 보시다시피 교회예요. 그런데 어쩐 일이시죠?"

"사실은 제가 작년에 이 동네에 포교원을 열고 싶어 상가를 알아본 적 있었습니다. 그러던 중에 접근성이 좋아 보이는 이곳 태극당 지하에 빈 상가가 있다는 사실을 알게 되었죠. 그래서 여기를 임대하기 위해 와 본 적이 있답니다. 그런데 내려오는 계단에서부터 이곳은 도저히 제 스케일로는 건들 수 없는 공간이라는 것을 알게 되었죠. 그리고 지하 공간을 직접 보게 되었을 때는 학을 떼며 포기했습니다. 이곳은 아무리 고쳐도 어떤 장소를 만들어 내기 어려운 공간 같은 느낌이었어요. 이 공간 자체가 가진 음침한 느낌을 그 무엇으로도 해결할 자신이 없었거든요. 그런데 오늘 우연히 이곳을 오랜만에 다시 지나가다 보니 지하로 들어오는 셔터 문이 올려져 있고 새로운 업종이 입점을 한 듯 보였어요. 도대체 어떤 사람이 어떤 업종을 가지고 이곳에 들어왔는지 사장님 얼굴을 보고 싶었어요. 너무 대단한 사람일 것 같았거든요. 계단을 내려오는 내내 소름이었습니다. 상상할 수 없게 바꿔 놓으셨길래, 그런데 교회였군요. 교회가 들어오면서 이렇게 그 장소를 바꾸셨군요. 저는 하나님을 믿는 사람은 아니지만 이 공간을 이렇게 바꿔 놓으신 두 분을 보니 이 교회의 하나님은 살아 계신 것 같네요. 대단하십니다. 할렐루야!"

어안이 벙벙했지만 감사했다. 지나가는 승려의 입술을 통해 살아 계신 하나님이 역사하는 교회라는 확증을 받게 하셨다. 그 승려의 고백은 훗날 우리가 목회의 과정 가운데 힘들고 지치는 일이 생길 때마다 떠올리게 되었다. 맞지, 우리 교회는 승려의 입술을 통해 하나님이 살아 계셔서 역사하시는 교회라고 확증받은 교회이지….

바로 그즈음부터였다. 우리가 예상할 수 없었던 시기에 예상하지 못한 사람들이, 예상치 못한 사연을 가지고 그렇게 시작된 하늘꿈 교회로 하나둘씩 모여들고 있었다.

제자로, 군사로, 신부로

6.
옥탑방으로의 이사 그리고 시작된 질문…
가난은 목회자의 숙명인가?

모세가 백성에게 이르되 너희는 두려워 말고 가만히 서서 여호와께서 오늘날 너희를 위하여 행하시는 구원을 보라 너희가 오늘 본 애굽 사람을 또 다시는 영원히 보지 못하리라 여호와께서 너희를 위하여 싸우시리니 너희는 가만히 있을지니라

출애굽기 14장 13~14절

교회 개척 예배를 드리고 나니 이제는 더 이상 부목사가 아닌 하늘꿈 교회의 담임목회자 부부로 잘 세워져야 한다는 생각이 들었다. 동시에 하늘샘 교회를 이제 진짜 사임한 이상 계속해서 교회에서 제공해 주는 사택에 머물 수 없다는 생각도 들었다. 1월에 사표를 써 놓고도 이미 6개월이 더 넘도록 그곳에서 살 수 있도록 배려받았다는 것만으로도 교회로부터 큰 은혜를 입었다. 나와야 한다는 사실은 너무도 잘 알았는데 슬프게도 여전히 돈도 없고 갈 곳도 없었다. 사택에 들어오기 전, 친정 엄마 명의의 아파트에서 잠시 더부살이를 하기도 했지만 이제 그곳에는 결혼한 오빠가 살고 있었다. 개척 예배는 어떻

게든 마쳤는데 사택 이사라는 진짜 큰 난관이 우리를 기다리고 있었다. 그전부터 고민이 없었던 것은 아니었지만 개척의 문제가 훨씬 더 방대했기에 이사에 대한 생각은 최대한 미뤄 두었다. 때가 도래하고 나서야 가야 할 바를 여전히 모르고 있다는 사실에 불안이 엄습해 오기 시작했다.

이사에 대한 고민이 극에 달했던 어느 날 김용의 선교사님 설교를 듣던 중이었다. 전체적 스토리가 정확히 기억이 나지는 않지만 선교사님께 어떤 목사님이 이사와 관련된 고견을 듣고자 상담을 요청해 왔다고 했다. 부목사님이셨는데 이제 사임을 해서 나와야 하는데 갈 곳이 없어 걱정이라고 어찌해야 하냐는 내용이었다. 선교사님께서는 아주 확신에 찬 음성으로 갈 바를 알려 주실 주님을 믿고 짐부터 싸라고 말씀해 주셨다는 내용이었다. 우리의 상황과 너무도 유사해서 일순간 내 남편이 무명의 상담자로 나 모르게 상담을 요청했나? 의심이 들 정도였다. 어떤 설교였는지 모른다. 그냥 저 부분만 기억에 남는다. 14년이 지난 지금까지도…. 그리고 그 말씀이 하나님의 음성으로 들려 그 자리에서 무릎을 꿇고 엎드려 계속해서 울었다. 얼마의 시간이 지났는지 모를 만큼 깊은 주님과의 교제를 하고 있던 그때, 전화벨이 울렸다. 남편이었다.

"여보세요."

"여보, 나 방금 신대원 선배 황 목사님 만났는데, 최근에 우리가 고민하던 이사 문제로 이야기를 나누었어. 근데 목사님이 그냥 날짜부터 잡으래. 그다음은 하나님께 맡기고 말이야. 이사 날짜부터 잡으라

시네….”

"아니, 이사 갈 집도 정해지지 않았는데 어떻게 날짜부터 잡아요?"

"어… 만약에 그때까지 이사 갈 집이 여전히 구해지지 않는다면 그냥 길바닥에 물건을 내리고 포장 쳐 두면 된대. 하나님 보시라고…. 이래도 집 안 주실 거냐고…. 목회자가 탈탈 털어서 주님께 모든 것을 드리느라 미처 나의 안위를 살필 돈 한 푼 남겨 두지 않아서 겪게 되는 고난이라면 그냥 당하래. 목회자니까 가능한 거라고…. 길바닥에 장롱 깔고 포장 치고 주님의 손을 기다린다는 것은 아무나 받을 수 있는 훈장이 아니라는데? 여보, 그래서 나는 지금 막 그냥 이사 날짜를 정해 버렸어. 이번 달 마지막 주에 움직입시다. 지금은 아무것도 보이지 않지만 주님이 급하게 일하시겠지."

"아멘, 아멘! 여보, 사실은 나도 아까 김용의 선교사님 설교를 들었어요. 우리랑 똑같은 케이스의 어떤 부목사님이 있었는데 그냥 짐부터 싸라고 조언해 주셨다는 거예요. 믿음으로 나아가라고…. 그래서 때마침 내가 왜 수많은 설교 녹화 중에 그 설교를 들었는지 모르겠지만 주님이 우리에게 주시는 사인인 것 같아서 지금 한참을 울고 있던 중이었어요. 그럽시다. 이번 달 마지막 주에 움직입시다. 할렐루야!"

동일한 시간에 다른 메신저를 통해 우리 부부에게 동일한 감동을 주신 것으로 보아 분명 우리가 갈 곳은 예비되어 있다는 확신이 생겼다. 하지만 여전히 그곳이 어디가 될지는 몰랐으며, 과연 우리에게 지불할 능력도 함께 주실까에 대한 막연한 불안도 있었다. 정확히 걱정과 기대가 공존하는 마음이었다. 이사 날짜를 잡고 시간이 가까워 올수록 하루가 다르게 주님의 손만 구하는 처지가 되어 가고 있었다.

'주님, 제가 주님의 일처리 방식을 좀 아는데 주실 거면 약 올리지 마시고 그냥 마음 편히 받게 일찍 주세요. 이렇게 심장 쫄깃하게 안 하셔도 주님을 시험하지 않을 테니까요. 화이팅입니다. 주님!'

아무 일도 일어나지 않고 무심한 시간만 흘러가는 가운데 불쑥불쑥 올라오는 불안을 해결할 방법이 없어 때로는 주님을 칭찬했다가 때로는 주님과 협상했다가 또 때로는 주님을 응원했다.

갈 데도 없는 상태로 이사 날짜만 정해 버린 그날은 수요일이었다. 저녁에 수요 예배를 드리러 온 가족이 오토바이를 타고 태극당 지하 교회로 출동했던 그 밤도 그랬다. 태극당 앞에 도착해서 헬멧을 벗고 교회로 들어가기 위해 분주함을 떨던 중이었다. 때마침 빵집 입구 유리벽 앞에 서 계시던 태극당 사장님을 보고 인사를 드리니 반갑게 우리의 인사를 받으시고는 곧바로 하려던 일을 계속해서 이어 나가셨다. 그동안 벽에 붙어 있던 '지하 세놉니다' 전단지를 떼더니 그 자리에 같은 글씨체로 정갈하게 '옥탑방 세놉니다'라고 쓰인 전단지를 새롭게 붙이시는 것이었다. 목사님과 나는 바로 저 옥탑방이 하나님께서 우리에게 허락하신 고센 땅이라는 사실을 직감적으로 알았다. 너무나 반가운 마음에 사장님께로 달려가 물었다.

"사장님, 이 건물에 옥탑방이 있었어요?"

"그렇지, 5층에 있지."

"크기가 얼마나 돼요? 저희 네 식구 충분히 살 수 있나요?"

"17평이야. 투 룸이고, 나도 저기서 애들 어릴 때까지 네 식구가 살았었으니까 충분할 거야. 왜? 이사 오게?"

"지금 이사해야 해서 집을 알아보고 있는 중인데 아마 이곳인 것 같아요. 얼마죠?"

"내가 원래 평당 1만 원해서 17만 원을 생각했는데 목사님네가 들어온다 하면 보증금 1,000만 원에 월세 7만 원만 받을게. 생각해 보고 다시 말씀해 주셔."

더 생각해 볼 필요가 있겠는가? 이 정도 사인을 줘도 못 알아차린다면 바보이거나 멍청이거나 둘 중 하나다.

이제 옥탑방으로의 이사는 기정사실화되었다. 보증금 마련 문제로 고민하던 중 당시 우리의 상황을 알게 되신 시아버님은 너무 좋은 조건이라며 얼른 들어가라고 1,000만 원을 대출받아 보증금을 해결해 주셨다. 80만 원의 이사 비용은 당시 개척 전부터 우리와 오랜 기간 함께 사역했던 이정은 전도사가 대학에서 조교를 하면서 받은 첫 월급 80만 원 전액을 첫 열매 헌금으로 드리면서 채워지게 됐다. 갈 바를 알지 못했던 어느 날, 갈 바를 알지 못하고 정한 그 이사 날짜에 우리는 무사히 이사를 마칠 수 있었다. 결국 우리 부부는 길가에 장롱을 깔아 놓고 포장을 치며 주님의 인도하심을 구하는 그 훈장을 끝내 받지 못했다.

그렇게 시작된 우리 부부의 기찻길 옆 옥탑방살이는 정확히 사계절

동안 계속되었다. 우리 인생에 가장 가난했던 시절, 그곳에 살면서 같은 건물에 세 든 지하 교회를 지키는 파수꾼이라는 생각을 하며 그 1년을 보냈다. 기쁨으로 충만할 때는 옥탑방에 들어온 것은 기적이라며 하나님을 추켜세웠다가 기차 기적 소리가 왠지 더 시끄러운 날에는 내가 도대체 언제까지 이곳에서 생고생을 해야 하냐면서 남편을 붙잡고 한참을 투덜대기도 했다. 때로는 하나님 너무하시는 거 아니냐며 하늘에 대고 직언을 날리기도 했다. 남편은 그런 나를 웃게 해 주고 싶다는 일념으로 교회 옆 건물 철거를 하면서 버린 폐자재를 주워와 멋진 그네를 만들어 주기도 했다. 하지만 나는 남편의 바람과는 다르게 그곳에 앉아 미래에 대한 불평과 걱정만을 늘어놓을 때가 많았다. 남편은 원래 개척하고 나서 최소 몇 년은 그냥 우리 아이들을 키우는 기간으로 생각해야 한다며 마음을 편하게 먹으라고 나를 안심시켰다. 하지만 그런 남편의 말은 나에게 하나도 위로가 되지 않았다.

진짜 문제는 한여름 장마철에 터졌다. 옥탑 마당에는 겨우 엄지와 검지 두 개로 만들 수 있는 동그라미 크기의 배수관이 심겨 있었다. 그 배수관이 감당할 수 없는 양의 비가 쏟아지면 옥탑방 마당은 그야말로 물바다가 되었다. 우리는 물이 옥탑방 안으로 넘치는 것을 막아야 하는 동시에 건물 중앙 계단으로 넘쳐 안으로 흘러들어 가는 것도 막아야 했다. 그렇지 않으면 지하 교회가 침수되는 형국이었다. 남편과 나는 장대처럼 쏟아지는 비를 맞으며 5층 옥탑 마당에서 건물 바깥 도로 쪽으로 정신없이 물을 퍼내기 시작했다. 한참 물을 퍼내고 있는데 유치원생 큰아들 희민이가 옥탑방 문을 빼꼼히 열고 내다보았다.

희민이의 눈에는 흡사 춤을 추듯 위아래로 구푸렸다 폈다 하는 아빠, 엄마의 몸동작이 꽤나 재미있어 보였는지 왜 둘이서만 빗속에서 재밌는 놀이를 하냐며 함께 놀자고 빗속으로 뛰어 들어왔다. 자그마한 바가지를 집더니 깔깔대고 웃으면서 우리와 함께 물을 퍼내기 시작했다. 남편은 급한 대로 교회가 침수되는 것부터 막아야 한다며 건물 안쪽으로 들어가는 문지방에 3~4층으로 벽돌을 쌓고 수건으로 덮은 다음 그 위를 비닐로 또 한 번 덮었다. 그렇게 남편의 머리에서 나온 적절한 응급조치를 통해 아무리 큰비가 와도 교회가 침수되는 위기에서 벗어날 수 있었다. 하나님이 우리를 옥탑에 살게 하신 이유를 그날 폭우 사건을 통해 깨닫게 되었다. 하늘이 뚫렸다는 느낌이 들었다. 퍼내도 퍼내도 티가 안 날 정도로 쏟아지는 비를 살이 아프도록 맞아 가며 기계처럼 몸을 움직이고 있는데 희민이는 무에 그리 즐거운지 웃통까지 벗고 재미있다며 빗속에서 춤을 추었다. 그런 희민이를 보고 있노라니 남편과 나 그리고 둘째 한비도 어느 순간 웃음에 전염되어 마당에는 빗소리와 물 퍼내는 소리와 깔깔거리는 웃음소리로 가득했다. 한비까지 합세하여 우리 네 식구는 비와 처절히 맞서면서도 정신없이 웃었다. 그런데 눈에서는 눈물이 났다. 그렇게 온몸으로 애쓴 끝에 옥탑방과 교회 침수를 가까스로 막아 냈다. 우리 네 식구의 승리였다. 이후 며칠을 지독한 감기에 시달려야 했을 뿐…….

겨울이 다가오고 있었다. 마음의 온도는 더욱 내려갔다. 추위라면 질색하는 나에게 옥탑방의 한기는 다른 곳에서보다 훨씬 차갑게 느껴졌다. 태극당 대로변으로 기름차가 주차할 장소가 없어 기름보일러에 넣을 기름을 플라스틱 말통에 가득 채워 5층까지 100개가 넘는 계단을 오르내리며 기름을 운반했다. 그렇게 한 통, 두 통 겨우겨우 보일러 기름통을 채워 넣으며 보일러 배관이 터지지 않을 정도의 온도로만 설정을 해 두었다. 그러니 방 안 온도는 한겨울에도 7도를 넘지 않았고 4인용 전기장판 하나에 네 식구가 모여 두꺼운 이불을 두세 겹씩 덮어야 겨우 잠을 잘 수 있었다. 도저히 추위를 참을 수 없어 미친 척하고 설정온도를 15도로 맞춘 날은 더워서 잠을 잘 수 없을 정도의 호사를 누리는 날이었다. 그리고 그런 날은 늘 1일 천하로 끝났다. 이틀을 버틸 기름이 기름통에 없었기 때문이었다. 큰아들 희민이는 아직도 그 습관이 남아서 겨울만 되면 이불을 세 겹씩 덮고 잔다. 이제는 하나만 덮으라 해도 무거운 이불이 눌러 줘야 잠잘 맛이 난다며 세 겹 이불을 여전히 포기하지 못한다. 우리는 그저 주님을 사랑하는 마음으로 그 모든 시간을 견디고 있었다.

개척 교회 담임목회자 부부인 우리에게 닥친 현재의 상황을 어쩔 수 없이 무기력하게 받아들이면서도 때때로 부정하고 싶은 현실이 너무 강하게 인식될 때가 있었다. 분명한 사실은 목사님과 나는 석사 과정을 마쳤거나 하고 있는 고학력자이고, 우리가 주님을 얼마나 사랑하는지 주님은 아실 것이며, 목회만 아니면 얼마든지 돈을 벌 수 있는 앞길이 구만리 같은 청년의 때를 지나가고 있는 목회자 부부라는 사실이었다. 그럼에도 불구하고 우리 두 사람은 옥탑방에 거주하며 자타공인 당시 천안 지방(지방 분리 전) 목회자 부부 중에서 가장 가난하고 궁색한 삶을 살고 있는 목회자 부부였다. 이때부터였을 것이다. 주의 길을 가는 목회자 부부에게 이 가난한 삶은 과연 숙명인가? 아니면 얼마든지 극복할 수 있는 장애물 같은 것인가? 매일 밤 목사님과 나는 목에 핏대를 세워 가며 이 논쟁의 결론을 내리고자 했다. 그것이라도 하지 않으면 너무 패배자가 된 기분이었다. 학부 4년의 시간 중 총 2년간 전액 장학금을 받으며 학부를 우수한 성적으로 졸업하고 중국어 중등 정교사 자격증까지 취득했기에 사립 고등학교 중국어 교사로 스카우트 제의도 있었지만 선교사로 나갈 예정이어서 고사했다. 결정적으로 내가 견딜 수 없었던 것은 목회를 명분 삼아 그냥 그렇게 주저앉아 버린 당시 나는 고작 28세, 남편은 36세에 불과하다는 것이었다. 분명히 맞는데 이상하게 아닌 느낌이었다. 이제까지 걸어온 모든 길 속에서 신묘막측한 하나님의 간섭과 개입이 있었다. 누구도 부인할 수 없는 사실이었고 한 발, 한 발 뗄 때마다 밟으라고 주님이 놓아 주시는 그 디딤돌을 밟고 여기까지 왔다. 그런데 이상하게 아닌 느낌이었다. 이상하게도…….

7.
교회의 침수와 때맞춰 준비된 차량

나 여호와가 말하노라 너희를 향한 나의 생각은 내가 아나니 재앙이 아니라 곧 평안이요 너희 장래에 소망을 주려하는 생각이라

예레미야 29장 11절

개척 초기, 여느 개척 교회들과 마찬가지로 성도라고는 개미 한 마리조차 보이지 않던 시절이 있었다. 불안했던지 남편은 어느 목사님의 설교를 들었는데 목사는 놀더라도 교회에서 놀아야 한다고 했다면서 아무도 없더라도 교회로 출근을 해야겠다고 마음을 먹었다. 그러더니 다음 날부터 교회로 출근을 시작했다. 그래 봐야 5층 옥탑방에서 지하 교회로 이동하는 것이었지만 우리는 그것을 출근이라 부르기로 했다. 남편은 그렇게 매일 아침 아이들을 어린이집에 등원시킨 후, 교회로 출근했다. 나는 호서대연신원 목회상담학과에서 상담을 공부하기 시작하면서 매일매일 과제에 파묻혀 살았다. 당시 때로는 대학원 선배님으로, 때로는 교수님으로 멋지게 프로이트의 정신분석을 가르쳐 주신, 지금도 은애하는 이천영 교수님을 만나 원 없이 공부다운 공부를 했고 가르침을 받았다. 이천영 교수님 덕에 개척 당시 그 시기

가 우리의 인생에서 얼마나 무료하고 불안하고 가망 없어 보이는 시기였는지를 모르고 지나갔다. 감사한 인연이었다. 당시, 나는 5층 옥탑에서 과제와 싸웠고 남편은 지하 교회에서 미래를 놓고 주님과 씨름하던 시간이었다. 남편을 찾아 이따금씩 교회로 내려가 보면, 남편은 늘 무언가 하나라도 바꾸기를 시도하고 있었다. 그래서 교회는 매일매일 최소한 하나 이상씩은 바뀌어 갔다. 그러면서도 한편 애잔한 마음이 들었던 이유는 저거 하나를 바꾼다고 누가 이 말도 안 되는 지하의 교회를 찾아오겠는가? 겨우 36세, 28세에 불과한 목회자 부부에게 어느 누가 자기 영혼을 맡기겠는가? 이런 물음에 대한 근본적인 회의감이 있었다. 누군가가 자기 영혼을 우리 부부에게 맡기기에는 너무 연소한 나이라는 생각이 뇌리를 떠나지 않았다. 실제로 이후 교회를 방문했던 적지 않은 성도들 중 목회자 부부보다 나이가 많았던 성도들은 왔다가도 얼마 후 우리의 부족함을 견디지 못하고 떠나가는 일이 빈번하게 발생했다. 인정하고 싶지 않았지만 훗날 돌이켜보니 나이가 허락하는 연륜과 지혜는 그 나이가 되어야만 누릴 수 있는 특권과 같은 것이었다. 그 시절 우리는 실로 부족했다. 많이 부족했다. 그렇게 우리를 스쳐 간 수많은 성도님들께 지금도 감사하고 죄송스러운 마음뿐이다.

3개월이 지나고 그사이 많은 변화가 있었다. 다윗과 함께했던 사람들처럼 우리가 교회를 개척했다는 소식을 듣고 생각지도 못한 사람들이 연결되고 교회에 하나둘씩 찾아오기 시작했다. 개미 한 마리 찾아

볼 수 없었던 예배당에 드디어 사람의 생기가 돌기 시작했다. 그 무렵, 남편은 하나님께서 우리 교회에 필요한 것을 주실 것 같다며 무엇이 가장 필요한지 꿈꿔 보자는 제안을 해 왔다. 그동안 주님께 당한 게 많아 남편의 말에 딱히 신뢰가 가진 않았지만 벌써부터 주님께서 우리의 필요를 채우실 것을 상상하며 행복한 꿈을 꾸고 있는 사람에게 꿈 깨라며 찬물을 끼얹을 수도 없었다. 그 상황에서 사실상 우리에게 가장 필요한 것은 차였다. 차량은 개척 후 교회에도, 우리 가정에도 가장 필요한 물건이었다. 하지만 차라는 것이 한두 푼이 아니지 않는가? 기본적으로 불신의 마음이 컸다. 그러면서도 희한하게 기왕이면 새 차라고, 필요한 차 모델명을 적어 놓고, 사진을 오려 벽에 붙여 놓고 기도하기 시작했다. 차 줄 하나님은 생각도 없으신데 사진까지 오려 붙여 놓고 이 차 달라고 원초적으로 기도하고 있는 우리 부부의 모습을 보면서 심하게 김칫국부터 마시고 있는 거 아닌가 싶어 중간에 그만둘까 하는 생각이 들기도 했었는데 안 주시면 말지 뭐…. 손해 볼 건 없으니까 그냥 비벼 보자 하는 심정으로 구하기를 멈추지 않았다.

교회가 태극당 건물에 들어온 후, 일어난 가장 눈에 띄는 변화는 옆 건물의 리모델링 공사였다. 태극당 건물은 한눈에 보기에는 가운데 계단을 중심으로 양쪽으로 대칭인 하나의 건물처럼 보였다. 하지만 계단의 좌우 건물주가 달랐다. 우리 교회의 입구를 마주 보고 있는 맞은편 지하 1층 공간은 오래전 룸살롱이었다. 지금은 영업하고 있지 않아 그냥 문이 잠긴 채였지만 어둡고 탁하고 습한, 그리고 치명적으로 강력한 그 음침한 분위기는 입구를 공유하고 있던 교회에서도 고스란히 느껴지곤 했다. 건물의 화장실은 더욱 최악이었다. 무릎을 꿇고 앉아서 일을 봐야 하는, 30년쯤 된 구조의 화장실이었는데 덩치가 큰 남성들은 아예 볼일을 볼 시도조차 할 수 없을 만큼의 협소한 크기였고, 162센티, 55킬로인 나 같은 체구의 여자가 앉아서 볼일을 보려면 얼굴이 문에 붙을 정도로 가까웠다. 오래도록 찌든 암모니아 냄새는 코를 막고 들어가도 어느새 콧구멍 틈을 비집고 폐부로 들어왔다. 화장실에 대해서만큼은 특단의 조치가 필요했다. 당분간이라고 전제한 상태에서 지하상가나 천안역 화장실을 이용하기로 했다. 어디까지나 당분간이라며…. 우리가 교회를 아무리 살뜰히 꾸민들 이 술집 입구와 화장실 문제가 해결되지 않으면 아무 소용이 없겠다는 생각에 매일매일 뾰족한 수를 고민하고 있을 때쯤, 맞은편 건물의 주인이 바뀌었다는 소식이 들리더니 어느 날부터인가 옆 건물 리모델링 공사가 시작되었다. 우리 교회가 있던 태극당 쪽 건물과 다르게 옆 건물은 마치 주인 없이 수년간 그대로 방치된 것 같은 형국이었다. 손봐야 할 데가 한두 군데가 아니었다. 사람 보는 눈은 다 똑같은지 건물을 인수한 신협에서도 대대적으로 공사를 하기 시작했다. 건물 내외관을 속 시원하게 뜯어고쳐 갔다. 그렇게 우리 교회의 숙원 사업이던 화장실과 지하 술집 입구가 음침함과 협소함을 털어 버리게 되었다. 하나님이 우리에게 그동안 고생했다고 주시는 선물 같았다. 개척한 지 3개월 만에 옆 건물주가 바뀌면서 리모델링을 통해 새 화장실과 입구를 선물로 주신다는 생각이 선명히 들어 날마다 감사했다. 기대하지 않았던 성도들이 하나씩 하나씩 모여들기 시작하던 즈음이었으니 그런 성도들에게 힘내라고 주시는 선물이 어찌 아닐 수 있겠는가?

그렇게 공사가 한창이던 어느 날 수요 예배를 드리러 신이 나서 교회에 도착했다. 그리고 눈앞에 펼쳐진 광경에 넋을 잃고 주저앉아 울기 시작했다. 남편은 상황을 마주한 채 어찌해야 할 바를 몰라 잠시 당황하더니 이내 태극당주인 아주머니를 찾아 나섰다. 공사한 지 겨우 3개월밖에 안 된 예배당에 물이 가득 차 있었다. 옆 건물 리모델링 공사를 하면서 상수도관을 잘못 건드려 터졌는데 얼마나 오래도록 물이 솟았는지 30평이 다 되는 예배당 전체에 발목까지 물이 차올라 있었다. 잠시 후 남편과 함께 내려온 주인아주머니 역시 당황한 기색이 역력했다. 얼른 신협 측 공사 담당자에게 전화를 걸어 상황을 알렸다. 정확히 누가 있었는지 우느라 잘 기억이 나지 않지만 함께 있던 성도들과 물을 퍼내기 시작했다. 한여름 물난리에도 어떻게든 교회 침수되는 것은 막아 보겠다며 옥탑방 워터나이트를 빗속에서 시전했던 나였는데 역시 내 힘으로는 안 되는 일이 있었다. 생각지도 못한 곳에서 사건은 터졌고 그대로 교회는 찍소리 한 번 못 해 보고 물바다가 되어 있었다. 아니, 우리 부부가 많이 부족한 것은 아는데 그러면 하나님이 더 도와주셔야 하는 것 아닌가? 너무하시는 것 아닌가? '하나님! 정말 어쩌시려고 이런 시련까지 주시는 거예요?!' 물을 퍼내며 단 한 순간도 쉬지 않고 주님을 향해 그렇게 외쳤다.

그리고 얼마 후 신협 직원들과 공사 담당자들이 교회에 도착했다. 아연실색. 그분들의 심정도 사실 우리와 별반 다르지 않았다. 말 그대로 사고였으니 착잡하기가 이를 데가 없었다. 연신 고개를 숙이며 죄송하다, 손해 배상을 해 드리겠다고 사과를 거듭했다. 사고 보상을 철석같이 약속한 신협 측 공사 관계자들이 돌아가고 나서도 몇 시간 동안 우리는 물을 퍼내고 수건으로 신문으로 종이로 물을 훔쳐 냈다. 그렇게 예배당을 정리하며 뜬눈으로 밤을 지새웠다.

다음 날 약속한 대로 손해사정사가 교회를 방문했다. 우리의 마음을 헤아리려 조심스럽게 이야기를 이끌어 가시는 그분의 노고가 고스란히 느껴졌다. 걸레받이 몰딩 위로 물에 불어 울퉁불퉁해진 벽지를 보면서 물은 걷어 냈지만 어젯밤 그 장소가 얼마나 처참했을지 그려진다며 우리를 위로해 주셨다. 개척한 지 3개월밖에 안 된 교회에서 얼마나 충격이었겠냐며 보상에 최대한 신경을 써 주시겠다고 약속해 주셨던 그분 역시 크리스천이었다.

그날 오후 남편의 육촌형님이자 하늘샘 교회를 같이 섬겼던 이범석 권사에게서 전화가 왔다. 어젯밤 하늘꿈 교회가 물난리로 한바탕 난리가 났다는 사실을 알 리 없었던 그분의 목소리는 밝고 힘찼다. 개척한 지 3개월 된 교회에 무슨 희소식이 있을까 싶었는지 교회의 안부는 애초에 묻지도 않았다. 다행이었다. 어젯밤 교회가 침수됐다는 이야기를 아무도 알게 하고 싶지 않았다. 이런저런 이야기를 나누던 와중에 이범석 권사는 남편에게 물었다.

"이 목사! 뭐 필요한 거 없어? 개척했는데 뭐 해 준 것도 없고……. 뭐 필요한 거 없어?"

"예? 아니요. 없어요."

"아녀, 한번 말해 봐. 뭐 필요한 거 있잖아…."

"진짜 없어요. 왜요? 갑자기……."

"사실은 요즘에 우리 하늘샘 교회에서 치유집회를 하는데 어제 내가 참석했다가 은혜를 받았어. 하나님께서 자네한테 나를 통해서 뭔가를 해 주시길 원하신다는 마음이 강하게 들었는데 확인하고 처리하려고 연락한 거야. 혹시 차 필요하지 않아?"

"예? 차요?"

그렇지 우리에게 차가 필요했었지…. 물난리 나기 전 어제 새벽까지도 간구하던 바였지 않은가?

"어…. 차가 필요할 것 같아서 내가 사 주려고…. 워뗘? 근데 내가 도와줄 수 있는 금액은 2천만 원 정도야…. 찻값을 대충 알아보니 2,300만 원 정도 되더라고. 거기에 각종 세금에 보험료까지 더하면 300만 원 정도가 추가되는데 그 600만 원은 자네 교회에서 감당해 줬으면 좋겠어. 나도 주님의 감동으로 하는 거니까 잘 생각해 보고 연락 줘."

우리는 잠시 말을 잇지 못했다. 이게 무슨 영문이란 말인가?

그리고 다음 날 우리는 교회 침수 건과 관련하여 손해사정사로부터 약 1,320여만 원의 손해보상금이 지급될 예정이라는 연락을 받았다. 교회를 개척하면서 하늘샘 교회 교우들의 도움으로 총 400여만 원의 공사비가 충당되었다. 나머지는 목사님과 청년들이 직접 몸으로 때웠다. 손해사정사가 책정한 금액을 통해 알았다. 400만 원밖에 들지 않았지만 그것은 결국 1,300만 원짜리 공사였다는 사실을….

손해보상금은 며칠이 지나지 않아 지체 없이 지급되었고, 손해사정사가 다녀간 이후 침수됐던 본당은 하나님이 드라이로 말려 주셨나 싶게, 아무런 흔적도 없이 말끔히 건조되었으며 침수되었던 전기 패널마저도 정상 작동하였다. 그리고 그 1,320여만 원의 보상금과 남편의 육촌형님 이범석 권사의 헌신으로 2,300만 원짜리 스타렉스 신차 한 대와 700만 원짜리 중고 경차, 두 대의 차를 은혜로 얻게 되었다. 하늘샘에 있으면서 3년 동안 두 대의 차를 탔었는데 잘 타던 자동차를 두 번이나 팔아 헌금으로 드린 적이 있었다. 400만 원짜리 5인승 코란도와 조수석의 문도 제대로 안 열리던 70만 원짜리 소나타Ⅲ였다. 400만 원짜리 차는 건축 기간 악기 헌금으로 작정한 1,000만 원을 채우기 위해 팔았고 후에 구입한 70만 원짜리 폐차 직전의 차는 생명의 속전헌금을 위해 부모님께 진 빚을 갚기 위해 팔았다. 그래서 개척할 당시 우리 가족은 오토바이를 타고 지냈었다. 자동차 두 대를 팔아 주님께 드린 지 3년이 지나기 전 우리 주님은 한 방에 차 두 대를 다시 선물로 돌려주셨다.

그 기적의 스타렉스는 2021년까지 우리 교회의 애마로 충실히 역할을 해 주었다. 우리는 그 차를 탈 때마다 주님의 기적에 대해 감사하며 주님을 칭찬했다. 주님의 귀에 못이 박히도록….

8.
악처가 되기로 결단하다

그러므로 형제들아 더욱 힘써 너희 부르심과 택하심을 굳게 하라 너희가 이것을 행한즉 언제든지 실족지 아니하리라

베드로후서 1장 10절

　개척한 지 6개월이 채 되지 않은 시점에 기적처럼 주일 예배 인원 수가 눈에 띄게 늘어났다. 하지만 대부분이 개척한 우리 부부를 돕기 위해 교회를 수평 이동해 온 가족 친지들이었다. 말할 수 없이 감사한 일이었고 그 숫자가 양가 합쳐 20명 가까이 되었지만 우리가 직접 낳은 성도가 아니라는 사실을 직면하기에 그리 오랜 시간이 걸리지 않았다. 남편은 가족 중의 막내였고, 나는 둘째였다. 남편의 손위 형제들을 대하는 나도, 언제나 아래 서열인 동생과 동서에게 목회자 대우를 해야 하는 그분들에게도 여간 어려운 관계가 아니었다. 피차에게 쉬운 일이 아니었다. 눈에 보이는 예배 인원은 늘어났지만 아무리 생각해도 내 양들이라는 생각이 들지 않았다. 실제로 우리가 말씀을 먹여 기른 양들은 아니지 않은가? 마음 가운데 이분들은 우리 교회가 자리 잡기 전까지 우리를 도와주러 파송 나온 다른 교회 성도들

이라고 생각하기로 했다. 그렇게 가족들은 언제든지 다시 다른 교회로 파송 나갈 임시 성도들이라는 생각이 들자 마음이 초조해지기 시작했다. 그리고 남편과의 사이에 다시 끝 모를 논쟁의 불이 붙었다.

가끔 남편과 함께 교역자 회의에 참석할 때가 있었다. 그 당시 우리가 속해 있던 지방에는 36개 교회가 있었다. 그런데 그중에 우리 교회를 포함해서 미자립 교회가 20여 개 정도 되었다. 개척한 지 10년이 넘도록 미자립인 교회들도 꽤 된다는 사실을 개척한 지 얼마 되지 않은 시점에서 알게 되었다. 미자립 교회란 말 그대로 교회 재정으로 목사님의 사례비를 충당할 수 없는 재정의 상태를 가진 교회를 말한다. 개척 초기에야 그럴 수밖에 없다 치지만 만약 우리 교회가 10년이 넘도록 그런 상태라고 한다면, 아니, 더 엄밀히 말해서 10년이 넘도록 출석 교인이 개척하면서 보고했던 그림자 성도 12명에서 더해지는 숫자가 없다 한다면 과연 그것을 내가 견딜 수 있을 것인가에 대한 실제적 고민과 갈등이 내면에서 끊임없이 솟구쳐 올라왔다. 계속해서 오랜 시간 미자립 상태인 지역의 교회들이 교단을 막론하고 생각 가운데 오버랩되었다. 그분들은 열심히 안 했을까? 열심히 했을 것이다. 그분들은 열정이 없었을까? 있었겠지…. 그분들은 교회 부흥을 꿈꾸며 기도하고 전도하지 않았을까? 했겠지…. 그래도 여전히 수많은 교회 가운데 꽤 오랜 시간 동안, 꽤 많은 교회들이 여전히 미자립 교회로 남아 있지 않은가? 우리도 그렇게 되지 말란 법이 없지 않은가? 어느 누가 이 지하 교회 젊은 목회자 부부에게 자기 영혼을 기꺼이 맡기겠느냐 말이다. 먼저 미자립 교회가 된 수많은 교회를 보면 곧 우리가 걷게 될 길이라는 생각이 들어 착잡하기만 했다. 그렇게 불안이 엄습하는 날에는 괜히 남편에게 부르심의 소명을 다시 한번 확인받고 미래를 놓고 장담하라 채근했다. 그도 그럴 것이 남편이 말레이시아 선교를 결단했을 때 하나님의 부르심이 확실히 그곳에 있다고 장담했었다. 그런데 파송된 지 3개월 만에 짐을 싸 가지고 돌아왔고 대가로 그 석 달의 시간 동안 우리는 2,000만 원이 넘는 돈을 잃어버렸다. 그렇게 남편이 돌아온 상황에서 나는 짧은 시간 동안 몸과 마음이 너무나 피폐해진 남편을 회복시켜야만 한다는 생각에 남편의 결정에 일언반구 토를 달지 않고 모든 것을 그대로 수용해 주었다. 하지만 실제로 내 마음속에서는 당신을 말레이시아로 보내시는 이가 하나님이시고 본인의 부르심이 말레이시아에 있다던 그 자신감 넘치던 선포는 도대체 어디로부터 나온 것이었냐고 소리쳐 되묻고 싶었던 때가 한두 번이 아니었다. 그렇게 끝마치지 못한 선교지의 소명은 그대로 사라져 버린 것일까? 그래도 되는 것일까?

"하나님이 당신을 말레이시아로 보내실 때 고작 3개월 동안 개고생하다 돌아오라고 보내신 거라고? 그게 말이 된다고 생각해요? 당신의 정체성은 뭐예요?"

"나는 주의 종이지."

"그래, 말 잘했어요. 그럼 당신이 주님의 종이라는 거잖아요. 그럼 보세요. 일반 회사에서도 사장님을 잘 모시는 직원이 있으면 그 직원에게 돈을 주고 일을 시킨다고요, 그런데 만약 돈은 안 주고 일만 시키는 사장이 있다면 그런 사장을 바로 악덕 업주라고 한다고요. 그럼 당신이 생각하는 하나님은 어떤 하나님이에요? 그분의 종으로서 당신의 주인을 표현해 보세요!"

"우리 주님은 선하신 분이지."

"아니, 선하신 주인이 종의 미래를 걱정시켜? 이번 달에 교회 재정한번 보세요. 얼마가 부족한지…. 교회 자체도 운영이 어려울 지경인데 우리 네 식구가 이걸로 먹고살 수 있겠는지…. 아니, 우리가 일을 안 하나요? 주님이 감동 주시는 대로 순종하면서 이제까지 왔잖아요. 그리고 당신의 정체성이 주의 종이라면서요. 만약에 대한민국에서 삼성 이건희 회장의 집사만 돼도 먹고살 걱정 안 하겠네요. 일은 시키면서 월급을 안 주면 그런 자가 어떻게 주인이 될 수 있겠어요. 하나님이 당신의 주인이시라면서요? 좋아요…. 그렇게 당신의 종들에게 당신의 일을 시키시는 거면 최소한 먹고살 걱정은 안 하게 우리의 생활을 책임져 주셔야 하는 거 아닌가요? 내가 생각하는 하나님은 최소한 자기의 종들에게 그러셔야 하는 분이라는 생각이 강력하게 드는데…."

"여보, 나는 하나님이 우리를 어떻게 다루시든 받아들일 준비가 되어 있어…. 물론 우리가 원하는 종류의 삶은 아닐 수 있어도 나는 아직 우리가 그 시기들이 되지 않았기 때문에 이 시기에 우리가 다뤄져야 할 방법대로 우리를 다루시는 과정이라 생각해 그런데 분명 하나님의 시간이 되었을 때 비포장도로를 지나서 고속도로를 달리는 날이 올 거라고 생각해…. 그러니 너무 주님을 오해하거나 낙심하지 않았으면 좋겠어."

"참… 당신은 어느 별에서 사는지 속도 편하시네. 여보, 지방에…

아니, 대한민국에 수많은 미자립 교회들… 10년이고 20년이고 여전히 미자립인 교회들이 많습니까? 적습니까?"

"많지. 하지만 우리는 이제 시작했잖아. 우리 개척한 지 6개월도 안 되었어…. 이 정도 예배 인원이면 굉장히 많이 부흥한 거라고."

"여보, 가족이 아닌 순수한 성도가 우리 교회에 몇 명이나 된다고 생각해요? 우리가 실제로 낳은 우리의 양이 없다고요. 우리 부부는 지금까지 열심히 했고 앞으로도 열심히 할 거예요. 그렇죠? 그런데 10년, 20년이 넘도록 여전히 미자립인 교회들은 목회자가 열심히 안 해서 여태 그러고 있는 거예요? 그분들은 뭐 여태 놀았대요?"

아프겠지만 직면하길 바라는 마음에서 나는 악처가 되기로 결심을 하고 직언을 이어 갔다.

"나는 둘 중 하나라고 생각해요, 그분들의 주인이 하나님이 아니거나, 주인이 부른 적이 없거나. 그런데 대다수의 목회자들이 착각하겠죠. 본인의 주인은 분명 하나님이라고, 또는 분명 주인이 불렀다고."

"그래서 지금 나보고 도대체 어쩌란 말이야?"

"나는 분명히 말하지만 개척 이후 미자립이 지속될 때 시간제한 없이 그대로 자리 뭉개고 앉아 있는 건 반대예요. 그렇게 된다면 난 당신의 부르심이 목사가 맞는지부터 다시 점검해야 한다고 생각하는 사람이에요."

"뭐라고?!"

"왜? 부르심이 목사인 게 분명하다면서요…. 그러면 걱정할 필요 없겠네…. 목사에게는 분명히 맡겨질 양들이 있겠죠. 근데 오랜 시간이 지나도 치리하는 양들이 없어. 그럼 그건 분명히 부르심에 대한 당신의 착각일 수 있다는 생각을 해야만 할 거예요. 성도가 없는 목사가 무슨 염치로 목사직을 유지해요. 나는 오늘 이후로 분명히 제한을 둘 거예요. 지금 있는 가족들은 임시 성도들이에요. 우리가 낳은 성도가 아니라는 점에는 당신도 반론의 여지가 없을 테니까…. 우리 가족들을 제외하고 이해관계로 얽히지 않은 30명의 성도가 있어야 돼요."

"언제까지…?"

"감리교에서 서리 전도사가 목사 안수를 받기까지 걸리는 시간?"

"3년."

"3년. 그 정도는 참아 볼 수 있을 것 같아요. 그런데 3년이 지나도록 여전히 가족들만 놓고 목회를 하고 있거나 여전히 지금과 비슷한 미자립 상태가 지속된다면 당신은 목사직을 내려놔야 할 거예요. 나는 그게 아버지로서, 남편으로서, 한 가정의 진짜 가장으로서 오히려 하나님께 부끄럽지 않은 행동이 될 거라 확신해요. 나는 우리 하나님이 자신의 종으로 부르신 자들의 생활을 모른 척하는 그런 악덕 업주 같은 분이라고 생각하지 않아요. 당신의 종들을 사랑으로 책임지시는 분이라는 주님의 성품을 믿어요. 당신이 그렇게 자신을 하나님의 종이라 자부한다면 하나님이 최소한 우리 가족의 생활은 책임져 주셔야죠. 하늘의 아버지, 만군의 주, 온 세상 창조주 되시는 하나님이 하늘의 일을 하라고 부른 종의 가족들을 돌봐 주시지 않는다? 일은 새벽, 밤낮으로 시키면서 직원 월급 하나 제대로 못 챙겨 주는 구멍가게 사장님만도 못한 그런 하나님의 종하지 말고 그냥 그분의 자녀 하면서 평신도로 주님의 일을 하십시다. 그럼 최소한 교회에 매이지 않고 내 마음대로 돈은 벌 수 있으니까. 난 그게 이치에 맞는 일이라 생각해요."

이제껏 어떤 상황에서도 자신의 부르심에 대해 흔들림이 없었던 남편은 한 치의 흐트러짐 없이 일관된 논조로 목사로서의 부르심에 의구심을 표하는 나의 뼈 때리는 질문 앞에 무너져 내리기 시작했다. 그리고는 눈물이 그렁그렁한 두 눈으로 나를 다시 바라보더니 지푸라기라도 붙잡는 심정으로 질문 하나를 던졌다.

"그럼 만약에 가족 이외에 다른 성도들이 30명이 못 되게 있으면? 10명?"

"목회 접어요."

"15명도?"

"접어요."

"20명도?"

"접어요."

"그럼 29명, 당신이 말한 그 30명에서 딱 한 명 빠지는 29명이 있어도?"

"아니… 이 양반이 지금 아브라함 소돔 기도하는 소리 하고 앉아 있네. 30명에서 한 명도 양보 못 해요."

"29명은 귀한 영혼 아니야?"

"귀한 영혼이지. 그러니까 당신은 딴 일 하고 당신보다 더 잘 목양할 수 있는 진짜 부르심이 목사인 그분들께 그 영혼들 맡기고 진짜 당신의 부르심을 찾으란 말이잖아요. 그럼 혹시 알아? 29명보다 더 많은 영혼들에게 영향력을 끼치고 그들을 구원하는 일에 사용되게 될지? 꼭 목사가 되는 것만이 하나님의 뜻이라고 생각하는 것도 대단한 착각일 수 있다는 자각이 당신에게 일어났으면 좋겠다는 생각이에요. 다시 분명히 고지하는바, 3년, 30명 잊지 말고 기억하기 바라요. 이 선에서 타협할 생각은 일체 하지를 마시고."

남편은 원래 부지런한 사람이다. 너무 부지런해서 오히려 좀 가만히 있으면 안 되겠냐고 부탁을 해야 할 지경이다. 몸이 상할 정도로 쉴 새 없이 움직이는 사람이기 때문이다. 그런 사람이 3년, 30명 요법에 충격이 심했는지 더 부지런해지기 시작했다.

말은 쏟아 버렸으니 될 대로 되란 심정이 될 줄 알았는데 내 마음도 조급해졌다. 3년 안에 30명을 낳아야만 한다.

9.
새벽이슬 같은 주의 청년들이
하늘꿈 교회로 모여들다

주의 권능의 날에 주의 백성이 거룩한 옷을 입고 즐거이 헌신하니 새벽 이슬 같은 주의 청년들이 주께 나오는도다

시편 110편 3절

몇 년 전에 연락한 후로 연락이 끊겼던 고등학교 때 교회 친구 지영이가 생각났다. 가정이 불우했던 터라 감정 기복이 심한 게 연약함이었지만 주님을 향한 갈망이 그 심령 안에 분명히 있었던 친구였다. 오랜만에 연락을 하려니 막막한 마음이 앞섰다. 상한 갈대를 꺾지 않으시고, 꺼져 가는 등불을 끄지 않으시는 우리 주님의 성품을 기대할 수밖에 없었다.

"따르르릉~ 따르르릉~"
다행히 전화번호는 바뀌지 않은 상태였다.
"여보세요?"
"지영아, 나야 민아."

"어… 어쩐 일이야? 반갑다. 민아야… 너무 오랜만이네…. 너 어떻게 지냈어?"

"그러게. 사는 게 바쁘다 보니 사람 노릇도 못 하고 늘 이러고 사네…. 우리는 교회 개척했어."

"뭐? 어디에? 천안에?"

"어. 천안역에 태극당이라고 있거든 빵집인데 혹시 알아? 거기 지하에 하늘꿈 교회라고 올해 6월에 개척해서 지금은 작은 개척 교회야. 너는 아직도 거기 대기업 다녀?"

"아니, 나도 거기 퇴사했어. 지금은 다른 회사 다녀. 그냥 작은 사무실에서 일해. 그렇게 지옥 같던 대기업에서 벗어나서 다른 일을 시작하긴 했는데 나도 지내는 게 영 그래…. 마음도 잘 안 잡히고 그래서 나 요즘에 안 그래도 다시 교회 다니고 싶었는데 네가 교회 개척했으면 당연히 거기로 가야지. 이번 주에 갈게. 꼭 갈 거야. 천안역으로 가면 돼? 태극당이라고?"

"어? 정말? 네가 이렇게 쉽게 교회 온다고 할 줄 몰랐어. 그냥 오랜만에 생각이 나서 전화해 본건데. 네가 아직 천안에 계속 있을 줄도 몰랐고. 우리 교회 개척 교회라 아직 너무 작아…. 그렇다는 거는 알고 와. 진짜 올 거야? 사람들한테 말해도 돼?"

"진짜 갈 거야. 나 진짜 요즘에 신앙생활 다시 하고 싶었어. 그래서 고등학교 때 생각이 계속 났었거든. 근데 민아, 네가 교회를 개척했다니 너무 반가운 소식이야. 꼭 갈게."

지영이는 그 주일에 정말 하늘꿈 교회 본당에 앉아서 예배를 드렸다. 그 첫 예배를 시작으로 15년 하늘꿈 교회의 역사 가운데, 성품이 예수님을 꼭 닮은 현정환 집사와 결혼해서 아들 평안이를 출산하던 때를 제외하고는 모든 주일을 우리 교회에서 성수했다.

지영이는 교회에 다니기 시작한 첫 주부터 남다른 포스를 뿜냈다. 오자마자 회원이 아무도 없는 청년부의 회장직을 맡았다. 앞으로 많은 청년들이 들어올 것이라 믿고 회장직을 수용하겠다 했지만 이는 마치 사막에 63빌딩 세우는 소리처럼 들렸다. 빼곡히 목사님과 사모님보다 연장자인 가족들만 보이는 신생 교회에서 오자마자 멋도 모르고 맡게 된 청년회장직을 수행하려면 청년들이 있어야 할 것이 아닌가? 성도가 있어야 목사가 되듯, 청년이 있어야 회장이 되는 것 아니겠는가? 그렇다. 목적이 분명하면 방법은 날카로워진다고 했다. 회장을 회장 되게 할 청년을 데려와야만 한다.

목사님은 교회 개척 예배 때부터 건반 연주자가 없이 기타 하나로만 예배 인도를 하는 것이 너무 어렵다면서 반주자가 왔으면 좋겠다고 계속해서 주님께 어필을 했다. 나 역시 예배 반주의 중요성을 누구보다 잘 알기에 자동차만큼이나 교회 사역에 있어 중요한 사람이 반주자라고 생각했다. 평소에 반주자가 예배의 꽃이라 생각하고 있었는데 우리 교회는 그 꽃이 없었다. 예배 때 아름답게 피어나야 할 꽃이 없었다. 그래서 남편과 함께 새벽마다 주님께 기도로 반주자를 보내 달라고 구하기 시작했다. 그러던 어느 날 우리 교회에서 동역하던 김세현 전도사로부터 하늘샘 교회에서 오랜 시간 반주로 섬기다 일신상의 사유로 우리가 개척하기 몇 개월 전에 교회를 떠난 임가현 간사의 소식을 전해 들었다. 지금 모교 조교로 있는데 하늘샘을 떠난 후 아직 섬길 교회를 정하지 못하고 있는 상태라는 것이다. 그냥 어딘가에서 주워들은 이야기가 아니라 바로 엊그제 음반 작업을 위해 통화도 하고 만나서 본인으로부터 직접 들은 이야기라는 것이다. 안 그래도 목사님 개척하셨다는 소식을 전하면서 반주자가 없다는 이야기를 했더니 살짝 마음의 요동이 있는 듯했으나 목사님에 대한 오해도 있고 쉽게 움직일 수 있을 것 같진 않아 보였다면서 혹시 모르니 목사님이 직접 가현이를 만나 보는 게 어떻겠느냐는 제안을 김세현 전도사로부터 받았다.

하늘샘 교회는 체육관 교회로 유명하다. 대예배를 체육관에서 드렸는데 공간이 너무 방대해서 음향을 컨트롤하기 매우 어려운 공간이었다. 그때 음향을 담당하던 이가 바로 실용음악 전공자였던 임가현 간사였고, 이호석 목사가 예배 인도를 총괄했다. 정말 아무리 예리하게 볼륨을 맞추고 조절을 해도 매 주일 음향 사고가 어딘가에서는 터지고야 말았다. 남편도 임가현 간사도 죽을 맛이었다. 남편은 남편대로 임 간사는 임 간사대로 엄청난 스트레스를 견뎌야만 했다. 그러다 홀연히 임 간사는 교회를 떠나고 말았다.

그 소식을 전해들은 남편은 다음 날 가현 간사와 오해를 풀고 반주자로 섭외하겠다며 김 전도사를 따라 교회를 나섰다. 아무래도 혼자 가면 그동안 쌓인 게 있어 만나 주지 않을 것 같다며 김 전도사를 앞세웠다. 그동안 반주자를 놓고 기도해 온 것은 있기 때문에 임가현 간사가 그 기도의 응답이기를 진심으로 바랐다.

임가현 간사를 만나고 돌아온 목사님은 놀라운 고백을 쏟아 냈다.

"하늘샘 교회에 있으면서 어른으로서 가현이를 보호해 주지 못하고 혼자서 그 쓴 소리들을 감당하게 한 것들에 대해서 미안하다고 사과했어. 나도 무슨 힘이 있었어? 그땐 모두에게 가혹한 시기였어. 근데 이야기를 들어 보니 가현이는 더 어려웠겠더라고, 그 입장에서 충분히 생각해 보게 되더라…. 그리고 우리 교회 반주자가 필요한데 와서 함께해 주었으면 좋겠다고 제안했더니 안 그래도 며칠 전에 꿈을 꿨대. 가현이 손에 종기가 나서 손이 썩어 들어가는 꿈을 꾸고 그 꿈의 상징들이 해석이 안 되어서 너무 괴로웠다는 거야. 근데 우리의 제안을 듣고 본인은 하나님을 연주로 찬양해야 하는 사명이 있는 사람인데 지금 교회를 떠나 반주를 놓고 방황하는 모습에 대한 죄책감이 있었다고, 그래서 그 죄책감에 손에 종기가 나는 것으로 자기 처벌을 하는 꿈을 꾼 것 같다고 스스로 해몽을 하더니 바로 결론을 내리더라고, 남편과 긍정적으로 상의해 보겠다고 그렇게 이야기하고 헤어졌어."

맞다! 임가현 간사는 기혼이었다. 남편은 하늘샘 교회 드럼 연주자였던 강성규 간사다. 남편 역시 가현 간사가 교회를 떠나던 비슷한 시기에 홀연히 사라졌다. 난 강성규 간사의 드럼 연주를 참 좋아한다. 강성규 간사의 드럼 소리는 어떤 악기와도 잘 어우러진다. 과하지 않게, 티 나게 들리지 않게 정확한 박자와 리듬으로 아주 깔끔하게 연주하는 매력이 있다. 완급 조절도 좋고 부부가 같이 연주를 하니 쿵짝이 늘 잘 맞았다. '눈빛만 봐도 알 수 있잖아'를 시전하는 연주들이었다.

지금도 나는 천안에 있는 교회들 중 최고의 드럼 연주자를 꼽으라면 우리 교회 강성규 집사의 연주를 주저 없이 꼽을 정도다. 전공한 것도 아니고 취미로 시작한 연주가 전공자 뺨 후려치는 실력으로 성장한 케이스였다. 동굴 중저음 매력적인 보이스에 노래도 멋지게 소화하고 무엇보다 음악적 센스가 탁월했다. 하늘샘부터 이어져 온 영원한 나의 최애 드럼 연주자가 바로 임가현 간사의 남편이었던 것이다. 둘 다 하늘샘에서 새벽이슬 같던 청년 시절을 때로는 평신도로 때로는 사역자로 우리 목사님과 함께 보낸 사람들이었다. 피치 못할 일들이 쌓이고 쌓여 교회를 떠나면서도 주님을 포기할 수는 없었던 그래서 아직 교회를 정하지 못했다는 말로 그 결정을 미루고 미루던 어느 날이었을 것이다. 그랬던 그들에게 우리와 연주로 함께해 달라는 제안이 들어갔던 때가······.

그리고 몇 주 뒤 정말 거짓말처럼 강성규 간사와 임가현 간사 부부는 그렇게 우리 하늘꿈 교회 예배팀으로 합류하게 되었고 이후 15년이 지난 지금까지 변함없이 예배팀으로 소속되어 나란히 교회를 섬기고 있다.

예배팀이 그럴듯하게 갖춰지고 나니 더더욱 교회가 교회다운 모습으로 조직을 갖춰 나가길 바라는 마음이 생겨나기 시작했다. 문제는 사람이다. 여전히 사람은 한참 부족하다.

'하나님, 사람을 보내 주세요. 그런데 충성하는 사람을 보내 주세요.

저희와 함께 오래도록 사역할 충성하는 평신도를 보내 주세요. 일단 보내 주세요. 믿음으로 낳고 말씀으로 기르겠습니다. 일단 맡겨만 보시라니까요. 제가 콕 집어서 표적기도 드릴게요. 기왕이면 우리 시어머니 남영자 권사 같은 성도를 보내 주세요. 시아버지 이대준 장로 같은 성도를…'

매일 새벽마다 사람을 보내 달라는 이 같은 기도를 몇 년째 하고 있는 건지 모르겠다. 수원에서 개척 교회(연무 사랑의 교회)를 섬기던 때부터 눈물로 하던 기도였다.

우리 시어머니 남영자 권사는 내가 신앙적으로 존경해 마지않는 몇 안 되는 평신도다. 어머님은 전도사와의 결혼을 앞둔 예비 며느리였던 내가 유학하던 시절, 손 편지를 적어 보내신 적이 있다. 남편이 주의 종의 길을 걷는 것이 얼마나 영광스러운 일인지 그리고 함께 동역하는 아내의 자리는 또한 얼마나 영광스러운 자리인지 알려 주시면서 죽을 때까지 주님께 충성해야 할 것을 가르쳐 주셨다. 어머님은 젊은 시절, 속회를 봐야 하면 멀쩡히 영업해야 하는 가게 문을 닫고 속회를 드리러 가셨다. 속회 때문에 봐야 하는 금전적 손해는 일체 계산하지 않으셨다. 언제나 주님이 다른 시간에 더욱 채우실 것을 믿으셨다. 하나님은 눈에 보이지 않지만 눈에 보이는 하나님의 종인 목사님들을 잘 섬겨야 한다면서 목사님의 말씀은 어디서 떨어지든 아멘으로 화답하고 순종할 것을 수시로 가르치셨다. 지금도 기억하는 것이 우리 결혼식 날짜를 이성수 목사님이 잡아 주셨는데 신부 된 입장에서 어떻게 내 몸의 상태를 묻지도 않고 담임목사님 스케줄에 따라 결혼식 날짜가 정해지냐고 불만을 표하자, 목사님이 소금 지게를 지고 바다로 들어가라 해도 들어가는 순종을 보이는 것이 아름다운 성도의 자세라면서 일언지하에 내 이야기를 끊어 버리셨다. 교회가 어려울 때 자신의 유익을 추구하거나 계산하지 않으셨다. 드릴 수 있을 때 최선을 다해 주님께 드렸다. 70년대 천안제일교회 건축 당시 교회가 빚더미에 올라앉아 부도 위기에 몰렸을 때도 아버님과 어머님은 망설임 없이 교회 대출을 위해 집을 담보로 제공하셨다. 후에 교회의 배려로 다시 그 집을 찾아오긴 했지만 2008년 천안제일교회가 다시 건축을 시작하자 아버님과 어머님은 두 분이 일평생 마련하신 두 채의 집 중, 한 채를 기꺼이 팔아 건축 헌금을 드리셨다. 이미 그때 드렸어야 할 집이 아직도 우리 명의로 있다는 것이 은혜라면서 그 집은 주님의 것이라고 소유권을 주님께로 분명히 돌리셨다. 그 덕에 우리는 옥탑방 생활을 해야 했지만 아버님과 어머님이 교회를 사랑하여 때를 따라 본을 보여 주시는 선택에 대해 그때도 지금도 미래에도 여전히 감사하고 감사해야 할 부분이라고 생각한다. 외가 쪽 신앙의 대수를 따라 남편은 4대째 믿음을 이어받은 자녀 세대였다. 목사님의 외조모께서는 매일 새벽 10리도 넘는 길을 걸어 새벽기도에 참석하셨는데 어느 날 폭설이 내려 도저히 교회를 갈 수 없게 되자 마당에 멍석을 펴고 무릎을 꿇고 앉아 폭설을 맞으며 새벽기도를 이어 가셨다고 한다. 이런 믿음의 유산을 우리에게 남겨 주신 아버님과 어머님께서 우리와 함께해 주고 계시긴 했지만, 우리가 3년 안에 낳아야 하는 30명의 성도 중에 그런 성도들이 더 많이 세워지길 진심으로 바랐다.

그래서 매일 새벽 주님께 나아가 시부모님과 같이 충성하는 성도를 보내 달라고 기도하기 시작했다.

그런데 기도의 내용과 정반대되는 일들이 교회 가운데 일어나기 시작했다. 우리와 오랜 시간 함께해 온 이정은 전도사가 바로 그 무렵부터 삐딱선을 타기 시작한 것이다.

10.
모여드니 떠나고… 아프고…

사람이 마음으로 자기의 길을 계획할지라도 그 걸음을 인도하는 자는 여호와시니라

잠언 16장 9절

부교역자 시절 교회 앞 작은 아파트 1층에 사택이 있었다. 그 라인 6호에 우리 집이, 1호에 정예선 집사 가정이 살고 있었다. 희민이보다 한 살 어린 큰아들 경민이와, 한비와 동갑인 동생 경호를 키우고 있는 두 아이의 엄마였다. 집안에 우환이 많아 그 시절 예선 집사의 안색은 늘 좋지 않았다. 그럼에도 불구하고 아내로서 엄마로서 정말 자기에게 맡겨진 일들은 완벽히 해내려고 늘 애쓰는 사람이었다. 그래서 예선 집사를 보면 늘 안타까운 마음이 있었다. 그렇게 가까이 산다는 걸 알게 된 이후 이웃사촌으로 친하게 지내게 되었다.

"사모님, 저는 목사님 사택이 여기 6호라는 것을 몰랐을 때도 6호 앞으로만 지나가면 그렇게 눈물이 나고 감동이 와서 마음을 가눌 수가 없었어요. 그래서 왜 이 집만 지나가면 희한하게 마음이 이렇지?

생각했었어요. 나중에 6호가 목사님 사택이었다는 것을 알았을 때 전율할 수밖에 없었어요. 주님이 날 그렇게 부르시는 거라 생각했거든요. 처녀 시절 교회와 집밖에 모를 정도로 신앙생활을 열심히 했었는데 믿지 않는 남자와 결혼한 후로 남편을 위해 살다 보니 제 모든 것들이 무너져 버렸고 신앙생활조차 포기해 버린 지 오래였어요. 어디서부터 다시 세워야 할지 모르던 시간이었는데…. 주님의 부르심이 느껴져서 다시 시작해 보려 해요."

106호만 지나가면 눈물이 나더라는 101호 정예선 집사는 우리가 개척한다는 소식을 듣고 못내 이별을 아쉬워했다. 그리고 우리가 교회를 개척한 그해 집을 쌍용동으로 이사함과 동시에 12월 24일 성탄 전야제 때 서프라이즈로 우리 교회에 합류하게 되었다. 예선 집사 가정의 합류는 경민이와 경호 두 어린이의 합류이기도 했다. 그렇게 어린이부가 생긴 것이다.

개척 6개월 만에 가족을 제외한 어른 성도가 벌써 열 명 가까이 늘었다. 입이 무거워서 언제나 믿고 말할 수 있는 최은희 자매는 고등학교 시절부터 목사님과 함께 사역해 왔던 율동의 귀재였다. 그녀와 함께 나의 친동생 인미정 자매 역시 예선 집사와 비슷한 시기에 교회에 안착했다. 나의 이종사촌 주예숙 집사와 조카딸 유진이가 온 것도 그 맘때였다. 오랜 시간 함께했던 동역자들이 한 명씩, 한 명씩 합류해 주니 천군만마를 얻은 것처럼 힘이 되고 든든했다. 하지만 3년 안에 30명을 낳으려면 가야 할 길이 아직 멀었기에 지체할 틈이 없었다.

그런데 그즈음부터 새롭게 등장하는 성도들이 생길 때마다 우리의 최측근이었던 이정은 전도사는 토라지기 시작했다. 생각보다 자주, 깊이, 도무지 이해할 수 없는 맥락에서 받아들이기 힘든 강도로 불쾌감을 표현하기 시작했다. 처음에는 그 이유를 알 수 없어 발만 동동 구르며 괴로워했다. 때로는 연락이 되지 않았다. 때로는 성도들과 직접적인 언쟁을 벌이기도 했다. 이런 일들이 잦아지기 시작하면서 정은 전도사에게 무슨 오해가 있나 싶어 밥을 사 먹이며 깊이 대화도 해 보고 기도도 해 주고 심방도 가고 최대한 이정은 전도사의 기분을 살뜰히 맞춰 주면서 함께 가려 했다. 남편과 고등학교 시절부터 성시화 찬양단에서 사역을 함께해 온 자식 같은 아이였다. 그냥 뭐 이런 게 다 있냐며 나가라고 등 떠밀고 말 수 있는 사이가 아니었다. 우리도 정은이를 아주 많이 사랑했고 정은이도 우리를 아주 많이 사랑했다. 내가 5층 옥탑방으로 이사를 결정하고 나서 돈이 없어서 주님께 이사 비용을 구하던 어느 날 새벽기도 중에 한 이미지가 보였다. 목장에서 한 목자가 갈퀴를 들고 자기에게 맡겨진 양 떼에게 먹일 풀을 모으려 애쓰고 있었다. 양떼들은 목장 군데군데 흩어져서 풀을 뜯고 있었는데 그중에 제일 못난 양 한 마리가 자기가 먹을 풀을 먹지 않고 동그랗게 모아 크게 풀 더미를 만들더니 그 풀 더미를 목자에게 가져다주는 장면이었다. 그때 본 이미지가 너무 감동적이어서 한참을 기도하면서 울었다. 그리고 그날 저녁 이정은 전도사는 자기가 조교 일을 하면서 첫 월급으로 받은 80만 원을 목사님 사택 이사 비용으로 쓰라며 첫 열매 헌금으로 드렸다. 자기의 풀 더미를 먹지 않고 목자에게 가져다주었던 그 속없는 어린양이 정은이였던 것이다. 그런 아이를 어찌 사랑하지 않을 수 있겠는가? 그런데 정은이는 성도들이 늘어나기 시작하자 목사님과 사모님의 애정을 다른 성도들과 나누는 게 겁이 났던 모양이다. 한 명 한 명 늘어날 때마다 속을 썩이는 강도와 정도가 점점 심해졌다. 시달림의 당사자였던 우리 부부는 동시에 혈변을 보기 시작했다. 극도의 스트레스를 받고 있다는 반증이었다. 일주일 정도 그야말로 변기는 온통 피로 물들었다. 그만큼 괴로웠지만 그래도 정은이를 떠나보내야겠다는 생각은 할 수 없었다. 부모가 속을 썩는다고 어떻게 자식을 버리겠는가? 우리는 그랬는데 정은이는 아니었는지 교회를 옮겨 사역을 하겠다는 통보를 해 왔다. 그나마 이 정도에서 우리를 살 수 있도록 놓아주는구나 생각을 하며 눈물로 정은이를 떠나보냈다. 한편에 배신감과 서운함과 억울함과 분노 또한 함께했던 시간, 애정했던 크기만큼 강렬하게 올라왔다. 그렇게 가장 오래 함께할 줄 알았던 이정은 전도사가 가장 먼저 우리를 떠나 교회를 옮겨 갔다. 얼마 후 이정은 전도사가 이력서를 낸 천안서지방 하람 교회 목사님으로부터 전화가 왔다. 이정은 전도사가 어떤 사람이냐고 마음 놓고 써도 되냐고 물어왔다. 목사님은 열과 성을 다해 정은이를 칭찬했다. 눈에는 눈물이 고여 있었지만 이정은 전도사 같은 사람 없다고 훌륭한 인재라며 절대 후회하지 않으실 거라고 강력 추천했다. 그렇게 이정은 전도사는 무사히 다음 사역지에 안착할 수 있었다.

성도도 몇 안 되는 작은 개척 교회에서 전도사이자 1호 성도였던 정은이가 그렇게 교회를 어지럽히고 떠난 후 초토화된 우리 부부의 마음은 여간 잡기 쉽지 않았다. 1주일이 다 되도록 나는 받은 충격에 몸서리치며 식음을 전폐했고 하루하루 그냥 견뎌 내고 있었다. 그렇게 시간이 흐르는가 싶더니 마침내 우리 교회에도 봄이 왔다. 마음의 상처도 하루가 다르게 아물어 가고 전혀 기대하지 않았던 새로운 성도들이 교회를 찾아오더니 떠나간 이정은 전도사의 자리를 빈틈없이 채웠다.

선교 단체 출신으로 자기 세계가 매우 강한데 실은 자기도 자기의 의중을 잘 몰라 표현을 잘 못하는 레보나 자매가 정은이 사건 이후 첫 등장을 했다. 밝고 유쾌했다가 때론 침울했다. 종잡을 수 없을 때도 많았지만 대체로 즐거운 아이였다. 그리고 무엇보다 주님을 향한 뜨거운 갈망이 있는 아이였다. 지역 대학의 시각디자인과 4학년 학생이었다. 지금은 꽃집 일로 먹고사는데 이때 열심히 대학에서 시각디자인을 배워 전공을 살려서 한다는 일은 결국 우리 교회 전속 무급 디자이너였다. 회사였으면 사모님 같은 상사 밑에서 일하다가 진즉에 때려치웠을 것이라는 유행어를 최초로 만들어 낸 인사다. 우리 교회를 잠시 스쳐 간 같은 선교 단체 출신 아는 언니를 따라왔다가 그대로 눌러앉았다. 아니, 우리가 레보나를 너무 사랑해서 그대로 눌러앉혔다. 그렇게 레보나 자매는 가장 아름답고 뜨거웠으며 아무런 걱정과 고민 없이 격렬히 주님만을 사랑할 수 있었던 그 모든 청년의 때를 우리 교회와 함께했다. 시각디자인을 전공하는데 예수님을 사랑하니 졸업 작품으로 제출한 결과물이 우리 하늘꿈 교회 로고였다. 작품도 아름답긴 했지만 난 우리 교회 로고를 그래서 더욱더 사랑한다. 그 로고는 레보나가 우리 교회를 사랑하는 마음의 결정체로 탄생한 작품이었기 때문이다. 이정은 전도사도 참으로 뛰어난 아이였는데 레보나의 재능은 이정은 전도사 못지않게 뛰어났다. 그런 레보나 자매의 등장으로 우리를 그토록 아프게 하고 떠나갔던 이정은 전도사의 흔적을 우리는 말끔히 지워 낼 수 있었다. 레보나 자매는 우리에게 큰 기쁨이었다.

그 무렵 우리의 청년부 김지영 회장님은 본인의 회장됨을 공고히 하기 위해서 청년부원을 전도하라는 우리가 내려 준 미션을 수행하고자 호시탐탐 기회를 엿보고 있었다. 때마침 다니던 작은 회사 사무실을 그만두고 성폭력상담소 직원으로 전직을 한 상태였는데 들어간 사무실에 바로 대기업 시절 함께 일했던 친구 이서영 자매가 근무하고 있었다. 그 자매를 전도하기 위한 의도된 전직이었다. 여기에 재미난 에피소드가 있는데 그 상담소는 구세군에서 운영하던 단체였기 때문에 되도록 직원들이 교회에 다닐 것을 권면하였는데 이서영 자매는 발칙하게도 교회를 다닌다고 소장님을 속이고 들어갔다가 골수 불교도라는 사실이 들통나서 계속해서 빠른 시간 안에 가까운 교회에 나갈 것을 종용받고 있었다. 그런 사정이 있던 사무실에 전도하려고 혈안이 되어 있는 김지영 자매가 들어가게 된 것이다. 이서영 자매는 첫 출근한 김지영 자매의 설득에 퇴근과 동시에 그대로 우리 교회를 찾게 되었고 그렇게 우리 교회에 첫발을 들여놓았던 그날 밤 8시간에 걸친 설득의 과정을 통해 인도 왕자도 여태 믿고 살았는데 내가 우주만물을 지으신 하나님을 못 믿겠냐면서 그 자리에서 개종을 결심했다. 그렇게 108배가 취미요, 집 안에 관세음보살상을 두고 그 앞에 앉아서 염주를 돌리며 염불을 외우던 골수 불교 신자 이서영 자매가 주님께 돌아왔다. 개종한 지 얼마 되지 않아 예배 중간에 귀신 축사를 두 번이나 하는 등 적응이 피차 쉽지는 않았지만 새롭게 등록한 아기 성도들을 돌봐야 하는 일이 만만치 않게 되자 우리는 정은이로 인해 받았던 이전의 아픔을 씻은 듯이 잊어버릴 수 있었다.

그렇게 다시는 볼 일이 없을 것으로 생각하고 살았던 이정은 전도사로부터 연락이 왔다. 교회를 떠난 지 반년이 지나가던 어느 날 목사님의 휴대전화에 낯익은 번호가 등장했다. 이정은 전도사였다. 그사이 다행스럽게도 우리 부부에게는 그녀에 대한 많은 감정의 소거가 있었다.
"여보세요. 정은이니? 오랜만이구나…. 어쩐 일이야?"
"목사님, 잘 지내셨어요?"
"어, 그래 너도 잘 지냈어? 우리는 다행히 그사이 또 성도들이 늘어서 요즘 교육하느라 한창 바쁘고 나머지 일상은 똑같아. 너는 잘 지냈어? 옮겨 간 사역지에서도 사역 잘하고 있지? 그 하람 교회 목사님 좋으신 분이야. 열심히 하면 많이 사랑해 주실 거야."
"네. 사역 잘하고 있었어요. 목사님 근데… 저 죽는대요."
"뭐?! 무슨 소리야? 죽는다니!!"

"저… 방금 병원에서 나오는 길인데…. 목사님 저 대장암 4기래요. 저 3개월밖에 안 남았대요. 하하하…. 지금 너무 어이가 없고 눈물이 나는데 목사님 생각밖에 안 났어요. 저 어떡해요. 두 분께 그렇게 못되게 굴고 나가서 저 이렇게 벌 받나 봐요. 흑흑… 죄송해요, 흑흑."

근래에 들어 다이어트를 무리하게 했는데 살이 생각보다 많이 빠져서 몸에 힘이 없다는 생각을 하던 차에 원래 앓던 만성 항문 질환마저 증상이 심해져 이번 참에 수술을 위해 병원을 찾았다. 그런데 수술 전 검사를 받던 중 의사로부터 단순 항문 질환이 아닌 것 같으니 대학병원에 가서 진료를 받아 보라는 권유를 받고 그대로 대학병원을 찾았다. 그곳에서 대장암 4기, 시한부 3개월의 진단을 받은 것이었다. 다이어트를 해서 살이 빠진 게 아니라 암 때문에 살이 빠진 것이었다. 우리를 그토록 아프게 하고 교회를 떠나갔던 정은이가 죽도록 미운 적도 있었지만 표현이 그렇다는 것이지 그게 실제가 되길 원한 적은 없었다. 감정은 그야말로 나부랭이 같은 것이라는 것을 그 시간들을 통해 경험했다. 죽도록 미웠던 정은이가 죽도록 다시 살아나길 원하고 있었으니 말이다….

그때 정은이의 나이는 고작 24세였다. 3개월만 살다 가기엔 너무 아까운 아이였다. 거짓말이길 바랐던 정은이의 소식은 꾸며진 이야기가 아니었다. 그렇게 정은이는 3개월 시한부 인생을 남겨 두고 다시 우리 교회로 돌아왔다. 늘 뒤에서 예배를 살피던 스텝으로서가 아니라 그냥 아픈 한 명의 성도로서 자리를 깔고 맨 앞에 누워 예배하는 모습으로…. 통증이 극심한 때에는 타이레놀을 15알씩 먹는 모습을 옆에서 고스란히 지켜보며 함께 아파했다.

그녀의 어머니 선 권사의 급한 부름에 임종 예배를 드리기 위해 밤늦은 시간 순천향대학병원을 찾았다. 온몸이 퉁퉁 부은 채로 숨이 멎어 가는 정은이의 얼굴을 쓰다듬던 목사님은
"정은아, 천국에 먼저 가 있어…. 우리 모두 곧 만나게 될 거야…. 조금만 기다려. 목사님도 곧 가…. 그냥 네가 잠시 먼저 가 있는 거야. 아무 걱정 하지 마."
라고 눈물로 이야기했다.
정은이는 그 이야기를 듣고 커다란 눈망울을 끔뻑이며 굵은 눈물 한 줄기를 떨어뜨리고는 이 땅에서 우리와 잠시 이별을 고했다. 그렇게 정은이는 24세. 3월의 어느 날 우리 하늘꿈 교회의 첫 열매가 되었다.

III

모여지는 교회,
세워지는 교회

11.
순종을 배우고 싶어서 왔습니다

우리가 알거니와 하나님을 사랑하는 자 곧 그 뜻대로 부르심을 입은 자들에게는 모든 것이 합력하여 선을 이루느니라

로마서 8장 28절

2012년 12월 31일. 개척 후 3년 차를 맞이하던 그날, 송구영신예배를 드리기 직전의 밤이었다.

그날따라 교회에 예배 이외의 다른 일정이 있어서 그 일정을 마치고 송구영신예배를 드리기까지 잠시 휴식 시간이 있었고 그사이 우리는 깔깔거리며 노느라 정신이 없었다. 그런데 밖에서 낯선 이의 인기척 소리가 들려왔다. 전혀 예기치 않았던 손님이었다. 분명 처음 보는 사람인데 눈에 익었다. 성경을 옆구리에 꽂고 우리들보다 훨씬 경건하고 환희에 찬 표정으로 조심스럽게 우리에게 다가와 물었다.

"혹시 이 시간에 예배를 드릴 수 있을까요?"

목적이 어찌됐든 예배드리겠다고 온 지나가는 손님이다. 극진히 모셔야 한다. 방금 전까지 여기저기 널브러져서 깔깔거리며 웃느라 바빴던 우리들은 일동 차렷 자세로 자세를 가다듬고 손님을 응대하기

시작했다. 어차피 오늘 예배 후에는 볼일이 없을 사람이라 생각했지만 잠시 후 기도를 마치고 자리를 정돈한 그 손님은 여전히 옆구리에서 성경을 빼지 않은 채 우리에게 조용히 말을 걸어왔다.

"저… 순종하는 방법을 배우고 싶어 왔습니다."

…이게 무슨 해괴한 소리인가? 당시 신천지가 하도 유행을 하던 시기인지라 순종하는 방법을 배우고 싶어 왔다는 낯선 남자의 저 맥락 없는 멘트에는 반드시 어떤 페이크가 존재할 것이라 직감한 우리는 서로의 눈을 바라보며 어이없어했다. 순종을 그렇게 가르쳐 왔으면서도 막상 순종하겠다는 사람이 제 발로 찾아오자 신천지 교도가 작정을 하고 들어온 게 아닌가 의심부터 하고 있는 모양새가 참으로 우스웠다. 정체가 뭔지 묻고 싶었지만 "당신 누구요?"라고 면전에 대고 물을 수도 없는 일이고 어떻게 응대를 해야 이 당황스러움을 들키지 않고 무리 없이 순조롭게 넘어갈 수 있는지 머릿속에서는 순간적으로 계산이 빨라졌다. 그때 잠시 화장실에 갔던 목사님이 예배당에 들어오면서 그 손님과 정면으로 눈이 마주쳤다.

"어, 형제!! 우리 어디서 봤던 거 같은데…. 눈에 형제가 익는데…. 우리가 어디서 봤죠?"

"아, 네. 목사님 저는 강윤수라고 합니다. 예전에 목사님 개척하려고 준비하실 때 제가 1층 태극당에서 제빵사로 근무했었어요. 그 기억이실 거예요. 얼마 후 바로 이직을 해서 지금은 다른 업종에서 근무를 하고 있는데 제가 얼마 전 예수님을 만났습니다. 기적적으로 예수님을 만나고 뭘 어떻게 해야 할지 몰라 직장 동료가 선물해 준 성경

책을 무슨 뜻인지도 모르고 읽기 시작했는데 순종이라는 단어만 머릿속에 남았어요. 그래서 순종을 배우고 싶어서 왔습니다. 가르쳐 주실 수 있나요?"

목사님도 당황했기는 매한가지였다. 너무 당황해서 큰 소리로 웃었다. 그리고는 다시 물었다.

"아니, 그나저나 이 시간이 보통 때에는 교회에 예배가 있는 시간은 아니에요. 오늘은 12월 31일이라 1년 중 딱 하루 유일하게 밤 12시를 기점으로 송구영신예배를 드리기 위해 모인 특별한 날이에요. 근데 예배가 있는 줄 알고 오신 건가요?"

"아니요. 몰랐어요. 다만 하나님이 지금 이 교회로 가라 해서 왔을 뿐입니다."

이 정도 대답을 들으니 이제는 그가 무서웠다. 이게 그, 말로만 듣던 직통 계시인가? 말이 되는 얘기인가 말이다. 어느새 송구영신예배를 마치고 신기한 형제를 중심으로 청년들은 동그란 원을 그리고 둘러앉아서는, 예배 뒷정리를 하느라 정신없었던 우리 부부가 그 동그라미 무리에 합류하기만 기다리고 있었다. 사실은 "넌 누구냐? 도대체 정체가 뭐야?!"라고 대신 물어 줄 이를 기다리고 있었던 것이다.

"형제님! 너무 이야기가 신기해서 그러는데, 이전에 교회를 다녀 본 적이 있나요? 아니, 어쩌다 예수님을 만났고 순종하고 싶다는 의지는 도대체 어디로부터 온 무엇이며, 우리가 어떻게 받아들여야 할지 몰라서 살짝 당황한 건 사실인데…. 얘기를 좀 자세히 해 줄 수 있을까요?"

윤수 형제는 어릴 적 천안시 목천읍에서 4남매 중 막내로 태어났다. 출생 후 얼마 지나지 않아 엄마가 돌아가시면서 남겨진 4남매의 인생에 불행이 시작되었다. 조직 폭력배였던 아버지의 무관심 속에 철저히 외면당한 채로 졸지에 4남매를 떠안은 시각장애인인 친할머니의 손에서 굶기를 밥 먹듯 하며 자랐다. 하도 못살아 먹을 게 없어 동네 슈퍼에서 빵을 훔쳐 먹다 걸렸는데 아주머니께서 밥상을 차려 주셨다고 한다. 그 이후로 빵쟁이가 되면 최소한 배는 곯지 않겠구나 하는 생각이 들어 제빵사가 꿈이 되었다고…. 그러다 어느 날 친구를 따라간 교회에서 머릿니가 가득하고 냄새나는 이 어린 형제를 보고는 교회 어른들이 자기 자녀들에게 저런 애와 같이 놀지 말라며 주의를 주는 모습을 목격하고 너무나 큰 상처를 받아 이를 갈며 돌아섰다. 다시는 교회에 가지 않을 것이고 예수쟁이들을 평생 미워하며 살겠노라 일찍이 다짐을 하고 교회를 완전히 떠났다. 시간이 흘러 아이는 그토록 불우한 환경 가운데서도 크게 엇나가지 않고 성장했고 꿈꾸었던 제빵사가 되어 천안역사 근처에 역사와 전통이 살아 있는 호두과자 빵집 태극당에 빵 공장장으로 취업을 했다. 때마침 우리 부부가 태극당 빵집 지하에 어느 날 교회를 개척했고, 빵집 공장장이었던 윤수 형제는 어릴 적 교회에서 당한 수모를 떠올리며 우리 부부만 보면 뒤통수에 대고 맥락도 없는 쌍욕을 해 댔다고 했다. 지하에 교회가 들어온다는 소식을 듣고 너무 재수가 없어서 어떻게 하면 예배를 방해할 수 있을까를 날마다 고민하고, 딱 봐도 가난하기 짝이 없어 보이는 저 어린 목회자 부부를 어떻게 하면 골탕 먹일까 날마다 궁리했다고 한다.

그런 형제의 계속되는 이야기는 놀라움의 연속이었다. 그렇게 재수 없었던 하늘꿈 교회가 들어온 지 얼마 되지 않아 태극당을 떠나 이직한 곳에서 꿈에 그리던 이상형의 여인을 만나 사랑을 키워 갔다. 그러던 어느 날 갑작스럽게 연인으로부터 비교독교인과는 결혼할 수 없다며 일방적으로 이별 통보를 받게 되었고 잠시나마 직진이었던 형제의 인생에 갑자기 끼어든 하나님과 그의 아들 예수란 존재에 대해 이를 갈며 저주하다 그 원망을 토로하기 위해 들어간 집 근처 작은 예배당에서 하늘을 향해 삿대질하며 울기 시작했다. 바로 그때 성령의 임재를 경험했다. 얼마를 울었는지 바닥에 흥건히 고인 눈물과 콧물이 휴지 한 통을 다 쓰고도 치울 수가 없을 정도였다. 그리고 바깥으로 나오자마자 펼쳐진 세상은 교회를 들어갈 때의 세상과 완전히 달랐다. 이후, 지인들로부터 추천받은 교회들을 쇼핑하듯 몇 군데 돌다 보니 이렇게는 안 될 것 같아 그렇게 몇 주간 집에서 혼자 새벽기도를 하면서 정착할 교회를 찾고자 했다. 그런데 갑자기 환상 중에 이호석 목사 얼굴이 딱 떠올랐고, 이전에 개척할 당시 우리 부부가 너무 꼴 보기 싫어서 일부러 예배 시간만 되면 예배를 방해하기 위해 더 큰 소리로 도마에 칼질을 해 댔던 옛 기억이 떠올라 정말 가도 되는 것인지 하나님께 여쭈었으나 더욱 큰 확신으로 응답이 돌아왔고 하나님이 가라 하신 바로 그 시간에 교회에 방문한 것이었다. 그리고 우리는 바로 그 시간에 교회에 모여 송구영신예배를 준비하고 있었던 것이다.

순종을 배우러 교회에 왔다는 윤수 형제는 그날 이후 지금까지 우리 교회의 성도가 되었다. 여러 가지 일들 가운데 우리 부부에겐 여전히 아픈 손가락으로 남아 있지만 이렇게 극적으로 우리 교회에 찾아와 성도가 된 사람은 전에도 후에도 없었다. 하나님의 인도하심이 이런 것이구나를 경험한 시간이었다.

12.
마른번개와 천둥으로 하늘 문이 열리다

여호와께서 하늘에서 뇌성을 발하시고 지존하신 자가 음성을 내시며 우박과 숯불이 내리도다 그 살을 날려 저희를 흩으심이여 많은 번개로 파하셨도다

시편 18편 13~14절

  남편이 워낙 땀이 많은 사람인지라 머리에 수건을 질끈 동여매고, 목이 잔뜩 늘어나 가슴팍이 훤히 보이는 하얀 러닝에 무릎까지 걷어 올린 트레이닝 바지를 입고 엉덩이 살짝 걸칠 만한 작은 낚시 의자에 앉아 플라스틱 식료품 통에서 무언가를 꺼내 어디론가 계속 던지고 있었다. 보아하니 남편의 앞에는 빨강색 김장용 고무 다라이가 두 개 놓여 있었는데 거기에는 아무것도 걸치지 않고 기저귀만 찬, 갓 돌을 넘긴 듯한 어린 아기들이 앉아 있었다. 그 아기들은 하나같이 똘망똘망한 눈빛으로 남편이 던져 주는 아기 주먹만 한 크기로 자란 철갑상어 새끼를 주목하고 있었다. 남편이 플라스틱 통에서 팔딱거리는 철갑상어 새끼를 꺼내 김장용 고무 다라이에 앙알거리며 올망졸망 모여 앉아 있는 아기들을 향해 한 마리씩 던져 주면, 아기들은 참새처럼

그것을 입으로 낚아채서 아무렇지 않게 잘근잘근 씹어 꿀떡꿀떡 삼킨다. 그리고 계속해서 더 달라면서 남편의 손을 바라보고 있었다. 남편은 철갑상어 새끼를 아무렇지 않게 씹어 먹는 아기들을 보며 흐뭇해하고 있었고 나는 왜 아기들에게 이런 것을 먹이냐며 타박하다가 깨어 보니 다름 아닌 꿈이었다.

5층 옥탑방에서 사는 것이 녹록지는 않았지만 교회 출퇴근이 용이했기 때문에 성도들을 양육하기에 그보다 좋은 조건이 없었다. 우리는 늘 교회 아니면 옥탑방에 있었고 짧은 출퇴근 동선 덕에 성도들이 목회자를 필요로 할 때 항상 그곳에 준비되어 있었다. 성도들은 각자의 터전에서 하루의 일과를 마침과 동시에 교회로 출근했다. 그대로 교회 바닥에 앉아 예배도 하고 찬양도 하고 성경 공부도 하고 일상의 이야기도 하면서 퇴근 후 제2의 일과를 몇 시간이고 다시 이어 갔다. 매일 수 시간씩 만나는 사이임에도 언제나 이야기가 끝이 없었다. 그런 모임이 교회에서 지속되자 세속적으로 살던 청년들의 생활 패턴이 완전히 바뀌기 시작했다. 교회 중심, 예배 중심의 생활로 정돈되었다. 그렇게 하루하루 철갑상어를 먹이는 심정으로 갓 신앙생활을 시작한 성도들에게 열심히 말씀을 먹이며 시간 가는 줄 모르고 양육했다. 십일조가 수입의 11%인지 10%인지도 몰랐던 성도들에게 하나부터 열까지 모든 것을 가르쳤다. 국어사전인 줄 알았던 성경책을 찾고 보는 방법도 가르쳤다. 믿음으로 낳고 말씀으로 양육하겠으니 일단 성도를 보내만 달라 구했던 때가 엊그제 같은데 실제로 김장용 고무 다라이에 앉아 있는 기저귀만 찬 아이 같은 성도들이 이제는 옹기종기 모여 말씀을 듣고 있었다. 그리고 우리가 먹여 주는 대로 그것이 철갑상어 새끼인 줄도 모르고 꿀떡꿀떡 맛있게 씹어 넘기듯 말씀을 먹었다. 그렇게 우리에게 맡겨진 영혼들은 하루가 다르게 쑥쑥 자라났다. 성도들을 돌보는 데 우리의 열과 성을 다하는 동안 희민이와 한비는 때로 아빠 엄마가 부재한 틈에 그냥 옥탑방에서 둘이 뒹굴다 스르르 잠들거나, 부모를 따라 교회에 내려와 우리의 이야기를 듣다가 옆에서 스러지듯 잠들곤 했다. 그래서 지금도 그 시절을 떠올리다 보면 아이들을 키우며 쌓은 추억보다 성도들을 키우며 쌓은 추억이 훨씬 더 강렬하고 많다. 그래서 우리 아이들은 아직도 성도들이 아빠 엄마를 뺏어 가서 본인들 대신 성도들이 큰 거라는 이야기를 우스갯소리로 심심치 않게 하곤 한다.

성도들이 점점 늘어나게 되자 지하 본당 28평으로는 공간이 많이 부족했다. 대안이 없었던 우리는 여전히 두 평 남짓한 강단 옆 작은 주방에서 매주 30인분이 넘는 식사를 몸을 구푸려 가며 준비해야 했다. 밥 먹을 공간도 부족해졌고, 같은 시간에 셀별 모임을 하고 싶어도 공간적 제약에 모임을 확대할 수가 없었다. 목사님과 나는 그때의 시점에서 가장 필요한 것들을 확충해 가기로 했다. 공간적 제약에서 벗어나기 위해서는 본당 이외의 다른 공간을 새롭게 임대해야 한다는 필요성에 의견을 같이했다. 때마침 성도들의 헌금으로 모인 종잣돈 1,000만 원이 있었고 본당과 가장 가까운 임대로 나온 건물로는 얼마 전 리모델링되어 깨끗하게 새 단장한 신협 건물 3층이 있었다. 신협 담당 직원에게 문의를 해 봤더니 1,000만 원에 30만 원으로 계약을 진행할 수 있다는 답이 돌아왔다. 하나님이 어떻게 이렇게 가까운 곳에 우리의 필요에 딱 맞는 공간을 기가 막히게 준비시켜 주셨는지 모르겠다며 성도들에게 새로운 공간을 계약하기로 했다는 사실을 기쁨으로 알렸다. 모든 계약 사항을 사전에 신협 측과 구두로 협의한 후 드디어 계약서를 쓰기로 한 날이었다. 아침부터 하늘이 이상했다. 비도 오지 않는 마른하늘에 하루 종일 번개가 치고 천둥소리가 귀를 찢을 듯이 내리쳤다. 그냥 한두 차례 우르릉 쾅쾅 번쩍이 아니라 완전 대낮의 나이트클럽 불빛이었다. 수천 번의 천둥과 번개가 동반되었다. 오후에 계약을 하기로 했는데 그날의 하늘은 정말로 희한했다. 생전 처음 경험하는 기이한 날씨였다. 자연을 통해 역사하시는 하나님의 섭리의 잘 알기에 그날 하루 종일 내리친 마른번개와 천둥소리가 의미하는 무언가가 분명 있을 거라 조심스럽게 추측하며 신협으로 향했다. 이미 약속된 방문에 직원들은 기다렸다는 듯이 우리를 맞이했고, 우리는 방문한 목적대로 이야기를 풀어 갔다. 그런데 우리의 예상과는 전혀 다른 방향의 이야기가 직원들의 입을 통해 흘러나오고 있었다.

"목사님, 근데 저희가 죄송해서 어쩌죠? 저희가 잘 알아보고 말씀을 드렸어야 하는데 죄송한 말씀을 드리게 됐어요. 저희 법인이 법적으로 임대사업을 할 수가 없도록 되어 있어서 죄송하지만 이 계약을 진행할 수 없게 되었어요. 저희도 이번에 알았어요. 저희는 임대사업을 할 수 없는 법인이라는 것을요. 혹시나 해서 법적으로 문제가 없는

지 알아봤더니 그런 거였더라고요. 너무나 죄송해서 어쩌죠…."

"예? 왜요?"

"저희가 법인으로 등록을 하면서 임대사업을 할 수 없는 자격으로 이 건물을 샀어요. 그러면서 혜택받은 세금 내역이 있어요. 근데 저희가 임대사업을 할 경우 그 받은 혜택만큼의 세금을 다 토해 내야 하는 거더라고요. 저희도 몰랐던 거라서…. 이제야 말씀드리게 된 것 너무나 죄송해요."

그렇다. 신협은 임대사업을 할 수 없는 법인 사업자였던 것이다. 직원들도 우리와 구두로 사전 계약을 마친 상황이었는데 얼마나 당황스러웠겠는가? 신협은 아무 잘못이 없었다. 그러니 누구를 원망할 수도 없었다.

우르릉 쾅쾅~~~!!! 번쩍~~~!!! 우르릉 쾅쾅~~~!!! 번쩍~~~~!!!

신협 직원의 말을 듣고, 우리 부부는 벌어진 입을 다물지 못하고 서로의 눈을 바라보며 황당하기 그지없다는 표정을 짓고 있는데 밖에서는 난리가 났다. 그랬다… 저놈의 날씨가 영 찝찝했다. 계약이 불발되자 더욱더 강력한 천둥소리가 고막을 찢을 듯이 강하게 내리치는 듯했다. 번개의 불빛은 더 강력해져서 나는 팡파르가 터진 줄 알았다.

다리의 힘도 풀리고 맥도 빠져 터덜터덜 간신히 신협 밖으로 나왔는데 속도 모르고 팡파르를 울리고 있는 하늘이 어찌나 야속한지…….

'하나님, 너무 하시네요. 계약이 불발된 거는 알겠으니까 저 하늘부터 어떻게 좀 안 될까요? 가뜩이나 오늘 속 시고러워 죽겠는데 하늘까지 거들고 왜 저러는 거예요!'

볼멘소리가 쏟아져 나왔다. 이쯤 되니 하나님의 뜻이 너무나 궁금해졌다. 공간이 필요한 것은 분명한 사실이다. 이곳이 아니면 우리 형편에 어디를 가라는 말인가? 설마 아닐 것이다. 태극당 옆 건물, 2층이 얼마 전부터 1,000에 60만 원의 조건으로 은대 나와 있다는 소식은 들었는데 그곳은 우리가 감당할 수 있는 수준의 월세가 아니라고 생각해서 단 한 번도 후보군에 올려놓지 않았었다. 목사님은 그 건물을 지날 때마다 2층을 탐내 왔지만, 재정을 담당하고 있었던 나는 우리 수준의 건물이 아니라며 꿈도 꾸지 말라고 애당초 소망을 품지도 못하게 하던 장소였다. 그런데 이제 와서 보니 신협 건물이 안 된다면 거기밖에 없다. 가깝고 넓었다. 40평 건물에 넓은 주방과 넓은 홀, 작은 방 2칸, 화장실이 나눠져 있었다. 그리고 2층으로 향하는 1층 복도가 널찍하게 쫙 빠져 있었다. 누가 봐도 탐나는 공간이기는 했다. 도무지 주님의 뜻을 알 수 없어 몸부림치고 있던 그날 밤, 레보나 자매의 지인이었던 야엘 자매님이 교회를 찾았다. 그분을 만나 그날 있었던 일들을 이야기하는데 생각지 못한 해석을 통해 주님의 사인을 알게 하셨다.

"안 그래도 저도 오늘 날씨가 얼마나 기가 막힌지 하루 종일 하늘이 열려서 팡파르를 울리더라고요. 마른번개와 천둥소리가 어찌나 요

란한지, 그런데 오늘 제가 하늘꿈 교회를 방문하기로 했잖아요. 하나님이 하늘꿈 교회 가운데 하늘의 문을 열어 재정을 부어 주실 거라는 생각이 들었어요. 오늘 하늘의 문이 열렸잖아요. 목사님 사모님도 그 마른번개와 천둥소리를 인지하셨다면서요. 저도 오늘의 날씨는 하늘꿈 교회와 깊은 연관이 있다는 생각을 했어요. 그런데 도착해 보니 계약이 불발되었다는 소식을 들은 거죠. 저는 오늘 하늘을 통해 하나님께서 재정을 쏟아 부어 주실 것이라는 사인으로 분명하게 인지했어요. 보증금 1,000만 원에 월세 60만 원으로 계약을 진행하세요. 목사님과 사모님이 재정 걱정 때문에 하나님께서 더 좋은 것을 취하라 하시는데 취하지 못할까 봐 하나님께서 알아들을 만한 사람들에게 하루 종일 사인을 주신 거네요. 60만 원의 월세를 드리고도 남을 재정을 앞으로 채워 주실 겁니다. 사모님, 하나님은 우리들에게 공짜를 주시는 분이 아니세요. 좋은 것을 주시는 분이시지. 그것을 넉넉히 부담할 수 있는 능력을 주시는 분이시죠. 사람들은 하나님께로부터 어떤 것을 받을 때 꼭 싸고 좋은 거 혹은 공짜인 것들을 기대하지만 우리 주님은 그러시는 분이 아니세요. 하나님을 신뢰해 보세요. 오늘 하늘이 저렇게 열리고 하루 종일 팡파르가 터졌잖아요."

끝이다. 하나님의 사람을 통해 저런 사인을 주셨는데 뭘 더 고민할 여지가 있겠는가….

우리는 그렇게 꼼빠니아 매장 2층 김정문 알로에가 임대해 쓰던 공간을 보증금 1,000만 원에 월세 60만 원으로 계약했고 풍세에 예배당을 건축하기 전 8년 동안 정말 아름답게 잘 사용했다. 왜 그곳이었어야 했는지는 시간이 흐를수록 분명하게 드러났고, 임대차 계약을 한 후, 8년여의 세월 동안 실제로 단 한 번의 월세도 늦지 않게 미리 준비해서 지불할 수 있는 재정의 능력을 우리 주님은 우리에게 허락해 주셨다.

13.
다음 세대는 세워지고 나는 스러지고…

보라 내가 너를 연단하였으나 은처럼 하지 아니하고 너를 고난의 풀무에서 택하였노라

이사야 48장 10절

나는 지금도 종종 사람들에게 "저는 아이들을 좋아하지 않습니다."라고 소개할 때가 있다. 우리 성도들은 내가 아이들을 좋아하지 않는다는 사실을 너무도 잘 알고 있다. 내 정신 연령이 아이들과 비슷해서인지는 몰라도 나는 지금도 아이들과 그렇게 잘 싸우곤 한다. 누가 어린아이들이 천사 같다 했는가? 잘 때만 그렇다. 아이들이 눈을 뜨는 순간 모든 것이 변한다. 아이들의 태생적 호기심과 그로 인해 벌어지는 수십, 수백 가지 예상을 뛰어넘는 사건 사고들을 집과 교회 안에서 매일 경험하면서, 그리고 그 사건과 사고들을 수습하는 과정에서 내가 아이들을 좋아하지 않는 것 같다는 추측은 기정사실화되었다.

큰아들 희민이를 출산했던 나이가 대학교 4학년, 만으로 22세였다. 친정 엄마인 윤영숙 집사가 희민이를 대신 키워 주셨다. 누구를 닮은 건지 희민이는 사고의 틀이 아깃적부터 매우 강했다. 자기가 생각

한 패턴에 맞춰 보도블록을 밟으며 걸어가다가 혹여 한 개를 밟지 못하고 지나쳐 왔다면 뒤돌아가서라도 그 블록을 기어이 다시 밟고 와야 전진이 가능하던 아이였다. 특히 빨래를 건조대에 너는 일을 좋아했는데 희민이와 함께 빨래 너는 작업을 마치려면 시간이 너무 오래 걸려 아이를 재워 놓고 이때다 싶어 빨래를 모두 널면 잠에서 깨어난 후 난리가 난다. 기어이 건조대에 널려 있던 모든 빨래를 다시 걷어 세탁기에 도로 넣고 문을 닿은 후 본인의 손으로 다시 꺼내는 작업부터 새로이 시작해야만 직성이 풀리는 아이였다. 고집이 얼마나 센지 처음 "아빠"라고 말한 다음 날 아빠가 말레이시아로 선교를 떠나게 되면서 눈앞에서 사라져 버린 충격으로 26개월까지 아빠라는 단어를 알면서도 일부러 입 밖에 내지 않았다. 5세 때는 한 만화영화에 빠져 계속 같은 영상을 반복해서 보는 바람에 우리 부부가 며칠을 지켜보다 시청 금지 조치를 내리자 몸을 벽에 기댄 후 눈을 지그시 감더니 움직이지 않았다. 뭐 하는 거냐고 묻자 희민이는

"어차피 영상 안 봐도 제 머릿속에 다 있어요. 머릿속으로 다시 돌려보면 돼요. 지금 제 머릿속으로 그 만화영화를 보고 있는 중이에요."

라고 대답했다.

한동안 보던 만화영화에서 관심사가 다른 만화영화로 바뀐 어느 날 희민이는 장난감 하나를 사 달라고 조르기 시작했다. 정말 없는 살림살이였기 때문에 나눔 또는 선물 받은 장난감 몇 가지로 돌려쓰고 있었어도 충분히 만족하면서 큰 불만이나 요구 사항이 없던 아이였는데 갑자기 새롭게 관심이 꽂힌 만화 장난감 캐릭터 하나를 사 달라고 며

칠에 걸쳐 일관적으로 조르고 있었다. 나중에는 아예 섭식을 거부하며 금식 투쟁을 이어 가기 시작했다. 고작 5세에 불과한 아이가 말이다. 이 지경이 되고 보니 어린아이의 투정이라고 치부해 버리기엔 너무 진지한 요구였다. 그래도 엄두를 낼 수 없었던 것이 희민이가 원하던 장난감은 합체했을 때 하나의 로봇이 되는 부분 판매 제품의 한쪽 다리 일부로, 주먹만 한 크기이면서 가격은 5만 6천 원에 달했다. 당시 5만 원이면 우리 가족 한 주 반찬값이었다. 그렇게 비싼 장난감은 도저히 사 줄 수 없다며 설득했지만 통하지 않았다. 그리고 희민이는 두 끼를 금식한 후 우리 부부에게 딜을 해 왔다.

"엄마, 이 장난감 사는 대신에 앞으로 절대 장난감 안 사 달라고 할게요. 진짜예요."

"진짜? 너 그게 도대체 무슨 말인지 알고 하는 거야? 네 말대로라면 너 이거 하나 사고 일평생 정말 장난감은 없어. 네가 지금 다섯 살이야 잘 생각해. 엄마는 앞으로 진짜 절대로 안 사 줄 거야. 엄마한테는 정말 비싼 장난감이고 우리 형편에서 이런 장난감을 사면 안 돼. 근데 네가 이렇게까지 하니까 엄마가 고민하는 거야 지금. 엄마랑 약속해 이거 하나로 일평생에 장난감은 끝내겠다고. 손가락 걸고 도장 찍어."

희민이는 정말 손가락을 걸고, 도장을 찍었다. 그리고 그토록 원하던 캐릭터 장난감을 드디어 손에 넣었다. 구매한 그날 이후 21세에 이르는 지금까지 다른 장난감을 실제로 산 적이 없다. 대견스럽게도 약속을 잘 지켜 주었다. 그랬던 떼쟁이가 지금은 신학대학을 다니고 있으니 세월의 흐름이 유수와 같다.

어린 희민이는 울보로 유명했다. 지금 생각해 보면 부모가 살뜰히 살피지 못해서였을 텐데 도대체 뭐가 불만이어서 우는지, 아이의 상태를 살필 생각은 안 하고 당장에 민망하니 울음만 멈추게 하고자 했다. 희민이는 늘 정말 많이도 울었다. 부교역자 시절 교회에서 어떤 전도사님은 애가 저렇게 울면 집안에 우환이 생긴다는 말씀을 하신 적도 있고, 오랜 만에 만난 남편 동기 목회자 모임에서 내가 상담을 배우기 위해 대학원에 진학했다는 안부를 전하니 그거 공부해서 희민이 상담이나 해 주라는 등의 조롱 섞인 이야기를 들은 적도 있었다. 지금 이렇게 의젓하게 자라 있는 모습을 보면 상상도 할 수 없는 모습이지만 남편과 나는 첫아이였던 희민이를 정말 어렵게 양육했다. 그렇다. 나는 결국 내 아들이 벅차 다른 아이들을 좋아하지 않았다.

그런데 희한하게도 널찍한 주방이 달린 45평 규모의 교육관을 계약하고 나니 그전에 내 안에 없던 희한한 마음이 몽글몽글 솟아오르기 시작했다. 새로운 관심사가 생겼다. 청년들과 부모들을 놓고 제자훈련을 한창 시키던 어느 날, 내 마음 가운데 이전에 없던 새로운 단어가 내리꽂혔다.

'다.음.세.대'

다음 세대 아이들에 대해 어느 날 갑자기 부어진 마음은 내가 덮는다고 덮이고 끄고 싶다고 꺼지는 정도의 관심이 아니었다. 하나님은 다음 세대에 대해 마음을 품게 하시더니 나의 모든 관심사를 그쪽으로 돌려 버리셨다. 그토록 아이들을 좋아하지 않던 나의 마음과 시선을 완전히 바꿔 버리셨다.

교회를 개척하고 나니 현실적으로 닥친 어려움 중 가장 곤란했던 부분이 바로 주일학교였다. 큰 교회 부교역자로 사역하던 시절에는 문제될 것이 없었다. 주일학교에 아이들을 보내 예배하면 될 뿐 부모인 나와 남편이 크게 신경 쓸 일이 없었다. 하지만 개척을 하고 나니 이야기는 달라졌다. 희민이, 한비가 전부였다. 몇 달 뒤 경민이와 경호가 합류해서 어린이는 총 4명이 되었지만 그다지 유의미한 증가는 아니었다. 어린이부 행사를 기획하고 싶어도 기획할 수가 없었다. 이대로 가다간 목회자의 자녀들인 희민, 한비가 여름 성경학교가 뭔지 모르고 수련회가 뭔지 모르는 매우 불행한 세대로 자라나게 될 것이 불 보듯 뻔했다. 경험을 해 봐야 뭔지 알지 않겠는가? 그러다 강성규, 임가현 집사 가정에 첫아이 하임이가 태어났다. 이어 결혼하면서 타 지역으로 가게 돼 교회를 잠시 떠나 있던 이서영 집사가 만 3년 만에 교회로 합류하면서 채원, 세은이 두 아이가 왔고, 전도를 못 하면 애라도 낳으라는 어느 목사님의 기발한 조언대로 우리 부부는 결혼 10년 만에 셋째 아이 슬비를 갖게 되었다. 주님의 바람대로 다음 세대가 차곡차곡 모이고 있었다.

우리 부부의 막내딸 슬비는 교회 개척을 하고 나서 하임이 이후로 태어나는 두 번째 아이였다. 임신 기간 동안 교회에선 이런저런 분란이 계속되었다. 우리의 부족함이 제일 컸기에 성도들과 크고 작은 갈등이 얼마간 지속되다가 끝내 봉합하지 못하고 마침내 가족 포함 성도 17명이 부활주일 전날 단체로 교회를 떠나는 일이 발생하고 말았다. 지금 생각해 보면 다 하나님의 때가 있었기 때문에 만남과 헤어짐도 결국 그 순리를 따랐던 것이었을 뿐, 피차 함께할 때 최선을 다했으면 된 것이었으련만 당시에는 그런 사정이 왜 그리 야속하고 서운했던 것인지…. 실로 나는 많이 어리고 연약했다. 그 때문에 임산부였던 나는 면역력도 많이 떨어지고 몸이 많이 쇠약해졌다. 그럼에도 불구하고 남아 있던 성도들의 열화와 같은 성원에 힘입어 출산 날 새벽 기도까지 무사히 마치고 출산 예정 병원인 이화여성병원으로 향했다. 둘째까지 제왕절개 수술로 아이들을 출산했기 때문에 셋째도 수술로 결정했다. 병원에는 임가현 집사와 레보나 자매가 먼저 도착해 있었다. 한바탕 소동이 일었던 교회의 사정을 잘 알고 있던 레보나 자매는 그 와중에 사모님 뱃속에 아이를 잘 지켜 내라며 쇼샨나라는 태명을 뱃속의 아이에게 선물로 주었다. '하나님께서 돌보시고 기르신다'라는 뜻의 히브리어 이름이었다. 그녀들은 열 달 동안 쇼샨나로 불리던 그 아이를 출산하러 수술실로 들어가는 내 손을 꼭 잡으며 응원해 주었다. 수술은 무사히 끝이 났고 나는 병실로 옮겨졌다. 그렇게 모든 과정이 순조롭게 흘러가는 듯했다. 주일 예배를 마치고 월요일 오전에 수술을 해서 금요일쯤 퇴원을 하면 교회에 아무런 영향이 없을 것으로 예상하고 잡은 출산 일정이었는데 퇴원을 앞둔 목요일 저녁부터 온몸에 열이 오르기 시작하더니 아랫배 왼쪽이 아파 오면서 오한이 덮쳤다. 얼마나 추운지 침대에서 덜컹덜컹 소리가 날 정도로 오들오들 떨어야 했다. 그 상태로 퇴원을 할 수 없어 이틀간 몸의 상태를 살폈지만 도무지 나아지지 않았다. 3일째 되는 날 오전, 이미 퇴원은

물 건너간 상태에서 신우신염 진단을 받았다. 그렇게 약 5일을 추가로 병원에 머물렀다. 병명을 알고 약을 쓰니 증세가 한결 호전되었음을 느꼈다. 주치의 선생님이 오셔서 이 상태라면 이틀 후에는 퇴원할 수 있을 거라고 말씀해 주셨다. 듣던 중 반가운 소리였다. 그런데 그날 밤 또다시 온몸에 열이 오르기 시작하더니 새로운 복통이 시작되었고 이번에는 오른쪽 아랫배였다. 열은 떨어질 기미를 보이지 않았고 각종 검사를 진행했지만 산부인과 쪽으로는 진단명을 알 수가 없었다. 신우신염도 잡혔고 자궁 쪽은 아무 이상이 없는데 다시 고열에 복통을 호소하니 병원에서도 난감한 눈치였다. 결국 대학병원에 가서 검사를 받아 보라는 소견서를 써 주시면서 전원을 결정하셨다. 그대로 이화병원 앰뷸런스를 타고 주체할 수 없이 흘러내리는 눈물을 연신 훔쳐 내며 순천향대학병원으로 향했다. 아이는 이화여성병원 신생아실에 그대로 맡긴 채로….

 순천향대학병원 산부인과로 가서 각종 검사를 진행했지만 결과는 별 이상이 없었다. 그리고 얼마 후 급성 맹장염이라는 진단이 내려졌다. 이미 오른쪽 아랫배의 통증은 극에 달했고 허리를 펼 수조차 없어 구부리고 다니며 각종 검사를 받았는데 불행하게도 당장 수술을 진행할 수 없는 최악의 컨디션이었다. 맹장의 상태도 처참했지만 소장의 염증은 더욱 심해서 당장 수술을 하게 되면 50센티미터를 잘라 내야 하는 지경이었다. 당장 수술은 불가능하니 배를 뚫어 소장에 호스를 박아 고름을 밖으로 직접 빼내는 치료를 한 달 정도 받은 후 염증이 아물면 수술을 진행하는 것이 좋겠다는 안내를 받았다. 그리고 치료는 바로 시작되었다. 다음 날 배에 호스를 박는 시술이 진행되었다. 출산한 지 얼마 되지 않은 상태이니 상황도 모르고 젖은 무심하게 차올랐다. 돌처럼 딱딱해진 유선에서 젖을 밀어내기 시작하니 젖몸살이 올라오는데 젖을 먹어 줄 아이는 다른 병원 신생아실에서 홀로 누워 있다. 시술실에 들어가서 북받쳐 오르는 감정을 주체하지 못한 채 한참을 엉엉 소리 내어 울고 있으니 간단한 시술 과정인데 이렇게까지 울 필요 없다며 담당 선생님이 나를 달랬다. 얼마 전에 아이를 출산한 산모인데 아이가 너무 보고 싶어 우는 것이라고 말씀드리니 사연이 딱하다며 그냥 울라고 허락해 주셨다.

그렇게 오른쪽 배에 고름 주머니를 채우는 시술을 마치고 병실에 올라오니 홀로 이화병원 신생아실에 누워 있던 셋째 아이 슬비 생각에 몸이 견딜 수 없었다. 주치의 선생님께 이야기를 전하니 잠시 아이에게 다녀올 수 있도록 외출을 허락해 주셨다. 무슨 정신으로 움직였는지 기억이 나질 않는다. 병원에 도착해 보니 슬비가 신생아실에 누워 새근새근 자고 있었다. 나의 사정을 알고 있던 간호사 선생님은 얼른 자고 있던 슬비를 내게 데려다주셨다. 상황을 알 리 없는 슬비는 잠에 취해 있었고 그렇게 자는 아이라도 깨워, 잠시라도 젖을 물려 보고 싶어 하는 산모의 당연한 바람과 행위가 일상적이지 않은 것이 되어 버린 현실이 안쓰럽고 너무 비참하게 느껴졌다. 참고 싶었지만 아이를 안자마자 눈물은 쏟아져 버렸고 소리를 참자 몸이 들썩거렸다. 젖을 물릴 수가 없을 정도로 몸의 흐느낌이 심해졌다. 보다 못한 간호사가 와서 나를 위로하며 젖을 물릴 수 있도록 도와주었지만 소용없었다. 분명한 것은 그날, 그 잠깐의 시간 동안 슬비가 먹은 모유의 양보다 내가 흘린 눈물의 양이 압도적으로 많았다는 사실이다.

처치 후 열이 잡히고 바로 퇴원을 하면서 배에 고름주머니를 찬 채로 출산 후 약 3주 만에 슬비를 데리고 집에 왔다. 그로부터 약 한 달 뒤 소장의 염증이 잦아들면서 복강경으로 수술을 진행했고 맹장이 녹으면서 뱃속에 퍼진 작은 오물들을 제거하느라 기계로 장 구석구석을 아주 꼼꼼하게 청소한 덕에 장이 아파 일주일을 침대에 누워 일어날 수조차 없었다. 맹장 수술은 간단해서 이틀이면 퇴원한다는 이야기는 딴 세상 이야기였다. 하루하루 간신히 버티던 체력도 이미 바닥에 와 있었다.

시부모님과 합가해 살던 풍세 집에 머물면서 몸조리를 할 엄두가 나지 않아 친정으로 가서 요양하기로 했다. 뭐라도 먹고 기력을 차리라고 엄마가 준비해 준 족발 때문인지 유선염이 시작된 것 같았다. 젖이 아파 오기 시작했다. 이전에도 이런 경험이 있어서 약 몇 봉지만 받아 먹으면 금방 해결될 일이라는 확신이 있었다.

그런 연유로 평소 우리 교회를 수년 째 후원해 주시던 미유 의원을 찾았다. 유선염은 산부인과로 가야 한다는 사실을 망각하고 그냥 유방전문병원을 찾은 것이다. 원장님은 평소 병원에서 후원하고 있는 교회 사모가 유선염으로 내원하자 유방 및 갑상선 초음파를 통해 구석구석 꼼꼼하게 나의 유방과 갑상선의 건강 상태를 살펴보셨고, 갑상선에 작은 혹이 보이니 조직 검사를 하고 일주일 뒤에 나올 결과를 기다려 보자 하셨다. 별일이야 있겠는가 싶어 가벼운 마음으로 기다렸다. 유선염은 예상대로 약을 한두 번 먹으니 바로 회복되었고 갑상선의 혹을 조직 검사했던 사실조차 잊어버리고 일상을 지내던 나는 남편과 함께 일주일 뒤 결과를 보기 위해 다시 병원을 찾았다. 그리고 그 작은 혹이 갑상선에 자리 잡은 암 덩어리라는 사실을 원장님을 통해 전달받았다. 초기인 듯 보이지만 그래도 암 덩어리였다. 얼마큼 자라나서 어떤 영향을 몸에 끼칠지 모르니 수술을 하는 게 좋겠다는 말씀을 조심스레 전달해 주셨고 불과 얼마 전까지 머물렀던 순천향대학병원으로 암 조직 샬레를 들고 다시 내원했다. 이번에는 갑상선암이라는 진단명으로….

출산에, 신우신염으로 인한 복통 및 고열에, 복막염에… 지난여름 내내 내가 어찌될까 노심초사했던 나의 부모님이 제일 먼저 생각났다. 아빠 인호열 집사에게 전화를 걸었다.

통화 연결음이 울릴 때만 해도 어떻게 말해야 할지 모르겠더니 막상 연결되자 담담하게 말이 흘러나왔다.

"아빠, 나 오늘 조직 검사 결과가 나왔는데, 암이래. 초기인데 그래도 수술해야 한다고…. 흑흑."

"……."

아빠도 당황스러웠는지 한참 말이 없었다. 그리고 잠시 후….

"그래? 암이래? 돈 걱정은 하지 말고. 수술이나 잘 받자. 집으로 내려와라."

얼마 전 주님만을 의지하겠다며 우리 부부가 갖고 있던 모든 보험을 해약해 약 600여 만 원의 돈을 주님께 헌금한 사실을 알고 있던 아빠는 치료비 걱정에 불안해할 병든 딸내미의 상황을 먼저 헤아렸다. 돈 걱정은 하지 말라는 말로….

그렇게 10년 동안 단 한 번도 늦게 않게 또박또박 납입해 온, 내 암보험 해약금을 얼마 전 취해 가신 하늘 아버지를 대신해 땅의 아버지가, 빈털터리가 된 나를 위로하고 있었다.

12월 초로 수술 날짜를 잡고 친정집으로 돌아오는데 날이 속절없이 너무 좋았다. 땅의 아버지는 병원비를 선물로 준비했지만 내 보험 해약금을 가져가신 하늘 아버지는 내 기분이 더 이상 꿀꿀해지지 않도록 날씨를 선물로 준비했다는 느낌으로…. 뜨거웠던 여름 내내 병실에 있느라 바깥의 열기를 모르고 지나갔던 2014년의 초가을 어느 날이었다.

제왕절개 수술부터 맹장염, 갑상선암 수술까지 연속되는 세 번의 수술이었다. 결과적으로는 잘 이겨 냈지만 일 년의 시간 중 반을 병원에서 보낸 해였다. 세 번의 수술 이후 떨어진 체력은 사실상 10년이 지난 지금도 온전히 회복되지 않았다. 다시는 기억하고 싶지 않은 그 해. 2014년 하반기였다.

14.
사기꾼에게서 돌려받은 투자금이
교회 건축의 기초가 되다

우리가 우리 하나님의 궤를 옮겨오자 사울 때에는 우리가 궤 앞에서 묻지 아니하였느니라 하매 뭇 백성이 이 일을 선히 여기므로 온 회중이 그대로 행하겠다 한지라

역대상 13장 3~4절

이서영 집사의 별명은 베드로 동생이다. 워낙 성격이 급하고 뒷일 생각하지 않고 저지르는 스타일이어서 여러 사람 어렵게 할 때가 많지만 때로는 그런 사람도 필요한 법이다. 남편과 내가 워낙 생각만 많고 움직이지 않는 머리형 인간이라 그런지 하나님께서는 우리 교회에 성격 급한 행동파 성도들을 참 많이도 붙여 주셨다. 결은 조금씩 다르지만 결국 보면 행동파 성도들이 일은 도맡아 하곤 한다. 후진도 없다. 한번 무언가에 꽂히면 달리는 기관차 같다. 앞에 뭐가 있든 그냥 다 치고 지나간다. 말리고 싶지만 소용없고 본인도 멈추고 싶지만 멈춰지지 않는다. 베드로 이야기만 나오면 마치 자기 같다며 배꼽을 잡고 웃는다. 그런 서영 집사가 어느 날 진지하게 상의드릴 게 있다며

이야기를 털어놓았다.

"사모님, 제가 결혼 전에 직장 생활 해서 번 돈이 1억 정도 되는데 그중에 3,000만 원을 친정 부모님 집을 사는 데 보태 드렸어요. 그런데 최근에 아빠가 지인 소개로 투자기업에 3,000만 원을 투자했는데 아무래도 사기꾼에게 그 돈이 넘어간 거 같아요. 집 담보 대출을 받아서 3,000만 원을 마련해 투자한 건데 저는 그 돈이 자꾸 제 돈이라는 생각이 들어요. 제가 정말 피, 땀, 눈물 흘리며 벌어서 부모님께 드린 건데 한번 꽂히면 누구의 말도 듣지 않는 아빠의 성격상 사기라고 말을 해도 그냥 당하겠다며 투자하셨어요. 근데 저는 그 돈을 꼭 찾아오고 싶어요."

좋다. 그런데 저 말이 모두 사실이라면, 사기꾼에게 이미 들어간 돈을 무슨 수로 찾아오겠다는 말인가? 베드로 동생다운 발상이지 싶었다. 사정이야 당연히 안타깝고, 돈도 너무나 아깝지만 나는 하나님도 이번 일만큼은 해결할 방법이 없다는 것을 서영 집사의 이야기를 들으면서 확신했다. 대안이 없으니 서영 집사에게 딱히 해 줄 수 있는 말도 없었다. 남편은 목회하면서 개에게 안수기도도 해 주고, 과식한 성도 음식 내려가게 해 달라고 기도도 해 보고, 억울한 누명을 쓰고 조직 폭력배 사무실에 끌려가 협박도 당해 봤지만 이런 일은 또 처음이었다.

"집사님… 너무 속상하시죠. 어떻게 될지 모르겠지만(그 일은 절대 해결되지 않아요) 우리 한번 기도나 해 봅시다(지금 해 줄 말이 없어서 기도해 보자고 대충 둘러대는 거예요. 사기꾼에게 빼앗긴 돈을 도로 찾아올 방법은 아마도 없을 겁니다. 별 기대는 하지 마세요. 저도 열심히 기도할 생각이 없거든요).”

이런 말로 서영 집사를 진정시키고자 했다. 하지만 그녀는 역시 베드로 동생이었다. 그럼 기도를 제대로 해야지 않겠냐며 새벽기도를 결단했다. 당시 서영 집사는 이미 결혼해서 아이가 셋이었다. 아이 셋을 이끌고 새벽기도를 하겠단다. 사기꾼에게 들어간 3,000만 원을 찾아오기 위해서…. 때때로 나는 사기꾼보다 서영 집사가 더 무섭다. 무언가에 꽂히면 아무도 못 말리는 성격 때문이다. 그렇다 절대로 말린다고 말려질 사람이 아닌지라 그냥 받아들였다.

"사모님, 저 오늘부터 그 3,000만 원을 위해서 본격적으로 기도할 거예요. 저는 그 돈이 돌아올 때까지 기도할 거예요. 돌아오면 저는 십일조 300만 원 할 거예요. 그러니까 같이 기도해 주세요.”

어차피 돌아올 일이 없는 돈이라는 확신이 있었기 때문에 십일조 300만 원 이라는 이야기를 들었음에도 별로 기도 욕구가 올라오지 않았다. 기대했다가 안 되면 마음만 더 아픈 법이다. 그동안 함께했던 양가 가족들 대부분이 그즈음 모두 교회를 떠났다. 교회가 자리 잡힐 때까지만 함께 있어 주겠다는 그 약속대로였다. 17명의 사람들이 그렇게 나가고 거짓말같이 우리가 그간 말씀으로 양육한 진짜 우리 양들만 남았다. 재정적으로 넉넉한 성도가 없었기 때문에 가족들이 떠난 후 교회의 재정 상태는 처참했다. 그런 상황에서 십일조 300만 원이 아니라 30만 원만 있어도 정말 큰돈이었지만 희한하게도 서영 집사가 잃어버린 그 돈을 찾아오고 싶다는 소망이 쉽사리 생기지 않았다. 기도해 주는 척했지만 우리 부부는 사실 기도하지 않았다. 서영 집사 혼자서 일주일을 열심히 기도했다. 마음 가운데 '저런다고 저게 돌아올 돈이 아닌데….'라는 생각만 들어 혼자 진지한 서영 집사가 짠하게 느껴졌다. 일주일을 그렇게 혼자 열심히 기도하던 서영 집사는 오기가 생겼는지 또 다른 결심에 이른다.

"사모님, 십일조 300만 원으로는 안 되겠어요. 제가 기도를 할수록 그 돈이 제 돈이고 그 돈을 반드시 찾아와야 한다는 생각이 더욱 강하게 드는데 하나님께 3분의 1일 드리겠어요. 만약에 찾아오면 1,000만 원을 드릴 거예요. 더 열심히 기도해요. 우리."

'이봐요… 서영 집사님…. 그런다고 찾아지게 되는 돈이 아니라니까요. 손바닥만 한 작은 구름이라도 볼 수 있는 상황이어야죠. 이건 경우가 완전히 달라요. 괜한 일로 새벽기도까지 작정한 사람에게 할 말은 아니어서 지금 속으로만 하고 있지만 냉정하게 말하자면 그냥 그 돈은 포기하는 게 자연스러워요. 암만요. 순리이고 상식이죠.'

속으로는 저렇게 부르짖어 놓고 막상 대답은 매우 가식적이었다.

"네… 집사님…. 열심히 기도합시다."

그러더니 며칠 뒤 서영 집사는 아빠가 사기꾼과 작성한 계약서를 입수했다며 그 계약서를 우리에게 보여 주었다. 계약서에는 A5 크기의 용지에 대략 10여 가지 조건이 있었고 그 밑에 계약자 이름과 사인이 들어가 있었는데 3,000만 원이라는 큰돈이 오고 간 계약서라고 보기엔 조악하기 그지없었다. 그중 희한한 문구가 2개 정도 있었는데 다음과 같았다.

* 이 투자 계약 내용의 일체를 가족 포함 어떤 이에게도 누설하지 않는다.
* 한번 투자한 금액의 일체에 대해 절대 반환을 요구하지 않는다.

'아… 이런 게 바로 사기 계약서구나.'라는 사실을 보자마자 알 수 있었다. 그리고 이런 사기 계약에 당하고도 그걸 이상하게 여기지 않는 서영 집사의 아버지가 이해가 되지 않았다.

사기는 어차피 미혹된 거니까. 그렇다. 미혹의 영에게 사로잡힌 상태인 것이다. 그토록 허접한 계약서를 보니 사기를 친 놈들도 그렇게 치밀한 사기꾼들은 아니구나 하는 생각이 들었다. 그때까지도 남편과 나는 여전히 돈을 찾아올 가능성을 제로로 보아 기도할 마음조차 없었고, 서영 집사는 희망을 놓지 않고 혼자서 계속해서 기도하고 있었다.

그렇게 또다시 일주일이 지나갔다. 그사이 서영 집사는 또 다른 결심을 했다.

"사모님 저 천만 원으로 안 되겠어요. 2천만 원 드릴래요. 저 그 돈 너무 아까워요. 그 돈 찾아야겠어요. 꼭이요. 근데 하나님께 천만 원

드리는 것도 아닌 거 같아요. 어차피 없던 돈이었는데 찾아서 2천만 원 드릴래요. 2천만 원 드릴 것을 목표로 같이 기도해 주세요."

'집사님… 우리 하나님은요, 300만 원 드린다고 할 때는 적어서 기도 안 들어주시고 2천만 원 드린다고 하니까 그 정도면 내가 응답해 줄게 하고 돈 가지고 협상하시는 분이 아니에요. 이거는 하나님도 방법이 없는 일이라니까요. 한번 꽂히면 포기할 줄 모르는 사람이라는 거 아니까…. 집사님 모습 보면 괜히 짠하기만 합니다.'

저렇게 생각해 놓고 또다시 겉으로는 그냥 맥없이 대답했다.

"네… 집사님 같이 계속 기도해 봅시다."

그렇게 일주일쯤 흘렀다. 서영 집사는 3,000만 원 반환을 위한 새벽기도를 멈출 생각이 없어 보였다. 아무 일도 일어나지 않은 채 시간이 3주가량 흘렀지만 서영 집사는 그 일에 대해 단 0.1도의 온도도 식지 않고 처음 결심 그대로 진심이었다. 이대로 가다간 큰일이다. 서영 집사는 꽂히면 아무도 못 말린다 하지 않았던가? 그러더니 어느 날 새벽기도 전 우리 부부에게 다시 새로운 결단을 알려 왔다.

"목사님, 사모님! 저 이제부터는 블레셋에게 빼앗긴 이스라엘의 언약궤를 찾아오는 심정으로 기도할 거예요. 그 언약궤를 가지고 있던 모든 곳이 저주를 받았잖아요. 다곤의 신전에서 모든 신상들이 언약궤 앞에 목이 꺾이고 쓰러졌잖아요? 저 그런 마음으로 기도할 거예요. 그 돈을 가진 자들, 남의 돈으로 사기 친 자들…. 그 돈을 탐하는 모든 자에게 저주가 있게 해 달라고 기도할 거예요. 그리고 계속 기도를 하다 보니까 그 돈은 제 돈도 아니라는 생각이 들었어요. 그 돈은 전부 하나님 거예요. 이것은 의심의 여지가 없는 사실이에요. 저는 그렇게 결론 내렸어요. 그래서 이 돈을 실제로 찾게 되면 저는 전액을 하나님께 드릴 생각이에요. 3,000만 원 전부를요. 그러니 꼭 찾아올 때까지 끝까지 저와 함께 기도해 주세요."

성도가 이 정도 결단했으면 목회자는 최소한 같이 기도하는 시늉이라도 해야 한다. 그때까지도 여전히 마음에 확신은 없었지만 서영 집사가 눈물로 기도를 부탁하며 전액을 하나님께 드리겠다고 결단한 이상 그 돈은 이미 하나님의 것이었다. 이제까지는 이서영 집사의 돈을 찾아오려는 기도였지만 오늘부터는 하나님의 돈을 찾기 위한 기도가 된다. '함께 기도하는 게 맞다'는 생각이 들었다. 그리고 그날 새벽 처음으로 하나님의 돈 3,000만 원을 찾기 위한 기도를 올렸다.

한참을 집중해서 기도하고 있는데 갑자기 마음 가운데 하나님께서 깨닫게 하시는 사실이 있었다.

'그 돈은 서영이가 언제 모은 돈이지?'

'결혼 전 10년 동안요.'

'결혼 전 10년 동안 모은 돈이 부모님께 드려졌다면 서영이의 결혼 전 10년의 세월은 누구를 위한 세월이었던 것이지?'

'부모님을 위한 시절이요.'

'그럼 그 청년의 때에 모은 모든 돈이 자신을 위해 쓰였다면 서영이의 청년 시절 10년은 누구를 위한 세월이었던 것이지?'

'본인을 위한 시절이요.'

'그럼 그 청년의 때에 모은 돈이 사기꾼을 위해 쓰였다면 서영이의 10년은 누구를 위한 세월이겠느냐?'

'사기꾼들이요.'

'그럼 서영이가 나를 모르던 그 청년의 때, 10년간 피, 땀, 눈물로 모은 그 돈을 나를 위해 사용한다면 서영이의 청년의 때 10년은 결국 누구를 위한 세월이 되겠느냐?'

'…주님이요.'

나는 기도 중간에 갑작스럽게 나의 지혜로는 개념조차 없었던 시간을 초월하셔서 역사하시는 주님의 섭리를 깨닫게 되었다. 서영이가 주님을 모르고 살던 시절까지 되돌려서 주님을 위해 살아온 시간으로 바꿔 버리시겠다는 약속을 받고 나니 주님의 사랑이 가슴 깊이 느껴져 쏟아져 흐르는 눈물을 주체할 수가 없었다. 주님께서 "하겠다." 하시면 더 이상 방법은 내가 관여할 바가 아닌 것이다. 그냥 그걸로 된 것이다.

우리 주님은 서영 집사가 주님을 모르고 살았던 20대 청년의 시절까지도 친정 부모님을 위해, 본인을 위해, 최악의 경우 사기꾼을 위해 살아온 10년으로 만들지 않으시고 그녀의 바람대로 그 3,000만 원을 취하시므로 하나님을 위해 드려진 10년으로 지나간 세월을 돌려놓으실 작정을 하신 것이다. 세상 어느 누가 지나간 과거를 돌릴 수 있는 능력이 있단 말인가? 역시 우리 주님이셨다. 얼마나 울었는지 모른다. 그걸 깨닫게 하시니 나는 새벽기도 시간 내내 하나님의 은혜에 감사해서 대성통곡을 했다. 남편과 서영 집사는 갑작스럽게 울음

보가 터져 버린 나의 기도가 끝나기만 기다리고 있었고, 기도 중 깨닫게 된 하나님의 마음을 전했다. 그날 이후로 우리 셋은 한마음으로 그 돈을 찾기 위해 기도하기 시작했다. 언제 돌아올지 모를 하나님의 돈 3,000만 원을 무작정 기다리며 기도하기 시작한 지 한 달…. 한껏 고조된 그녀의 음성이 수화기를 타고 흘러나왔다.

"사모님, 저 그 돈 진짜 찾을 수도 있을 것 같아요."

"예? 무슨 말이에요? 집사님 도대체 어떻게요? 진짜로 방법이 있단 말이에요?"

"방금 친정에서 전화가 왔는데 엄마가 사기당한 3,000만 원이 너무나 아까워서 작은아빠한테 이야기를 했나 봐요. 근데 저희 작은 아버지도 포클레인 사업을 하시는데 '사짜' 기질이 좀 있는 분이에요. 그래서 평소에는 엄마가 사기꾼 같다고 작은아빠랑 연락 잘 안 하시는데 너무 속상해서 그냥 전화를 했나 봐요. 전화해서 상황 설명을 하니 작은아빠가 그 돈이면 땅에 투자를 하게 하는 게 어떻겠냐며 자기가 있는 강원도가 한창 평창 올림픽으로 땅값이 요동치는 중인데 오래전부터 봐 둔 작은 땅이 있다며 거기에 투자를 하면 훨씬 더 많은 돈을 벌 수 있다고 아빠를 대신해서 그 사기꾼을 설득해 보겠다고 이야기를 했다는 거예요. 이야기가 너무 신기하게 돌아가고 있어요. 사모님 이거 우리가 기도해서 벌어지는 일이에요. 맞죠?"

듣고 있으면서도 신기했다.

"정말요? 우와! 세상에 그런 일이 가능해요?"

"저도 믿기지가 않는데 일단 그렇게 해 보기로 했다고 하니까요. 기도하면서 기다려 봐요."

현장에서는 무슨 일이 일어나는지 아무것도 모른 채 기도만 하며 며칠이 흘렀다.

"사모님, 그 돈 진짜 돌아올 거 같아요. 진짜 신기해요. 작은아빠가 그 사기꾼들을 설득해서 며칠 뒤에 그 돈을 받기로 했어요. 그런데 그 사기꾼들도 그 돈을 돌려줄 때 아빠는 못 믿겠다며 엄마한테 돌려주기로 했대요. 그 사기꾼들은 엄마 명의로 그 땅을 사지만 본인들과 이익을 공유하기로 한 것으로 알고 돈을 돌려주는 거예요. 그래서 엄마는 엊그제 이 일로 작은아빠와 긴밀히 통화했는데 작은아빠가 우리 엄마 명의가 아닌 작은아빠 본인 명의로 땅을 사는 게 어떻겠냐는 말실수를 하시는 바람에 크게 실망하시고 그 돈이 돌아오는 대로 그냥 저에게 보내기로 하셨어요. 작은 사기꾼 피하려다 도로 큰 사기꾼 만나게 생겼다고 서영이 네가 번 돈이니 이 돈은 네 돈이라면서 이제는 진짜 아무도 믿지 못하겠다 하시면서요…."

"그러니까… 지금 이 일이 해결되는 상황을 보니… 결국 사기꾼이 다른 사기꾼을 사기 쳐서 돈을 돌려받게 되는 거네요. 정말 상상할 수도 없는 방법으로…. 하나님이 하시는 게 맞네요…."

그렇게 돈을 돌려받기로 한 날이 되었고 그 돈은 오직 주님의 것이라면서 전액 헌금하겠다는 서영 집사의 결심은 여전히 변함이 없었다. 그런데 문제가 발생했다. 막상 그날이 되자 사기꾼들은 아빠에게 돈을 돌려보냈고, 아빠 역시 돌아가는 판을 보니 아무도 믿지 못하겠다며 서영 집사의 셋째 동생에게 다시 그 돈을 보냈다. 그 사실을 알게 된 서영 집사는 동생에게 전화해서 그 돈을 본인에게 송금할 것을 요구했다. 그런데 이게 웬일인가? 그 돈을 받은 셋째 동생이 난데없이 언니는 이 돈을 받을 자격이 없다며 그 돈이 서영 집사에게 돌아오는 것을 끝까지 방해하였다. 본인이 욕심을 부리려는 게 아니라 그건 엄마의 돈이라는 것이었다. 그러니 자기가 잘 보관하고 있다가 엄마에게 다시 돌려드리려는 심산이었다. 그러자 베드로 동생 서영 집사는 화가 머리끝까지 나서, 그 돈을 놓고 그동안 우리가 어떤 심정으로 어떤 기도를 해 왔는지 고지했다. 블레셋에게 빼앗긴 언약궤를 찾아오는 심정으로 기도했으니 기도가 곱게 나갔을 일이 있겠나? 하나님의 돈을 건드리는 자들은 앞으로 다곤 신전의 언약궤 앞에 목이 꺾여 널브러진 다곤 신상들과 같이 될 것이라며 동생에게 담대하게 선포했다. 그러자 그 돈을 가지고 있던 동생은 언니에게 그런 소리를 듣고 께름칙해서 그 돈을 더 이상은 못 가지고 있겠다며 친정 엄마에게 다시 토스를 하고 그 돈을 받은 엄마는 자기가 이 돈을 갖고 있단 사실을 아빠가 알게 되면 바로 다시 빼앗길 것이라 했다. 자기가 갖고 있는 것은 결국 찾지 못한 것이나 진배없다고 바로 서영 집사에게 다시 토스하고 그 돈을 입금받은 서영 집사는 마침내 교회 통장으로 전액을 송금하며 이 드라마와 같은 3,000만 원 반환 사건은 대단원의 막을 내렸다.

첩보 작전을 연상케 하는 한 달이었다. 서영 집사 혼자 기도를 시작했고, 우리 부부가 합세하여 그 돈을 찾아오기까지 딱 한 달의 시간이었다.

그렇게 드려진 3,000만 원은 얼마 뒤 3층 교육관을 얻는 데 보증금으로 사용되었고, 6년 후 풍세 땅에 교회를 건축할 때 첫 건축 비용으로 사용되었다. 모든 게 하나님의 일하심이었다.

15.
고아라도 보내 주세요

이것이 우리 구주 하나님 앞에 선하고 받으실 만한 것이니 하나님은 모든 사람이 구원을 받으며 진리를 아는데 이르기를 원하시느니라

디모데전서 2장 3~4절

든 자리는 몰라도 난 자리는 안다는데 하루아침에 17명의 가족 성도가 교회를 떠났다. 언젠가는 치러야 할 일이었기 때문에 마음은 아팠지만 받아들일 수밖에 없었다. 함께했던 가족들이 떠나면서 거짓말 같이 우리가 그간 말씀으로 양육한 소수의 성도들만 남았다. 그렇게 하루아침에 개척 당시 느낌이 물씬 났다. 텅 빈 새벽, 예배당에 눈을 감고 앉아 있노라니 기도가 나오는 게 아니라 오만가지 생각들이 스쳐 지나갔다. 3년 안에 30명을 만들지 못하면 목회를 접으라고 남편에게 선포하고 나서는 둘이 정말 열심히 목회에 전념했다. 그 말인즉슨 부흥을 시키자는 것이지, 진짜 목회를 접자는 이야기는 아니지 않겠는가? 그래서 17명의 가족 성도들이 떠났어도 아이들 포함 30명이 넘는 성도가 교회에 아직 남아 있었다. 그런데 막상 가족들이 떠나고 진짜 우리가 양육한 성도들만 남게 되자 나 스스로에게 이런 질

문이 생겼다. 무엇 때문에 성도가 필요한가? 남편의 목사직을 위해서? 나는 과연 지금 남아 있는 성도들과 무엇을 하고 있는가? 성도들을 원하는 이유가 이 성도들로부터 목회자 부부의 생활비를 공급받기 위해서인가? 그럼 아닌가? 사는 건 현실이지 않은가? 우리는 왜 목회를 하고 있는가? 남편이 4년 전 말레이시아로 선교를 나가기로 결단했을 때, 내 마음은 건조하기가 사막 같았다. 파송을 위해 수년간 선교 훈련까지 받고 단기 선교를 몇 번이고 다녀왔지만 구령의 열정이 도무지 생겨나지 않았다. 도대체 왜 그곳에 가야 하는지 몰랐지만 남편이 가야 한다 했기에 결단했을 뿐이다. 아무 생각이 없었던 나에게 선교는 사실상 그냥 이민에 불과했다. 이런 마음으로 선교를 나가도 되나 싶을 정도로 마음은 냉랭했다. 이 사실을 들키지 않기 위해 모든 면에서 척하며 애썼지만 하나님까지 속일 수는 없었다. 그래서 늘 부끄러웠다. 훗날에 목사님이 선교지에서의 사역을 완전히 실패하고 3개월 만에 짐을 싸 돌아왔을 때 어쩌면 당연한 결과라는 생각이 들었다. 우리 부부는 선교사로 파송될 자격이 없었다. 최소한 사모 된 나로서는 말이다. 말레이시아 화교들을 섬기기 위해 그 땅으로 향했지만 중국 본토에서 어학연수를 하는 그 짧은 시간 동안 경험한 중국인을 도저히 사랑할 자신이 없었다. 물론 중국인과 화교는 차이가 있지만 그래도 중국어를 공부하면서 경험한 중국인들은 내가 사랑하고 싶은 대상이 아니었다. 아버지의 마음, 그런 거 따위는 별로 중요치 않던 시기였다. 그때에 나에겐 그랬다. 그런데 남편이 화교 선교를 가겠다고 했을 때 이 무슨 운명의 장난인가 싶었다. 가뭄에 메마른 땅과 같았던 나의 마음에도 꾸준히 교회 사역을 하다 보면 단비가 내려 자연스레 촉촉해질 줄 알았다. 그럴 줄 알고 몇 년을 더 달렸다. 그런데 과연 영혼을 향한 나의 진심이 무엇인지 그때까지 자문해 본 적이 없었다는 것을 깨달았다.

'나는 과연 우리 성도들을 사랑하는가?'

이런 질문이 들자 내 안에서 또 다른 질문이 올라왔다.

'그렇다면 성도들을 사랑한다는 게 뭔가? 어떻게 하는 것이 성도들을 사랑하는 것인가?'

이렇게 기초적이고 초보적인 질문을 스스로에게 계속해서 던지다 보니 더 큰 질문들이 꼬리에 꼬리를 물고 내 안에서 올라오기 시작했다.

'나는 과연 정말 이 성도들을 영혼으로서 사랑하는가? 성도들이 교회를 떠나면 왜 안 되는가? 헌금이 줄어들어서? 그렇다면 나는 영혼을 돈으로 보는 타락한 사모인가? 나에게 영혼을 사랑하는 마음이 정녕 있는가?'

정말 몰랐다. 정말 아무것도 모른 채 지금껏 온 것이었다. 영혼을 사랑하는 게 뭔지…. 어떻게 해야 영혼을 사랑하는 것인지 정말 모르고 있었다. 그저 목회가 너무 어려웠다. 왜 어려운지 가늠조차 할 수 없었고 가난해서 어려운 거라 막연히 생각했다.

'17명의 가족들이 떠난 것이 왜 마음 아픈가? 그러면서도 남은 30여 명의 성도는 왜 교회를 떠나면 안 되는가?'

이 질문에 대한 대답이 돈은 아니라고 당당하게 말할 자신이 없었다. 생각이 여기에 미치자 눈물이 쏟아지기 시작했다. 우리를 포함한 대부분의 목회자들이 착각하는 것이 있다. 주의 종의 길을 가는 것이 주님만 사랑하면 된다고 생각한다. 그런데 목회는 하나님과의 관계가 반이고 사람과의 관계가 반이다. 하나님은 뜨겁게 사랑해서 어쩌다 보니 목회의 여정에 들어섰는데 들어서고 보니 온통 내 주변에는 나를 힘들게 하는 사람들뿐이다. '내가 도대체 무슨 죄를 지어서 저런 인간을 만나고 있나?' 하는 생각이 들 때도 많다. 돌이켜 보니 나는 그동안 영혼을 사랑하는 마음으로 목회하던 것이 아니었다. 그저 먹고 살기 위해 성도들이 필요한 것이었다. 깨달음이 여기까지 미치자 내 안에서 엄청난 각성이 일어났다. 나는 그때부터 우리에게 맡겨진 영혼들을 진심으로 사랑할 수 있는 마음을 달라고 간절히 기도하기 시작했다. 그리고 그동안의 목회가 그토록 어려웠던 이유가 돈이 없어 가난했기 때문이 아니라 영혼을 사랑하는 마음이 없었기 때문이었다는 것도 덤으로 알게 되었다. 세상에나 목회를 하면서 영혼 사랑하는 마음이 뭔지도 모르고 그것을 이제껏 구해 본 적 없이 그 정도나마 목회를 할 수 있었음이 오직 주님의 은혜였음을 역으로 감사하면서 영혼을 사랑하는 마음을 달라고 전심으로 구했다. 하루만 기도하고 끝낼 제목이 아니지 않은가? 그날 이후 나는 며칠을 새벽마다 눈물로 간구했다. 하나님이 원하시는 기도는 역시 응답이 빠르다. 나도 모르는 사이 지체 없이 그 마음이 내 안에 부어지고 있었다.

영혼을 사랑하는 마음을 달라고 며칠이 지나도록 계속해서 구하자 자연스럽게

'하나님, 영혼 사랑하는 마음이 부어졌는지 확인해 보고 싶어요. 고

아라도 붙여 주세요.'

하는 기도가 나오기 시작했다. 고아라도 보내 달라는 기도는 6개월여 매일 새벽마다 지속되었다. 그리고 어느 순간 마음 가운데 부어진 구령의 열정은 어느덧 증명해 보이고 싶을 정도로 커져 버렸음을 느끼고 있었다.

그즈음 수요 예배 시간이었다. 단정하게 생긴 커플 한 쌍이 교회 문을 열고 조용히 들어와 가장 뒷자리에 앉았다. 누가 봐도 조용히 왔다가 티 안 나게 나가려는 의도로 앉은 자리였다. 당시 우리 교회는 천안역에 있었기 때문에 오가다 스치듯 예배를 드리러 들어오는 방문객들이 꾸준히 있었다. 그들도 그러할 것이다. 그래서 나는 별 감흥이 없었는데, 목사님은 그런 방문객들이 있을 때마다 설교의 강도를 좀 더 높였다. 어차피 한 번 보고 말 사이라는 것을 피차 알고 있기에 목사님은 내용에 타협할 필요가 없었고 담대하게 선포했다. 그들이 출석하는 본 교회 담임목사님들은 절대 할 수 없을 것 같은 설교들도 겁 없이 선포했다. 그날도 그러했다. 모든 설교를 마치고 마무리기도 전 목사님은 그 부부에게 물었다.

"천안역을 지나가던 길이셨죠? 어디 사시나요?"

"네, 저희는 춘천 사람인데 직장 때문에 아산에 머무르고 있습니다. 오늘 잠시 볼 일이 있어 서울에 갔다가 집으로 가는 길에 수요 예배를 드리기 위해 전철에서 내려서 예배당을 찾다 우연히 들어오게 되었습니다."

수요 예배를 드리러 남의 교회를 들어올 정도면 신앙생활 허투루 하는 사람들은 절대 아니다. 근데 또 춘천에 섬기는 교회가 있는데 직장 때문에 아산 쪽으로 집을 옮겼다는 건 뭐지? 교회를 떠나오기 쉽지 않았을 텐데…. 정체가 뭘까? 궁금했지만 아무렴 어떠한가, 다시 볼 사람은 아닐 테니 그저 그렇게 안녕히 가셔서 본 교회를 잘 섬기시라는 인사를 하고 돌아섰다. 그땐, 그 두 사람과 우리 사이가 그렇게 끝날 줄 알았다. 6개월 뒤 교회에서 재회하기 전까지는 말이다.

오전 11시를 훌쩍 넘긴, 주일 예배가 한창 진행 중이던 그때였다. 우리 성도 중에 더 올 사람은 없는 걸로 아는 데 빼꼼히 문을 열고 낯익은 얼굴의 두 사람이 들어왔다. 어! 반년 전에 봤던 그 단정한 부부였다. 어쩐 일인지 오늘은 일행도 있었다. 예배를 마치고 반가운 마음에 식사를 제안했다. 그랬더니 감사하게도 선뜻 응하는 게 아니겠는가? 교육관 2층에서 식사를 마치고 그사이 얻은, 같은 건물의 교육관 3층 시설까지 안내한 후 목양실로 자리를 옮겼다. 스쳐 가는 인연이라 하기엔 부부의 분위기가 겸손한 듯, 단정하고, 차분한 듯, 조용한 게 인상적이어서 기억하고 있었다. 반년 만에 다시 보니 반갑다는 말로 인사를 하면서 어쩐 일로 오늘 주일 예배를 같이 드린 건지 물었다. 그러자 그들은 이렇게 답했다.

"네, 목사님. 사실 저희는 '하늘 애육원' 교사들입니다. 오늘 원생들을 데리고 1박 2일로 천안리조트에 물놀이를 하러 갔다가 오전에 돌아오는 길이었는데 아무래도 일정이 있다 보니 다니던 교회의 예배 시간을 맞출 수 없을 것 같아서 지나가는 길에 지난번에 인상 깊게 예배드렸던 하늘꿈 교회가 생각나서 이렇게 들렀습니다."

돌아온 대답에 기가 막혀 무릎을 탁 쳤다. 뭣이라? 애육원? 분명 애육원이라 했다. 부모가 없는 아이들이라도 좋으니 연결시켜 달라고 1년째 기도하던 중이었다. 그냥 딱 봐도 우리에겐 그들이 기도의 응답이었다. 그래서 우리가 1년 동안 무엇을 놓고 무엇을 위해 기도했는지 기도 제목을 나누기 시작했고 그렇게 그 두 사람을 통해 애육원 가운데 우리의 사역이 물꼬를 트기 시작했다.

얼마 후 영욱이와 리원이, 정말 부모님이 계시지 않은 두 아이가 우리 주일학교에 왔다. 하지만 그 아이들과 함께하기 시작한 지 얼마 되지 않아 예상치 못했던 난관에 부딪혔다. 우리 교회는 세 살 아이가 휴대폰으로 동영상 더 보여 달라고 떼를 쓰며 울면

"네가 하고 싶은 거, 입고 싶은 거, 보고 싶은 거, 먹고 싶은 거 다 하고 살 거야? 그게 바로 인본주의라고! 신본주의로 살아야 해!"

하고 호되게 혼을 내는 교회이다. 버르장머리가 없거나 질서 없는 행동을 하면 그것을 교정하며 철저히 법과 규칙을 준수하도록 훈육한다. 지금도 주일 대예배를 드릴 때 팔순이 넘으신 장로님부터 4세 막내 라온이까지 한 장소에서 예배하지만 아기들의 떠드는 소리는 전혀 나지 않는다. 유치원생 이상이 예배 시간에 졸다가 걸리면 자리에서 일어나 뒤로 나와서 서서 예배드린다. 서러움에 눈물이 나더라도 소리 내지 않고 속울음을 운다. 예배를 방해하지 않기 위해 4살짜리 라온이도 눈물을 참는다. 어른들 앞에서 부정적인 감정을 함부로 드러

내면 가차 없이 훈육 대상이다. 모든 부모들은 교회의 영적 권위자인 목회자 부부에게 훈육을 할 수 있는 권한을 허락해 주었다. 그렇게 부모 동의하에 말씀으로 훈련하고 교육하며 철저히 신본주의 신앙, 말씀의 법과 질서의 준수를 강조한다. 필요하다고 판단이 되면 사회복지와 청소년 상담과 지도 관리 자격증이 10개도 넘게 있는 전문가 베드로 동생 이서영 집사와 함께 움직인다. 우리 둘이 함께 움직이는 날은 그야말로 훈육의 대서사시가 펼쳐지는 날이다. 그래서 모든 아이들은 절대로 그런 불상사가 자신의 삶에 닥치지 않도록 교회 안에서 자신의 자세와 태도를 살핀다. 인본주의적 교육 방식에서는 상상도 할 수 없는 전통보수주의 기독교 세계관으로 철저히 교육하는 교회이다. 그런 우리 교회에, 시설에서 지내며 법의 매뉴얼로 보호를 받는 아이들이 왔다. 어떤 일이든 강요받거나 혼이 나면 시청 담당자에게 신고하는 것을 인권 보호라는 미명하에 정기적으로 교육받으며 살았던 아이들이 온 것이다. 신본주의 교육이 비집고 들어갈 틈이 없었다. 그런 사회적 분위기 속에서 현장에서 근무하시는 선생님들의 고충이 얼마나 클까만을 확인하는 만 4년의 시간이었다. 기독교의 인간관은 근본적으로 성악설이 맞다. 그런데 성선설에 기반한 자율과 방종에 가까운 자유에 익숙한 그 아이들에게 하나님의 법과 질서를 들이대는 것 자체가 가당치도 않은 일이었다. 하나님께 1년 동안 고아라도 붙여 달라 간구했던 그 기도는 그렇게 커다란 아쉬움을 남긴 채 응답되었다. 코로나가 터지면서 자연스럽게 외출이 금지되고 이후로는 만나고 싶어도 만날 수 없는 상황이 지속되며 그렇게 하늘 애육원 사역은 정리되었고 우리와 마음을 함께했던 가영현, 정현서 선생님은 여전히 성도로 하늘꿈 교회와 함께하고 있다. 그리고 애육원 사역의 한계를 철저히 깨닫고 정리하면서 고아라도 보내 달라 간절히 구했던 기도가 땅에 떨어지게 되는 것이 너무도 싫었다. 내가 영혼 사랑하는 마음을 달라고 기도하기 시작하면서 동일한 마음을 성도들에게도 부어 달라고 구했었는데 성도들 역시 애육원 사역이 그렇게 정리된 것에 대단한 안타까움을 가지고 있었다. 하지만 우리에겐 베드로 동생 이서영 집사가 있었다. 그녀는 하나님의 군사로 세워질 아이들이 출산을 통해 교회에 끊임없이 공급되어야 한다는 나의 말뜻을 가장 잘 헤아리고 있었다. 그러고는 기관에 맡겨진 아이들을 가정에 직접 데려와 기르는 방법이 어떻겠냐는 아이디어를 내놨다. 듣는 성도들에게 너무 무거운 임무가 될까 봐 나는 차마 꺼내 놓지 못한 말이었는데 스스로 아이디어를 내더니 말이 떨어지기가 무섭게 장기 위탁할 아동을 기관에 신청해 놓고 기다리기로 했다. 오래 지나지 않아 하늘꿈 교회의 제1호 위탁 아동, 아기 천사 라온이가 우리에게 왔다.

그리스도가 왕 되게 하라

16.
하나님의 방식으로 해결된 대학원 등록금

너희를 위하여 보물을 땅에 쌓아 두지 말라 거기는 좀과 동록이 해하며 도적이 구멍을 뚫고 도적질하느니라 오직 너희를 위하여 보물을 하늘에 쌓아 두라 거기는 좀이나 동록이 해하지 못하며 도적이 구멍을 뚫지도 못하고 도적질도 못하느니라 네 보물 있는 그 곳에는 네 마음도 있느니라

마태복음 6장 19~21절

애육원 아이들을 경험하고 나서 찬찬히 생각해 보니 부모가 없이 주일학교를 혼자 다녔던 모든 아이들은 시간의 차이만 있을 뿐 끝내 교회를 떠나갔다. 우리의 힘으로는 붙잡을 방법이 없다는 사실을 어렵지 않게 깨닫게 되었다. 그래서 그즈음부터 간구하기 시작했고 우리가 직접 낳은 아이들을 제대로 키워 내자는 생각에 교육업 종사자가 성도로 교회에 와 주었으면 좋겠다고 기도하기 시작했다. 아기들이 많은 교회였기 때문에 더욱 간절했다. 그렇게 우리에게 온 성도가 현주였고, 얼마 지나지 않아 그렇게 우리 곁을 떠나갔다. 남편 차정민 집사와 큰딸 4학년 민지, 둘째 딸 6세 은지를 우리에게 남긴 채로….

현주가 떠난 그 주에 아이러니하게도 우리 교회에는 새로운 가정이

탄생했다. 교회 안에서 5년을 헌신했던 김지영 집사의 결혼식이 있었던 것이다. 한 가정은 그렇게 사그라지고 또 다른 한 가정은 새롭게 피어났다. 마음껏 축하하자니 가슴 한편이 왠지 모르게 아려 왔다. 이토록 반갑지 않은 오버랩이 있을 수 있구나 생각하며 희한한 매듭으로 엮인 당시의 상황이 참으로 얄궂게 느껴졌다.

대학원 마지막 4학기 등록금이 11월이 넘도록 해결되지 않았다. 건축 헌금으로 첫 학기 등록금을 드리면서 대학원 졸업할 때까지 하나님이 등록금을 해결해 주시지 않으면 학교를 그만두겠다고 선포한 이후로 기가 막히게 모든 학기 등록금이 제때 해결되었다. 그런데 이번 학기만은 달랐다. 11월이 넘어가면서 등록금을 납부하라는 독촉 문자를 학교로부터 받았다. 아무리 가난하게 살았어도 신용카드는 사용하지 않았으며 하나님께 드릴 헌금과 남의 돈은 철저히 구별하여 지출했기 때문에 독촉 전화나 문자를 일체 받아 본 경험이 없었다. 여전히 미등록 상태로 11월 중순이 넘어가자 마지막 학기 한 달을 남기고 졸업장을 못 받게 되는 일이 생길까 겁이 나기 시작했다. 하지만 끝까지 주님을 신뢰할 수밖에 없었다. 내 수중에는 등록금으로 사용 가능한 재정이 정말 남아 있지 않았다. 학자금 대출은 주님의 방법이 아니라고 처음부터 생각했기 때문에 끝내 등록금을 내지 못해 재적되는 일이 있더라도 받을 생각이 없었다. 만일 실제 그런 일이 발생한다면 그냥 그 정도 공부했으면 됐다, 그만해라 하고 주님이 말씀하시는 거라고 생각하기로 했다. 대학원에서의 공부는 철저히 목회를 위함이었다. 나를 위해서는 상담을 공부할 필요가 없었다. 공부의 목적이 주님이었으니, 등록금을 해결해 주시지 않으면 그만둬도 된다는 하나님의 사인이라고 생각하기로 했기 때문에 아쉽지 않았다. 항상 경험하는 거지만 나 같은 인간 나부랭이가 감히 하나님과 협상을 하려면 이정도 배짱은 있어야 한다.

그러던 어느 날 시댁에 방문한 나에게 어머님께서 조심스레 물으셨다.
"이번 학기 등록금은 해결했니?"
"아직요. 이번 학기는 좀 늦어지네요."
"곧 등록금 해결할 수 있을 것 같아."
"네? 어떻게요?"
"아버지께 홍성에 작은 땅이 하나 있었는데 그곳에 이번에 도청이 들어오면서 보상을 받게 되었어. 생각지도 못한 것이었는데 갑자기 1억 정도의 보상금이 다음 주쯤에 들어오게 될 것 같아. 그 돈으로 등록금을 해결할 수 있지 않을까?"
"땅이 있었어요? 대대로 물려받은 땅이요?"
"아니, 사실은 조상으로부터 내려온 땅은 맞는데 주인이 없던 땅이었어. 그런 땅을 아버지가 일궈서 그곳에 농사를 짓기 시작했지. 바로 그 땅을 60년대에 아버지가 군대에서 휴가 나왔다가 아버지 명의로 등기를 해 놓으셨던 거야. 별 쓸모없고 가치 없는 땅이어서 아버지조차 재산세만 내고 있었을 뿐 관심을 두지 않았는데 이번에 홍성에 내려가셨다가 그 땅을 보상해 준다는 현수막이 시내에 걸려 있는 것을 보고 보상을 신청하셨대. 그게 나온다지 뭐야…. 하나님이 갚아 주시는 거지. 우리가 드린 건축 헌금에 대해서 말이야. 그 돈으로 등록금 써."

"할렐루야~ 감사합니다!"

나의 석사 마지막 학기 등록금은 이렇게 준비되었고 기약 없이 길어질 것 같았던 기찻길 옆 옥탑방 생활 역시 그렇게 딱 사계절을 보낸 후 아버님의 홍성 땅 보상과 동시에 일 년 만에 끝이 났다. 보상받은 돈과 유산으로 우리에게 물려주신 부모님 두 분이 거주하시던 아파트를 팔아서 부모님과 함께 풍세의 한 농가 주택으로 이사를 갔다. 주택 평수는 작았지만 널찍한 마당이 있어 부모님과 함께 지내도 많이 힘들 것 같지 않았다. 그렇게 시골 풍세 땅으로 사택이 이사를 간 후 두 아이들은 시골에 잘 적응했다. 아이들이 놀기엔 안성맞춤 공간이었다. 큰아들 희민이는 날마다 마당 구석구석을 파 재꼈다. 남편은 거기서도 그네를 만들었으며 마당 한편에 먹거리들도 직접 심어 키워 먹었다. 여전히 넉넉하지 않은 형편이었지만 시골에서의 생활은 모든 면에서 만족스러웠다. 특히 지원이 풍부한 병설 유치원과 풍세 초등학교에서의 교육 여건이 그러했다. 이런 시골 생활을 성도들에게 이야기했을 때 재정적으로 여유가 없었던 현주가 반응하면서 은지와 민지를 풍세초와 병설유치원으로 각각 전학시켜 버렸다. 그래서 현주는 떠났어도 여전히 은지와 민지는 우리 집을 거점 삼아 풍세초등학교를 다니고 있었다. 정민 집사는 아내가 떠난 뒤 아이들 양육이나 교육에 대한 모든 부분을 우리 부부에게 일임했다. 본인은 돈을 열심히 벌 테니 목사님과 사모님이 아이들을 돌봐 주셨으면 좋겠다고 부탁했다.

나는 흔쾌히 허락했고, 그렇게 우리들의 공동 육아가 시작되었다. 우리 부부와 정민 집사는 서로를 많이 아끼고 사랑했으며 지지하고 격려했다. 그 무렵부터 정민 집사의 믿음은 눈에 띄게 성장하기 시작했다. 처음 그가 우리 교회에 왔을 때 휴대전화 번호를 저장하면서 '큰 일꾼 될 정민 형제'라고 저장해 놓았는데 정말 그렇게 되어 가고 있었다. 생각보다 빠르게 아이들과 아빠는 제자리를 찾아가고 있었다.

졸지에 우리 아이 셋에 은지와 민지의 유모 역할까지 맡게 되자 늘 아이들에 둘러싸여 있게 되었다. 얼떨결에 떠안은 것 같았지만 어찌 됐건 그렇게라도 우리에게 맡겨진 아이들을 잘 키워 내고 싶었다. 하나님의 군사요, 신부요, 제자로 길러 내고 싶었다. 물론 혼자 힘으로는 쉽지 않았지만 감사하게도 우리에게는 성도들이라는 인력풀이 있었다. 그렇게 물심양면으로 돕는 성도들도 아무리 정민 집사가 교회에 남았다고는 하지만 약 천여만 원이 넘는 목회자 부부의 퇴직금을 가지고 사라진 여자가 남긴 두 딸을 망설임 없이 바로 거두는 우리 부부의 모습을 보고 놀라워했다.

그 일이 사실 우리 부부에겐 성도들이 생각하는 것만큼 어렵지는 않았다. 영혼을 사랑하는 마음을 간구하며 고아라도 붙여 달라 기도한 기간이 얼마인데 애육원 사역은 이미 실패했고, 정민 집사는 아이들의 영혼을 우리에게 맡겼다. 두 어린 영혼이 우리 품에 그렇게 넝쿨째 굴러들어 왔다. 우리에게 맡겨진 아이들이 있다는 게 감사했다. 그런 식으로 다음 세대에 대한 마음을 키워 나가다 보니 어느 순간 교회에 주일학교 아이들이 늘어나기 시작했다. 성도들 주변의 문제 있는 아이들을 부모와 함께 교회로 데려오는 일이 생겨났다. 자연스럽게 전도로 이어지게 된 것이다. 우리 교회 목사님 사모님은 자녀들 문제라면 발 벗고 나서는 분들이라면서 우리 교회에 와야 자녀 문제가 해결된다고 장담을 하고 데리고 오기 시작했다. 실제보다 우리 부부의 능력이 과장 광고된 것 같아 한편에 어쩔 줄 모르는 마음도 있었지만 데려온 이상 그 영혼들에 대한 책임은 목회자 부부에게 있다는 생각은 변함이 없었다. 하지만 곧 어려움에 직면했다. 주일학교를 누구보다 잘 꾸려 가고 싶은데 재정적 여유가 없었다. 목회자 사례비로 한 달에 180만 원이 책정되었는데 그중 50만 원을 헌금했다. 사실상 130만 원으로 시부모님을 모시고 일곱 식구가 살아가야 했다. 시골이라 학원이 없는 게 감사했다. 있는데 보내지 못하는 형편이었으면 더 마음이 아팠을 테니 말이다. 주일학교 교육에 중점을 두고 사역을 하려니 매 주일 경험하는 재정적 한계를 깊이 고민하게 되었다. 개척 초기 때 했던 비슷한 질문이 내 안에서 솟아나기 시작했다.

'하나님 저는 이제 더 이상 드릴 것도 없습니다. 다음 세대에 대한 마음을 주시질 말든지, 주셨으면 재정을 같이 쏟으시든지…. 아버지가 제게 맡긴 이 20여 명의 아이들을 데리고 도대체 무얼 해야 합니까? 했다 하면 다 돈인데….'

그런데 차분히 앉아서 곰곰이 생각해 보니, 이제껏 경험했던 재정의 문제들을 단 한 번도 돌파하지 않은 적이 없었다는 생각이 들었다. 그렇다면 이번에도 부딪혀 보자. 없으면 만들자. 뭐를? 돈을. 어떻게? 직접 버는 것으로….

교회에 요셉의 창고라 이름 붙인 작은 나눔 부스를 만들었다. 모든 수익금은 주일학교 사역 비용으로 사용하기로 했다. 그렇게 재정을 따로 만들기 시작했다. 각자의 집에 쓰지 않고 있던 여러 가지 용품이나 옷가지들을 가져오면 그것을 판매한 수익금을 전액 요셉의 창고 재정에 넣는다. 그렇게 약 몇 주간 요셉의 창고는 잘 돌아가는 듯했다. 하지만 가정이 많은 교회도 아니고 채 한 달을 못 가 물건의 재고가 없어 문을 닫을 위기에 처하게 되었다. 요셉의 창고를 확장시켜야 했다. 그렇게 물건을 떼다 팔기도 해 보고 재료를 사다 물건을 만들어 팔기도 하던 와중에 우리같이 작은 교회에서는 성도들에게서 나올 수 있는 재정이 확실히 한계가 있다는 생각에 이르게 되는 데 그리 오랜 시간이 걸리지 않았다. 애초에 십일조 35만 원이 최고 금액인 직장인 성도들이 쓸 수 있는 돈이란 것은 분명 한계가 있었다. 판매처를 외부로 잠시 확장시키기도 해 봤다. 하지만 정식으로 사업자를 내고 사업을 하는 사람들과 여러 가지 면에서 경쟁 자체가 되지 않았다. 돈이 있어야 질 좋은 교회 교육을 시킬 수 있는데 돈이 없어 하나님의 군사들을 길러 내는 데 지장이 있다면 하나님 입장에서도 체면치레가 안 되는 일이라는 생각이 들었다. 금도 내 것이요 은도 내 것이라 말씀하신 주님의 말씀을 철석같이 믿고 있던 나는 모든 것의 주인 되신 하나님의 자녀들이 교회 교육을 하는 데 가장 먼저 고려해야 할 가치가 돈이 되어 버린 현실이 너무도 견딜 수 없었다. 교회 안에서 어떻게든 사업을 꾸려 재정을 마련해 보고자 했던 첫 번째 나의 시도는 보기 좋게 실패로 끝이 났다. 그리고 정말 우리 주님이 이 정도 능력밖에 안 되시는 분인지 의문이 생길 때쯤, 우리 목회 인생을 송두리째 바꿀 한 아이가 우리에게 왔다.

17.
우리의 인생을 바꾼 유영이와의 첫 만남

서로 돌아보아 사랑과 선행을 격려하며 모이기를 폐하는 어떤 사람들의 습관과 같이 하지 말고 오직 권하여 그날이 가까움을 볼수록 더욱 그리하자

히브리서 10장 24~25절

 주눅이 잔뜩 들어 있었지만 앳돼 보이는 외모가 누가 봐도 사연 있어 보이는 어린 엄마였다. 이주하 집사의 첫인상이었다. 강윤수 집사의 직장 동료였던 이주하 집사가 초등 1학년과 초등 3학년 두 딸을 데리고 우리 교회를 찾았을 때 특히 큰딸 유영이의 상태는 이미 부모가 감당하기 어려운 수준까지 무너져 있었다. 첫 예배 날이 마침 맥추감사주일이었는데 우리 교회는 맥추감사주일을 추수감사주일과 동일하게 중요한 절기로 지키는 교회였다. 때마침 강단에서 옷을 맞춰 입고 찬양과 율동을 하며 환희에 찬 표정으로 하나님께 예배하고 있는 기존의 우리 어린이부 아이들의 표정과 죽상을 하고 있는 이주하 집사의 두 딸의 모습이 더욱 대비되었다. 이주하 집사의 유년 시절은 매우 불우했다. 집이 너무 싫어 어린 나이에 방황을 시작했다. 그러다 16살 연상의 남편을 만나 남들보다 이른 나이에 가정을 꾸리게 되었

다. 그래서 어떻게 엄마가 되는지, 어떻게 아이를 키우고 교육하는 것인지 배울 새도 없이 그렇게 얼떨결에 엄마가 되었다. 얼마나 당황스럽고 무서웠겠는가? 그럼에도 불구하고 어린 엄마는 뱃속의 아이를 잘 지켜 냈고 아빠는 그런 아내와 태어난 아이를 지극정성으로 사랑해 주었다. 아이를 낳아 놓으면 그냥 스스로 모든 걸 알아서 터득하는 줄 알고 있던 아빠와 엄마는 열심히 일만 하면 되는 줄 알았다. 부모들의 그런 무지함 속에서 길러진 유영이에게 진짜 큰 문제가 발생한 시점은 초등학교 3학년 1학기 초의 어느 날이었다.

이주하 집사가 갓 출근해서 이제 막 업무를 시작한 시간이었다. 그녀의 휴대전화에 유영이 담임 선생님 번호로 전화 한 통이 걸려 왔다. 방금 아이를 학교 앞까지 데려다주고 출근한 지 얼마 안 된 시각에 무슨 일인가 싶어 떨리는 마음으로 전화를 받았다.
"여보세요?"
"네, 유영이 어머님이시죠?"
"네, 선생님 안녕하세요? 아까 유영이 데려다주고 출근했는데 무슨 일이 있나요? 이 시간에 어쩐 일로 전화를 주신 거죠?"
"네, 어머님 잠깐 학교로 와 주셔야겠어요. 무슨 일인지 유영이가 등교는 했지만 교실에 도통 들어오려고 하질 않아서 지금까지 복도에서 울며 그대로 서 있어요. 아무리 얘기해 보라 해도 입을 꾹 다문 채 뻥끗하지도 않고 그냥 실내화 발로 바닥만 찍어 가며 복도 신발장 앞 그 자리에서 요지부동이에요. 친구들 말도, 제 말도 듣지 않아서 한 시간가량 지켜보다가 결국 어머님께 연락을 드렸어요. 이런 전화를 드리게 돼서 저도 죄송해요, 어머님. 혹시 지금 학교로 와 주실 수 있으신가요?"

"네… 알겠습니다. 지금 바로 갈게요."

학교에 도착해서 선생님과 면담 후 유영이를 데리고 집으로 돌아오면서 학교를 품고 있는 아파트 단지 길가에 주저앉아서 유영이와 이주하 집사는 이 일을 어찌해야 좋겠냐며 통곡을 하였다. 상황은 전혀 예상치 못했고, 생각했던 것보다 훨씬 심각했다. 3학년 1학기가 시작되자 아이들은 더 이상 저학년의 공부를 하지 않았다. 인지하고 이해해야 하는 교과서 학습의 수준이 2학년 때와는 사뭇 달라졌음을 유영이 스스로 느꼈다. 문제는 그때까지 유영이는 까막눈이었다는 것이다. 한글을 모르고 있었다. 그리고 아이가 한글을 모르고 있다는 사실을 그때까지 아무도 눈치채지 못했다. 가장 가까이 있었던 부모님도… 방과 후 다니던 공부방 선생님도…. 배워야 하는 지식의 수준은 높아지는데 한글을 모르고 있으니 얼마나 답답했겠는가? 하지만 주변을 둘러보니 아무도 한글을 모르는 사람이 없는 듯 보였다. 자기를 제외하고는…. 그러니 아직도 한글을 모른다는 사실을 남들이 모르게 하고 싶었고 최대한 눈치채지 못하도록 행동해 온 것이다. 그런데 새 학기가 되자 이제는 정말 더 이상 숨길 수 없는 지경에 이르게 된 것이다. 선생님이 돌아가면서 아이들에게 교과서를 읽어 보라고 시키는 날에는 자기 차례가 될까 봐 긴장감에 땀으로 몸을 적시기도 했다. 매

수업 시간이 지옥 같았고 급기야는 수업을 거부하는 일로 내면의 갈등과 자신의 수치를 스스로 폭로해 버린 것이다. 그렇게 자포자기 심정으로….

한글을 모르는데 숫자는 알겠는가? 수학은 그야말로 《정글북》의 모글리 수준의 학습 상태였고 학습 지능 영역에서 경계선에 있다는 판정을 받고 나서야 지푸라기라도 잡는 심정으로 우리 교회를 찾았다. 이야기를 듣고 보니 참으로 막막했다. 나는 신앙으로 맡겨진 아이들을 양육하는 사람이지 모글리의 지능을 개발해서 인간의 영역으로 올려놓을 수 있는 재주가 있는 사람은 아니라고 생각했다. 하늘샘 교회에서 사역할 때 보습 학원에 다니며 아이들을 가르치는 일을 하기는 했지만 제 학년 공부를 할 줄 아는 아이들이었다. 이런 경우는 처음이었고, 최악이었다. 이야기를 다 듣고 나서 자기를 탓하고 있는 엄마를 위로하고 아이를 신앙으로 잘 가르쳐 보자는 권면을 했다. 그리고 다음 주부터 세 모녀는 성실하게 교회에 나오기 시작했다. 굳이 교회에서 한글까지 가르칠 필요가 있을까? 그 문제는 내가 아니더라도 곧 학교에서 해결해 주지 않을까? 기대한 것이 불찰이었다. 한 주가 지나고 두 주가 지나도 유영이의 한글 실력은 나아지지 않았다. 한글을 모르니 화면에 가사가 띄워져도 찬양을 부르지 못했다. 성경을 가르치기 위해 성경을 읽히는데 한글을 모르니 성경을 읽을 수가 없었다. 공과 공부도 할 수 없었다. 정말 이 아이를 놓고 아무것도 할 수 없었다. 최소한 한글을 읽을 수 있기 전까지는….

18.
먹튀 하나님과 재정의 통로

내가 궁핍하므로 말하는 것이 아니라 어떠한 형편에든지 내가 자족하기를 배웠노니 내가 비천에 처할 줄도 알고 풍부에 처할 줄도 알아 모든 일에 배부르며 배고픔과 풍부와 궁핍에도 일체의 비결을 배웠노라

빌립보서 4장 11~12절

당시 우리는 하나님께서 교회 재정 창고에 하늘의 문을 여셨다는 야엘 자매님의 선포대로 갓 시작한 성도들의 사업이 생각하고 기대했던 것 이상으로 훌륭한 성과를 내고 있었다. 그동안 말씀으로 수년간 양육해 온 성도들인 데다 재정 훈련까지 제대로 시켜서 사업을 시작했기 때문에 그 가르침에 입각해서 돈을 많이 벌면 하나님의 원하심대로 재정을 사용하게 될 것이라 믿어 의심치 않았다. 그런데 성도들의 사업이 무르익어 가고 재정의 규모가 커지기 시작하자 예상 밖의 일이 벌어지게 되었다. 매출의 십일조를 작정했던 성도들이 순수익의 십일조로 돌린 것까지야 나무랄 일도 아닐뿐더러 백번이고 이해한다 쳐도 사업은 확장되어 가는데 십일조는 줄어들거나 아예 하지 않는 일이 비일비재하게 발생하더니 급기야는 교회 재정이 너무 어려워

져 사모인 내가 주일학교 사역비를 마련하기 위해 돈을 벌어야겠다는 결심에 이르기까지 교회 재정이 말라 버리게 된 것이다(그래서 탄생한 것이 요셉의 창고). 급기야는 성도들이 사업을 핑계로 예배는 뒷전이 되면서 주중 예배는 목회자 가족 이외에 3~4명이 앉아 예배드리는 날이 부지기수요. 성경 공부하고 제자 훈련하면서 끊었던 음주와 흡연을 다시 시작했다. 아주 자연스럽게….

성도들의 헌금이 아닌 다른 통로로 교회 재정이 채워진다는 생각은 목회를 시작한 이래로 단 한 번도 해 본 적이 없었다. 말씀을 충실히 먹이면 성도들이 자랄 것이고 그 말씀을 먹은 성도들이 말씀을 먹은 대로 당연히 살아가게 되는 줄 알았다. 그렇게 되라고 하늘의 재정 원칙을 가르쳤고 열심히 배웠다. 그렇게 믿었기에 성도들이 돈을 버는 대로 하늘의 재정 원칙에 맞게 자신의 재정을 하나님께 넉넉히 사용할 수 있는 그릇으로 성장한 줄 알았고 그렇게 되도록 철저히 교육했노라 자부하고 있었다. 장년들을 이렇게 저렇게 말씀으로 교육하면서 한편으로는 하나님께 받은 새로운 비전을 풀어내기 위해 다음 세대 사역에 대해서도 동일한 에너지로 혼신을 다하고 있었다. 그런데 재정의 부족은 다음 세대를 교육하는 데 있어 가장 큰 난관이었다. 사역에 대한 열정은 있으나 결론적으로 재정이 없어 아무것도 할 수 없음에 개탄을 금치 못하는 일이 발생한 것이다. 돈을 벌기 전에는 열심히 하나님 찾는 듯하더니 돈을 벌기 시작하자 이제는 언제 하나님이 도와주셨냐는 듯 안면몰수 하고 사실상 기독교인들의 재정 영역에 있어 최후의 보루라고 할 수 있는 십일조까지 떼어먹는 성도들의 처참한 영적 상태를 마주하게 되었다. 성도들이 헌금을 해야 교회가 정상적인 사역을 할 것이 아닌가? 교회의 전기세, 수도세, 식사비, 선교비, 사역비, 목회자 사례비는 땅을 파면 나오나? 교회 공동체가 유지되기 위해서는 성도들의 헌금이 당연히 필요하다. 믿었던 성도들, 내가 낳아 기른 성도들이 이 지경에 이르게 되니 나 역시 독이 바싹 올랐다. 이미 충분히 가르쳤는데 하지 않는 것이다. 이건 더 이상 가르쳐야 하는 일이 아니라 보여 줘야 하는 일이라는 생각이 들기 시작했다.

"교회에 돈이 메말라 가니 헌금 좀 해 주세요."라는 말은 우리 하나님이 자존심 상하실 일이라는 생각이 들어서 절대 하지 않았다. 하나님께도 교회 재정을 채워 달라 구하지 않았다. 온 우주 만물의 주인이시고 모든 재물의 주인이신 우리 주님의 능력과 스케일을 보여 달라 기도했다. 이따금씩 성도들에게 헌금을 가르치기는 했지만 마땅히 가르쳐야 할 때 필요에 의해서 말씀을 전했고 교회 재정이 어려우니 헌금해 달라는 설교는 한 번도 하지 않았다. 온 우주의 주인이신 하나님의 교회이다. 하나님 체면치레 안 될 일은 절대 하지 않는다. 하나님 자존감에 스크래치 날 일도 절대 하지 않는다. 그 시기를 지나면서 깨닫게 된 중요한 사실은 진짜 하나님의 마음을 가진 자들이 하나님의 재정의 통로로 사용되어야 한다는 사실이었다. 하나님의 재정에 대해 하루하루 깊이 고민하다 보니 스스로에게 질문이 생겨났다. 사실상 가장 확실한 하나님의 마음을 가진 자들이 누구인가? 돈이 생기면 그것을 하나님이 원하시는 때에 하나님께서 원하시는 대로 척척 사용할 마음을 가진 자가 있다면 누구인가? 이 질문에 대한 대답은 백날이고 천날이고 아무리 생각해 봐도 목회자 부부였다. 최소한 우리 부부는 그러했다.

지금으로부터 약 30여 년 전 초등학교 졸업식 때 받은 장학금 10만 원을 전액 헌금하겠다고 결단했는데 엄마의 만류로 십일조 1만 원과 감사헌금 1만 원으로 대체했다. 나머지 8만 원의 행방은 기억이 나지 않는다. 지금도 헌금으로 드린 2만 원만 기억에 남는 걸 보면 주님께 드린 것이 가장 가치 있게 남는 것이라는 생각을 한다. 그때 헌금을 하지 못하게 말린 엄마를 지금도 이따금씩 농으로 원망한다. 어린 나이였음에도 헌금에 특화된 나에게 경제권을 일임한 남편은 헌금에 대한 나의 모든 일방적 결정을 존중했다. 이유는 목사인 본인보다 사모인 내가 헌금을 더 많이 잘 결단한다는 것이었다. 뭐든지 더 잘하는 사람이 그 영역을 맡아야 한다는 게 남편의 지론이었다. 결혼하자마자 첫 달, 전도사인 남편의 첫 월급 전액을 첫 열매 헌금으로 드렸다. 장학금을 받은 것에 대한 십일조는 드리지 않고 있다가 어느 날 해야 한다는 감동이 오기에, 대학 다니면서 받은 모든 장학금의 십일조를 몰아서 드리느라 남편의 한 달 월급을 또 전부 드렸다. 잠시 전도사로 파송 나갔던 작은 교회에서 진행했던 건축 부지 매입을 위한 헌금으로 그 달에 교회에서 받은 첫 월급을 전부 드렸다. 결혼 첫해에만 남편의 월급 전액을 3번이나 드렸다. 주님께 드리는 기쁨을 맛보는 데 재미가 들렸고, 잠시 동안의 기쁨 이후 도래하는 결과는 찢어지게 가난한 전도사 부부의 슬기로운 결혼 생활이었다. 순간순간 오는 감동들에 순종하여 드렸던 헌금은 금액의 크고 작음을 떠나 셀 수도 없이 많았고, 앞서 고백했지만 헌금을 위해 차를 두 번이나 팔았고 아이들의 교육은 포기했으며, 가족들의 의(衣)생활은 거지꼴을 면치 못했다. 12년 동안 부었던 암보험, 생명보험의 경우도 그랬다. 주님보다 들어 놓은 보험을 보며 안정감을 느끼고 있는 나의 비신앙적인 모습을 발견하여 셋째 출산을 앞두고 한꺼번에 해약했다. 없는 살림에도 들어 놓은 보험이 얼마나 많았는지 이것저것 해약해 보니 해약금만 수백만 원이었다. 그 전액을 우리 주님께 모두 드렸다. 헌금을 할 때는 항상 기쁨으로….

그리고 정확히 두 달 뒤 출산하면서 신우신염에 복막염에 갑상선 암 진단까지 받았다. 복막염 진단 당시에는 얼마나 상태가 심각했던지 소장에 염증이 너무 심해 당장 수술을 진행할 경우 소장 50센티미터를 잘라야 한다는 주치의의 소견이 있었다. 그 결과 소장에 구멍을 뚫어 고름 주머니를 차고 한 달간 생활하면서 소장에 가득 찬 고름을 빼내고 염증을 진정시킨 후에야 수술을 진행할 수 있었다. 건강은 주님께 맡기겠노라 기도하며 헌금했다. 결과는 찢어지게 가난한 목회자 부부의 슬기로운 병원 생활이었다. 내 입장에서는 보험 해약금은 해약금대로 주님께서 취해 가셨고 질병으로 이렇게 생고생까지 시키실 예정이셨으면서, 굳이 성격적 불안 때문에 보험금을 의지했던 나의 지난 12년의 세월을 돌이켜 회개까지 시키신 우리 주님의 의중이 많이도 궁금했었다. 3개월 동안 병원비만 700만 원이 넘게 들어갔다. 그 700만 원은 오롯이 내 육신의 아버지 인호열 집사와 육신의 어머니 윤영숙 집사의 애끓는 부모의 정으로 충당되었다. 두 달 전에 내 보험금을 찾아가신 우리 주님이 나에게 펼쳐 주신 서프라이즈 대환장 퍼레이드는 이 후에도 계속되었다. 하늘샘 교회에서 새 성전을 건축하면서 악기 헌금으로 1,000만 원을 드리고 나서 꽃길이 펼쳐질 줄 알았더니 바로 일주일 뒤에 사달이 났다. 거처였던 집을 팔아 1억 원을 마련하여 건축 헌금으로 드린 시부모님은 거주할 곳이 없었다. 때마침 말레이시아로 이민을 가서 비워져 있던 딸의 집에 잠시 거주하시면서 갈 곳을 알아보기로 하셨는데 그렇게 잠시 머물던 딸의 집에 난데없이 경매가 들어와 버렸다. 그렇게 일평생을 주님께 헌신한 이대준 장로, 남영자 권사가 길바닥에 나앉게 될지도 모르는 상황이 펼쳐지게 되면서, 경매로 넘어가는 집을 붙잡기 위해 일 원 한 푼이 아쉬워진 상황이, 1천만 원의 헌금을 드린 지 불과 1주일 만에 내 눈앞에 펼쳐졌다. 그때부터였다. 나는 이따금씩 우리 주님을 '먹튀 하나님'이라고 부르기 시작했다. 감히 우리 하나님께 그런 불경한 소리를 하냐고 경건치 못하다 욕하지 마라. 나는 그런 '먹튀 하나님'의 전적 주권을 단 한 번도 원망한 적 없다. 그리고 나를 살리기 위해 아들을 내어주신 나를 향한 그분의 사랑을 단 한 번도 의심하거나 감사하지 않은 적이 없다. '먹튀 하나님'이 야속하다고 주님을 찬양하거나 예배하는 일에 단 한 번도 소홀했던 적이 없다. 무엇보다 그런 '먹튀 하나님'이 우리를 끝내 실망시키신 적이 단 한 번도 없다.

이 정도 경험치를 가지고 있는 자가 하나님의 재정의 통로로 사용되는 것이 이상한 일이 될 수 있겠는가? 더 이상 성도들에게 재정의 헌신을 기대한다는 것은 무리였다. 자칫 잘못하면 시험에 들어 교회를 떠날 수도 있다는 생각이 들어 아무 말도 하지 않고 헌금 생활이 무너진 성도들을 그냥 지켜보기로 했다. 시간이 필요했다. 피차에게…. 다만 소망을 가지고 그들이 돌아오기를 기다렸다. 그러면서도 하나님의 사역을 위해 우리는 우리의 길을 가야 했다. 그러한 연유로 이제부터는 내가 직접 밖에서 돈을 벌어 교회로 들어와 쓰겠다고 결심하고 눈을 부릅뜨고 사업 아이템을 찾던 중이었다. 그러던 중, 배운 게 도둑질이라고 결국 내가 할 수 있는 일은 상담이라 결론짓고 아파트에 상담소를 차리기 위해 시드머니를 만드는 중이었다. 해외 직구를 통해 물건을 구매하고 판매해서 마진을 남겨 돈을 모았는데 제법 장사가 잘되었다. 그때 처음 알았다. 우리 부부가 목회만 아니었으면 돈을 무지막지하게 많이 벌 수 있는 능력을 가진 사람들이라는 사실을 말이다. 이제까지 교회를 통한 공급 이외에는 돈을 제대로 만져 본 적이 없던 우리 부부에게 유통 마진은 기대 이상의 소득을 남겼다. 6개월 만에 소형 아파트 월세 보증금으로 사용할 1,000만 원을 그렇게 마련했으니 말이다. 잠깐의 유통 마진으로 1,000만 원을 남기고 보니 오히려 목적이었던 상담소가 교회와 하나님의 사역을 위해 사용될 재정의 창구로 과연 적합할까? 하는 고민이 새롭게 들기 시작했다.

19.
공부방 사업이 시작되다

너는 마음을 다하여 여호와를 의뢰하고 네 명철을 의지하지 말라 너는 범사에 그를 인정하라 그리하면 네 길을 지도하시리라

잠언 3장 5~6절

결혼 전에 남편은 남편대로 자수성가한 부모를 둔 부잣집 막내 도련님으로 가난을 모르고 살았고, 나 역시 부농의 딸로 검소한 부모님 슬하에서 궁핍함은 모르고 살았다. 남편도 나도 어떤 것을 결정할 때 고려해야 할 우선순위가 돈이 되어 본 적이 없었다. 남편은 대학교 2학년 때부터 자차로 학교를 오갔고 나 역시 필요한 모든 것을 부모님께 별 어려움 없이 때에 따라 적절히 공급받으며 자라 왔다. 그런데 신학생 남편과 결혼을 한 이후로는 모든 것이 달라졌다. 어쩌면 가난이라는 꼬리표는 목회자 부부에게 숙명 같은 것이었다. 결혼 후 10년간 하나님은 우리 부부를 광야로 보내셔서 철저하게 가난을 배우게 하셨다. 그래서 목회자는 가난해도 되는 줄 알았다. 아니 솔직히 말하자면 목회자는 가난한 게 미덕인 줄 알았다. 찢어지게 가난할수록 더더욱 덕이 되는 건 줄 알았다. 하나님을 위해 모든 것을 배설물과 같

이 여기는 삶이 정말 거룩한 삶인 줄 알았다. 그래서 목회자의 의상은 다소 추레해도 되는 줄 알았다. 가난을 숙명으로 생각했으니 당연한 결과 아니겠는가? 그래서 최선을 다해 가난한 삶을 견뎌 냈고 받아 냈다. 그렇게 사는 것이 하나님의 영광을 위한 것인 줄 알았다. 가난하면 불편하다. 그냥 나와 우리 가족들이 가난해서 불편한 것은 어느 정도는 참을 수 있었다. 그래서 양자택일을 해야 한다면 언제든 돈과 하나님 중에 하나님을 선택했다. 우리가 드린 모든 헌금에 대한 결단이 그런 식으로 이루어졌다. 그래서 아무리 어려운 순간에도 감동이 있으면 어떤 식으로든 돈을 마련해서 하나님께 드리곤 했다. 그런데 돈을 외면하고 하나님을 선택하며 꾸준히 10년을 살아 본 결과가 우스꽝스럽기 그지없었다. 삶의 형편은 점점 더 쪼그라들었으며 급기야는 모든 결정에 있어 고려 대상 1순위가 돈으로 귀결되는 일들이 비일비재하게 발생했다. 아무리 원대한 계획과 포부가 있어도 결론은 돈이 없다. 고로 아무것도 할 수 없었다. 10년 동안 모든 순간 철저히 하나님을 선택한 결과, 모든 결정에 있어 돈이 가장 큰 방해 세력으로 성장해 있었다. 이런 결과를 원한 적은 없었다. 하지만 현실이 그러했다. 아이들은 자라나고 있었고 우리 가정 내에서 가난은 점점 더 불편한 것이 되어 갔다. 그러다 급기야 교회 역시 계속해서 성장하고는 있었지만 성도들의 재정상태가 생각하는 것만큼 좋아지지 않고 있다는 것을 깨달았다. 성도들을 통해서는 겨우 교회 한 달 경상비를 빚내지 않고 쓸 수 있을 정도로만 재정이 공급되고 있었다. 목회자 가정뿐 아니라 교회 사역에서도 가난이 점점 불편해지기 시작했다. 사도 바울은 빌립보서에서 비천에 처할 줄도 알고 풍부에 처할 줄도 아는 일체의 비결을 배웠다고 고백했는데 우리는 목회를 시작한 이후로 풍부해 본 적이 개인적으로든 교회적으로든 한 번도 없었다. 그래서 풍부에 처할 줄 안다는 고백이 너무도 생경했다. 아, 사역을 해도 풍부에 처할 수 있다는 거구나. 그런데 우리는 왜 이렇게 찢어지게 가난하기만 한 것일까? 그리고 선후배 목회자들과 사회적 분위기는 무소유에 가까운 목회자들의 삶에 찬사와 영광을 보낸다. 본인과는 별 관계가 없는 목회자들에 한정해서 말이다. 하지만 실상은 어떤가? 가족들이나 성도들에게 가난한 목회자들은 실로 부담스러운 존재들이기만 하다. 우리 역시 가난으로 인해 불편하게 사는 것은 참고 살 만했다. 익숙해질 만도 하지 않았겠는가? 그런데 돈이 사역에서의 고려 대상 1순위가 되어 버린 현실은 정말 받아들여지지가 않았다. 하나님 입장에서도 자존심 상하실 만한 일 아니겠는가?

그렇다면 우리가 마음 가운데 계획했던 상담소를 개소하게 되었을 때, 상담소로부터 얼마만큼의 수익을 창출할 수 있겠는가를 계산해 보게 되었다. 아무리 생각해도 '월세는 낼 수 있을까?'에 대한 질문에 그러하다는 대답이 선뜻 나오지 않았다. 더군다나 내 특장기인 상담의 가장 큰 고객은 우리 성도들이었는데 새벽, 밤낮으로 때와 시를 가리지 않고 무료로 받아 왔던 상담을 어느 날 갑자기 돈을 내고 받으라 하면 그게 되겠는가? 일단 성도들 상담은 기존처럼 무료로 가야 한다. 그럼 성도들 지인들이 그다음 고객이 될 터인데 성도들 지인들에게 상담료를 받을 수 있을까? 예비 성도들이 상담을 하러 오면 상담료를 받을 수 있을까? 지금에 와서 돌이켜 보니 목회를 하면서 그 누구보다 무료 상담에 가장 익숙한 사람이 다름 아닌 나 자신이었고, 상담료를 받고 전문적으로 상담을 하는 일에 가장 큰 방해꾼은 다름 아닌 상담에 대한 나의 인식이었다. 생각이 여기까지 미치자 자연스럽게 상담소는 아니라는 결론이 내려졌다.

비천에 처하는 것은 박사 따귀 때릴 정도로 전문이 되었으니 주님 저희도 풍부에 처할 줄도 아는 일체의 비결을 배워 보고 싶다고 솔직히 고백했다. 이후 다음 발걸음을 어디로 내디뎌야 할지 모르겠다며 우리의 갈 길을 주님께 다시 구하기 시작했다.

그러던 어느 날 남편이 교역자 회의를 다녀오더니 같은 지방 소속 목사이면서 미래엔 영어수학 천안아산지사(구 한솔플러스 영어수학)와 직영 학원을 동시에 운영하고 있는 박 목사네 이야기를 꺼냈다.

"여보, 오늘 교역자 회의 후에 박 목사하고 같이 식사를 했어. 근데 내가 박 목사한테 기가 막힌 이야기를 들었지 뭐야. 아파트에서 공부방을 오픈해서 작게 해 보는 것도 괜찮을 것 같더라고…. 크게 할 생각을 하지 말고 그냥 용돈벌이 정도 한다고 생각하고 당신이 해 보는 것도 나는 나쁘지 않을 것 같더라고. 우리가 최근에 뭐든 새로운 사업을 시도해 보려 했었잖아. 여자들이 공부방을 소소하게 많이 한대. 그리고 사모님들 중에 특히 많대…. 근데 당신은 보습학원 경험도 있고, 교원 자격증도 있고, 공부도 잘 가르칠 수 있으니까 한번 진지하게 고민해 봐."

공부방이라는 단어를 듣자마자 우리에게 맡겨졌지만 어디서부터 손을 대야 할지 몰라 잠시 관망하고 있던 어린 영혼 유영이의 얼굴이 바로 떠올랐다. 그러자 자연스럽게 받아들여졌다. 결국 또 돈이 아니라 영혼을 선택하게 하셨다. 풍부에 처할 줄도 알고 싶다고 그렇게 간곡하게 부탁을 했건만 기어이 또다시 주시는 소명이 유영이 공부시키라는 거구나…. 풍부에 처하기는 개뿔…. 역시 목회자 부부에게 가난은 숙명인 것이다.

한 달 뒤 교역자 회의에서 우리 부부와 박 목사님 부부는 재회했다. 그리고 거기서 다시 한번 공부방 사역에 대해 비전을 나누었다. 짧은 만남을 뒤로하고 그 길로 교회로 돌아온 남편과 나는 공부방 사역을 두고 정식으로 기도하기 시작했다. 새벽에 매일 한 시간씩 3일을 했으니 아주 짧은 기간이었다. 결론은 이미 나 있었기 때문에 '할까요? 말까요?'를 구하는 기도가 아니었다. 새로운 사역에 주님과 함께하고 싶다는 간구의 기도였다. 공부방의 장소를 선택하는 데도 고민의 여지가 없었다. 시장 조사가 무슨 필요가 있겠는가? 애초에 목적이 돈이 아니라 유영이였기 때문에 무조건 유영이네 아파트 단지다. 다만 부모의 상황과 사정에 따라 유영이가 목적인 공부방에 본인이 다니지 않는 불상사가 생길 수도 있지 않겠는가? 그래서 나는 우리 공부방의 1호 학부모가 될 가능성이 가장 높은 이주하 집사에게 내가 공부방을 열게 됐을 때 유영이와 유주를 나에게 맡길 생각이 있는지 단도직입적으로 물었다. 돌아온 대답은 주저 없이 예스였다. 그렇게 기도 4일째 되던 날 천안 쌍용동 월봉 청솔 아파트를 보증금 1,000만 원에 월세 40만 원으로 계약을 진행했고, 그 기세대로 다음 날에는 미래엔 영어수학(구 한솔플러스) 지사와의 계약까지 마쳤다. 번갯불에 콩을 구워 먹는 속도로 1주일 만에 공부방 사역의 기초 세팅이 완료된 것이다. 때는 2017년 10월 27일이었다.

유영이와 유주는 11월 1일 우리 공부방에 역사적인 첫 등원을 하였다. 문제는 그때부터였다. 고상할 줄 알았던 공부방 사역은 실로 전쟁이었다.

유영이는 곧 초등학교 4학년에 올라가야 하는데 한글을 몰랐다. 맥추감사절에 처음 본 이후 3개월여가 지났지만 상태는 나아진 게 없었다. 한글은 자음, 모음, 가나다라부터 가르쳐야 했고, 수는 1 더하기 1부터 그림으로 가르치기 시작했다. 처음 몇 달 동안 유영이는 그 아이 때문에 가맹한 프랜차이즈 교재를 사용할 수 있는 지적 상태가 못 됐다. 그래서 시중의 유아용 한글과 수 교재를 사다 그야말로 하나씩 가르치기 시작했다. 동생인 유주는 서툴기는 했어도 언니보다는 상태가 좋았다. 그나마 다행이었다.

문제는 공부하기 싫은 날의 유영이의 태도였다. 유영이는 자신이 부릴 수 있는 최악의 미련을 떨기 시작했다. 싫으면 그냥 책상에 엎드려 일어나질 않았다. 아니, 자는 것도 아니면서 아예 움직이질 않았다. 미련을 떠는 것이다. 그 어떤 말로도, 행위로도 아이를 일으킬 방

IV 그리스도가 왕 되게 하라

법이 없었다. 본인이 싫으면 그만이었다. 유영이의 고집이 너무 세서 가만히 그 아이를 보고 있으면 어릴 적 우리 친정집에서 키우던 염소를 부리는 것 같았다. 시작하자마자 공부방 사역을 당장이라도 때려치우고 싶은 날이 연속적으로 이어졌다. 공부방에 유영이와 유주 이외의 다른 아이들이 온다는 것은 상상조차 할 수 없었다. 유영이의 상태가 그런 지경인데 다른 누군가를 함께 돌본다는 것은 아예 엄두조차 낼 수 없었다. 그래서 오픈을 했다는 홍보조차 하지 않았다. 누가 올까 봐 겁이 났다. 프랜차이즈 가맹을 했으니 기본적으로 써야 하는 교재의 수량이 있는데 쓸 수가 없는 상황이었다. 사실상 유영이와 유주에게 첫 몇 달 동안은 초등 교재가 필요 없었다. 그러니 의무적으로 주문해 놓은 교재의 재고는 쌓여만 갔다. 사업은 시작했지만 당연히 돈이 되지 않았다. 유영이 부모의 퇴근이 늦어지는 날에는 아이들 저녁을 공부방에서 먹였다. 두 달 내내 수입이 월세를 낼 정도도 채워지지 않았다. 더군다나 첫 달 수익은 첫 열매로 드렸고 둘째 달에는 유영이네 형편이 잠시 좋지 않아 수업료를 면제해 주었다. 결국 남편이 교회에서 받은 사례비로 처음 두 달 동안의 공부방 월세를 충당했다. 풍부에 처할 수도 있게 될 거란 기대는 처음부터 없었지만 상황이 이 지경이 되니 그래도 정식으로 프랜차이즈를 가맹하고 시작한 사업인데 월세라도 낼 수 있을 만큼은 벌었으면 좋겠다는 자그마한 소망이 싹트기 시작했다. 새로 시작한 사업을 두고 품을 수 있는 소망치고는 너무도 소박하지 않은가? 그 정도는 바라도 되지 않겠는가?

그렇게 두 달 동안 남편과 나는 오직 유영이와 유주의 기초 한글과

수를 가르치고 저녁을 챙겨 먹인 후 하원을 시키는 일에만 몰두했다. 매일 두 달 동안 두 아이를 놓고 공부를 시키니 두 달 만에 가갸 교재를 써도 될 정도로 한글이 익숙해졌다. 그만큼만 되었어도 우리에겐 기적 같은 일이었다.

시간이 지날수록 우리 주님은 나 같은 종이 있어서 좋겠다는 생각이 들었다. 나는 맨날 하나님께 '먹튀' 당하면서도 나를 살리기 위해 아들을 내어주신 우리 주님의 그 사랑만 생각하면 그냥 끔뻑 죽는다. 찍소리 못 하고 주님이 시키는 일을 결국엔 다 해내고야 만다. 이번에도 우리 주님에게 내 주머니 사정 따위는 역시나 고려 대상이 아니었다. 교회 사역 좀 풍성하게 해 보겠다고 돈을 벌어 오겠다고 한 것이었는데 기어이 영혼을 선택하라 하셨으니 순종했고 그 결과 우리 부부에겐 가난한 목회자 부부의 슬기로운 공부방 생활이 시작되었다. 시간이 지나면서 아이들은 우리에게, 우리들은 아이들에게 적응하기 시작했고 하루하루 조금씩 마음의 여유도 생겨났다. 그렇게 되자 분명 우리에게 맡기실 영혼들이 겨우 두 명에 그치지 않을 것 같았다. 더 준비되어 있을 것이란 생각이 들었다. 그리고 공부방은 전혀 예상치 못했던 아이들로 한 자리 한 자리 채워지기 시작했다. 그렇게 불과 개원 4개월 만에 공부방은 이사를 고민해야 할 정도로 아이들이 늘어나 버렸다. 하나님의 일하심은 실로 신묘막측했다.

20.
하나님께 한 것은 공짜가 없다, 갚아 주시는 하나님

나의 하나님이 그리스도 예수 안에서 영광 가운데 그 풍성한대로 너희 모든 쓸 것을 채우시리라

빌립보서 4장 19절

11월에 공부방을 개원하고 2달여가 지나갔다. 원생은 여전히 유영이와 유주 둘뿐이었고 문의도 없었다. 흔한 전단광고지 하나 없이 9층 베란다 난간에 공부방 세 글자를 써서 내 전화번호와 함께 현수막을 걸어 놓은 게 전부였다. 그런데 겨울방학이 다가오자 성도들이 움직이기 시작했다. 사모님의 공부방으로 아이들을 보내고 싶다는 취지였다. 문제는 공부방이 있는 천안 쌍용동 주변에 사는 아이들보다 공부방과는 한참 거리가 있는 곳에 사는 아이들이 훨씬 많다는 것이었다. 그래서 애초에 유영이와 유주를 제외한 다른 아이들이 공부방에 올 수 있을 것이란 상상조차 한 적이 없었다. 같은 이유로 풍세 할머니 댁에서 지내고 있던 희민이와 한비조차 우리 공부방에 올 수 없었으니 공부방에 교회 아이들이 모여든다는 것은 기대할 수 없는 일이었다. 하지만

아이들을 사모님의 공부방에 보내고자 하는 부모들의 의지는 이미 그들이 처한 환경을 뛰어넘고 있었다. 그러더니 속속 공부방 주변의 아파트 단지로 이사를 오기 시작했다. 커리큘럼을 묻지도 않았다. 원비도 상관없었다. 우리 부부에게 아이들을 맡겨야 한다는 일념으로 성도들은 작정을 하고 그렇게 움직였다. 예선 집사네 경민이와 경호가, 정민 집사네 은지와 민지가 공부방에 합류했다. 그리고 딱 그 무렵 레보나 자매가 디자인한 공부방 광고 전단지를 아파트 게시판에 붙였는데 거짓말처럼 입회 문의가 들어오기 시작했다. 그렇게 4개월 만에 아이들은 13명으로 늘어나 버렸다. 우리 공부방은 초창기에는 보육의 목적이 강했다. 아이들을 저녁까지 먹이면서 돌보는 시스템으로 운영되다 보니 정상적으로 아이들이 한두 시간이면 순환되는 기존의 공부방들과는 다르게 공간적 제약의 문제가 빠르게 드러났다. 그로 인해 더 많은 아이들을 수용하는 데 한계를 느끼기 시작했다. 하지만 불편해도 당장 모아 놓은 돈이 없으니 계속 21평 아파트에서 공부방 사업을 지속할 것인가? 아니면 무리를 해서라도 월봉초등학교를 품은 일성아파트 32평대로 이사를 할 것인가? 이런 문제를 두고 새로운 고민을 시작했다. 이 고민을 베드로 동생 이서영 집사에게 이야기했더니 그럴 줄 알고 미리 준비해 뒀다는 듯이 지체 없이 캡처된 사진 한 장을 보내왔다. 부동산 광고로 나온 일성아파트의 504동 1층의 어느 집 매물 사진이었다. 당시에 공부방이 위치한 아파트는 소형 평수의 단지였다. 대형 평수 단지에 사는 아이들은 이쪽으로 아예 넘어오지 않았다. 돈은 없었지만 결정이 그리 오래 걸리지 않을 수 있었던 이유였다. 분명 사역으로 시작한 공부방이 사업으로 바뀌는 역사적 움직임이었다. 이보다 더 자연스러울 수 없게 말이다.

보증금 3,000만 원에 월세 50만 원으로 새로운 아파트 계약을 마쳤다. 개원 8개월 만의 이사였다. 부족한 돈은 대출로 마련했고 이사 후 6개월 안에, 대출받은 2,000만 원을 상환하는 것을 목표로 삼았다. 남편의 월급으로 월세를 메우는 무모한 상황으로 시작해서 이제는 월세를 내는 데 무리가 없는 상황에 이르기까지 공부방 사업이 순항하게 되자 그냥 안주하고 싶은 마음도 있었다. 하지만 교회와 전혀 관계가 없는 아이들의 입회 문의가 이어지자 복잡했던 생각이 정리되었다. 단순히 우리 교회 아이들만 살리는 것이 공부방의 목적이라면 차량 운행을 통해 주일에 한 번 교회에서 만나도 충분하다. 하지만 교회에서가 아닌 아이들의 집 근처로 공부방이 자리 잡게 하신 것은 우리 교회 아이들뿐만 아니라 우리에게 맡겨질 또 다른 학생들이 준비되어 있는 것이라는 주님의 뜻이 읽힌 것이다. 이사를 강행하면서 가장 고민했던 부분은 다름 아닌 기존에 계약했던 아파트의 계약 기간이 앞으로도 1년 4개월이나 남아 있다는 것이었다. 때마침 주변으로는 신축 아파트의 입주 물량 폭탄이 쏟아지면서 세입자를 구하기가 더더욱 어려워졌다. 복비를 2배나 올려 부동산에 내놓았지만 소용이 없었다. 최악의 경우 남은 1년 4개월에 상응하는 월세를 감당해야 할 수도 있다는 불안감이 엄습했다. 그래도 하나님이 해결해 주시겠지… 하는 일말의 기대감이 없지는 않았다. 설마 그런 일이 일어날 리가 있겠나 싶었던 그 일은 실제가 되었다. 우리는 끝내 세입자를 구하지 못했고, 1년 4개월 동안의 월세를 고스란히 지급해야 했다. 사람들은 오해한다. 하나님의 인도하심 가운데는 보호가 철저하실 테니 우리가 손해를 보는 일은 없을 것이라고. 하지만 하나님의 인도하심이 분명한 순간에도 손해를 보는 것 같은 일들이 발생하는 것을 적지 않게 경험하게 된다. 손해처럼 보이는 일이 일어난다고 하더라도 우리는 필요가 있으면 진행했다. 언제나 그랬다. 하나님의 사역이 확장되는 데에 있어 우리의 계산이 때로는 가장 큰 장애물이 될 수도 있다는 사실을 인지해야만 한다. 이즈음 우리는 또다시 체득했다. 당장은 손해처럼 보이는 그 일을 복으로 바꾸실 하나님의 능력을 믿고 전진해야 한다는 것을…. 그러나 그리 아니 하실지라도 감사하는 믿음, 즉 결과를 개의치 않는 믿음은 우리에게 언제나 기본 전제였다. 이사를 한 후 3개월을 채 넘기기도 전에 알아 버렸다. 기존 아파트의 계약 기간과 월세는 하나도 중요한 것이 아니었다는 사실을….

월세를 이중으로 부담하고도 남는 상상도 못할 재정을 우리에게 허락하셨다는 것을….

13명의 아이들을 데리고 입성한 일성아파트의 공부방은 점점 안착해 갔다. 입회 문의가 지속적으로 이어지더니 40명이 넘는 아이들로 그야말로 문전성시를 이루었고 공부방은 더 이상 교회 아이들만의 교육 공간이 아니었다. 등록 회원 수가 40명이 넘어서면서 매출은 기하급수적으로 성장했고 대출받은 2,000만 원을 6개월 안에 상환하자고 했던 첫 번째 목표치를 단 3개월 만에 달성해 버렸다.

여전히 제대로 된 광고 전단지 하나 붙이지 않았다. 그런데 희한하게도 생각지도 못하게 문의가 이어졌다. 어떻게 알고 공부방 문의를 주셨냐 물으면 한결같이 '블로그'라는 답이 돌아왔다. 지금도 그렇지만 공부방 사역 초기에 블로그는 매우 유용한 홍보 수단이었다. 교회 사역의 확장을 위해 평소 'Ssamonim(싸모님)' 블로그를 운영하고 있었는데 거기에 공부방 카테고리 하나를 더 만들어 홍보 글을 올리기 시작했다. 기존에 교회 행사 관련 포스팅을 꾸준히 하긴 했지만 교회는 원래 영리단체가 아니기 때문에 그것을 통해 수익을 창출한다는 의미는 없었다. 정말 우리 교회의 활동을 알리는 역할만을 충실히 하고 있을 뿐이었다. 블로그를 통해 영리활동을 한다는 것이 낯설었던 게 사실이었기 때문에 블로그로 홍보가 될까 하는 의구심이 더 컸지만 유영이와 유주를 중심으로 교회 아이들 몇 명만 입회됐던 초창기에는 아이들이 등원하기 전까지 특별히 할 일이 없었다. 그래서 그 남는 시간 동안 원래 교회 사역에 대해 포스팅하던 습관에 따라 공부방을 개원하고 아이들을 가르치는 모습을 가벼운 마음으로 포스팅하기 시작했다. 별 기대 없이 하기 시작한 포스팅이었는데 홍보는 거기서 다 해 주고 있었다. 마치 주식 장기 투자하듯이 포스팅만 해 놓고 나는 현장에서 아이들을 열심히 가르치고 있을 뿐이었다. 공부방이나 학원을 검색하던 학부모들이 아이들을 보내고 싶으니 원장님의 전화번호를 남겨 달라는 댓글이 하나둘 달리기 시작했던 것이다. 새로운 포스팅을 하기 위해 블로그에 들어가 보면 눈에 띄는 반가운 댓글들이 나의 댓글을 기다리고 있었다. 한번 전화번호를 올려놓으니 이후에 검색을 통해 유입된 학부모들이 그 번호를 보고 계속해서 새롭게 문의를 하고 등록하기 시작했다. 공부방 블로그(지금은 따로 있지만)가 따로 있던 것이 아니고 싸모님 블로그의 방 한 칸을 빌려 쓰고 있던 처지였기 때문에 관심이 있는 학부모들은 블로그의 이곳저곳을 같이 둘러보기 시작했다. 그리고 우리가 목회자 부부라는 사실을 인지하고 우리 공부방을 거르는 사람들도 생겨나기 시작했다. 하지만 블로그를 통해 유입된 학부모들의 대부분은 우리가 목회자 부부라는 사실을 반가워하고 감사해하며 그 점을 오히려 장점으로 여겨 우리를 믿고 아이들을 맡기게 되었다. 이미 교회 학교를 통해 아이들과 소통이 능숙했던 우리 부부는 아이들을 다루는 데 도사가 되어 있었다. 잘못을 했을 땐 따끔하게 혼내되 언제든 사랑이 빠지지 않았다. 영혼을 사랑할 수 있는 마음을 달라고 간구했고 그 마음이 부어졌고 고아라도 붙여 달라고 기도했는데 우리 부부에게 하나둘씩 아이들이 붙기 시작하더니 어느새 40여 명이 넘는 아이들에 둘러싸였다. 아이들에 대한 우리 부부의 목표는 단순했다. 첫 번째는 학습 성취도의 향상, 두 번째는 어린 영혼들의 정서와 마음을 잘 만져서 영·혼·육이 전인격적으로 성장할 수 있도록 교육하는 것, 세 번째는 인본주의적 세계관이 아이들을 잠식하지 못하도록 신본주의적 세계관을 열어 주는 것, 네 번째는 각자의 교회에서 신앙생활을 열심히 할 수 있도록 격려하고 지지하는 것이었다.

하나님께 드린 것은 헛된 것이 하나도 없었다. 홍보는 교회 블로그에서 다 하고 있었고, 목회를 하면서 쌓아 올린 상담 노하우는 학부모 입회 상담을 통해 빛을 발했다. 진심 어린 공감을 바탕으로 진행하는 입회 상담은 곧바로 입회로, 매출 증가로 증명되었다. 지금도 공부방의 입회 상담은 최소 한 시간이 소요된다. 부모들과 이런저런 이야기를 주거니 받거니 하다 보면 울다 돌아가는 부모도 부지기수이다. 그런 부모님들은 따듯하게 위로하고 공감한다. 그렇게 아이들을 사랑하는 마음을 함께 나누고 전이된 그 마음 고스란히 가지고 아이들을 가르치는 데 힘쓴다. 모든 학부모들의 요구에 나는 일단 예스로 대답한다. 그래서 나의 또 다른 별명은 예스 선생님이다. 교육비 문제로 부모와 다시 계산해야 하는 일이 발생하면 어떤 경우라도 부모가 손해 가는 일이 없도록 계산한다. '이렇게까지 해야 하는가'라는 생각이 들 정도로 확실하게 학부모의 이익을 언제나 최우선 순위로 고려해서 처리한다. 때때로 당황스러운 요구, 혹은 질문을 하거나 심지어 무례한 상담으로 기분을 상하게 하는 학부모들도 있다. 하지만 오랜 목회 현장에서 스쳐 간 각양각색의 수많은 성도들로부터 경험한 일들에 비하면 언제나 공부방의 상황은 양반이었다. 목회 현장은 그야말로 영적 전쟁터였다. 발버둥 치며 눈물로 씨를 뿌려 왔던 목회를 통해 다져진 그 모든 경험치들이 우리 부부에게 내공으로 쌓여 있었다. 그 내공은 공부방이 사역에서 사업으로 전환되는 가장 강력한 기반으로 작용했다. 공부방 개척이 교회 개척보다 100배는 더 쉬웠다. 평소에 성도들에게 돈을 왜 못 버냐며 우리는 목회만 아니면 돈방석에 앉았을 것이라고 농을 치곤 했었는데 실제로 교회를 개척해 보고 공부방도 개원해 보니 이건 아예 비교가 안 되는 게임이었다. 목회를 통해 우리 안에 축척된 사람을 다루는 엄청난 능력은 책으로 공부해서 배울 수 있는 것도 아니었고 단시간에 획득할 수 있는 노하우도 아니었다. 그 모든 목회 사역의 노하우들이 공부방 사업에 고스란히 녹아들고 있었다. 이는 오해, 비웃음, 비난, 조롱, 배신… 그리고 눈물 없이는 설명할 수 없는, 현장 목회를 수년간 해 오면서 그 어느 곳에서도 누릴 수 없었던 목회 프리미엄이었다. 나는 그것을 아이러니하게도 목회 현장에서가 아닌 사업 현장에서 누릴 수 있었다. 그렇게 공부방을 시작하지 않았다면 죽을 때까지 몰랐을 목회의 열매들이었다. 비단 눈에 보이는 우리 곁에 남겨진 성도들만이 열매가 아니었다. 하나님을 위해, 교회를 위해 사역한 모든 순간 애써 왔던 모든 경험이 우리에게 능력으로 고스란히 남아 있었다. 주님의 엄청난 배려였다.

영원히 흔들리지 않는 나라

21.
한 알의 밀이 땅에 떨어져 열매를 맺다

아버지께 참으로 예배하는 자들은 신령과 진정으로 예배할 때가 오나니
곧 이때라 아버지께서는 이렇게 자기에게 예배하는 자들을 찾으시느니라
하나님은 영이시니 예배하는 자가 신령과 진정으로 예배할찌니라
요한복음 4장 23~24절

2019년 10월 20~23일, 감리교 천안동 지방 웨슬리 성회가 있었다. 강사 목사님은 한마음교회 김승룡 목사님이셨는데 집회 후, 오는 그 주일에 우리 교회 어린이부 부흥성회가 예정되어 있었다. 그런 연유로 약 한 달 전부터 부모 세대를 먼저 깨우고, 세우기 위해 교육하고 있었고 아이들도 은혜받을 준비를 시키고 있는 중이었다. 때마침 지방 성회까지 그 주에 열리게 되면서 우리 교회는 일주일 내내 은혜의 도가니탕 상태였다. 주일에 은혜받기 원하는 사람은 집회부터 참석해서 영을 말씀에 적셔 놓으라고, 그러면 틀림없이 어린이 부흥회 때 은혜받을 수 있다고 고지를 했더니 대부분의 성도들이 아이들을 데리고 열심히 참석하기 시작했다. 워낙 예배 훈련이 잘된 아이들이라 제일 앞자리에 전세 놓고 앉다시피 했는데도 떠들거나 조는 아이

하나 없이 처음부터 끝까지 예배에 집중했다. 강사 목사님은 우리 아이들을 보면서 교회에서 무슨 훈련을 받았기에 이렇게 예배 태도가 좋으냐며 칭찬을 아끼지 않으셨다. 최대한 예배에 참석하기 위해 애를 쓴 우리 성도들은 감사헌금도 열심히 준비했다. 헌금을 준비하라고 강조하지도 않았지만 어린이부 교사 박다솜 집사가 한 알의 밀알이 되기로 결단하며 불을 지폈다.

첫째 날, 저녁 집회를 위해 일찍 집회 장소에 도착한 우리 교회 성도들은 간단한 요기를 위해 1층 식당 한편에 옹기종기 모여 앉아 있었다. 거기서 박다솜 집사는 헌금 봉투 한 무더기를 쌓아 놓고 봉투당 1만 원의 헌금을 넣고 있었는데 그 양이 꽤 돼 보였다. 섬기는 교회에 하는 것도 아니고 분명 연합집회 헌금을 준비하는 건데 무슨 헌금을 저렇게 많이 드리나 싶었다.

"다솜아! 너 지금 뭐 하는 거야? 헌금하려고?"

"네…. 사모님, 저 지금 바빠요."

"뭔데? 무슨 헌금을 이렇게 해?"

"사모님, 우리 교회에서 이번 주에 어린이부 부흥회 하잖아요. 저 사실은 그때 하나님께 헌금하려고 따로 모아 둔 돈이 있었어요. 근데 감동이 와서 이번 집회 때 3일 동안 우리 교회 아이들 이름으로 그 돈 다 나눠서 헌금하려고요. 그래서 지금 30장씩 3일치를 준비하는 중이에요. 이거 쓰기도 힘드네요. 이름만 쓰는데도요. 하하."

"그럼 만 원씩 교회 애들 30명분을 3일씩이나 하겠다고?"

"네…. 어차피 아이들 이름으로 헌금하려고 모은 거라서 해야 되는데 왠지 이번 집회 때 하는 게 더 의미가 있을 것 같아서 준비했어요. 하나님이 그렇게 감동을 주시는 것 같아요."

그렇게 30여 명의 하늘꿈 교회 다음 세대의 이름이 3일 밤 동안 내내 불렸다. 호명된 아이들의 부모 된 당사자들은 아직 시집도 안 간 박다솜 집사가 주일학교 교사로서 아이들을 사랑해서 본인의 자녀들을 위해 그렇게 큰돈을 3일 동안 대신 헌금해 준다는 사실에 감사했고 감동했다. 그래서 부모 된 자들도 열심히 헌금하기 시작했다. 집회 마지막 수요일 저녁에는 하늘꿈 교회 헌금만 15분 동안 호명하는 놀라운 일이 일어났다. 지방 모든 교회의 성도들이 모이는 집회 강단에서 우리 성도들의 이름이 그토록 오래 호명된다는 사실이 참으로 놀랍고 감사했다. 우리 하늘꿈 교회 모든 성도들이 집회를 위해 순종하는 마음으로 모였고 마음을 준비했다는 사실에 대해 우리 부부 역시 칭찬을 아끼지 않았다. 전부 합쳐 봐야 몇 안 되는 성도들이지만 솔직히 이런 성도들이 세상에 어디 있겠는가? 주님도, 강사 목사님도 그 마음이셨으리라. 헌금 봉투에 쓰인 기도 제목을 일일이 읽어 주시는 내내 우리 교회를 축복해 주셨다. 어린이 부흥회를 앞두고 미리 은혜받을 준비를 하고 주님을 경외하는 마음으로 집회에 참석했더니 참석한 성도들의 준비된 심령 가운데 넘치는 은혜가 부어졌다. 다른 사람을 대신해서 헌금하는 근거가 성경에 어디 있느냐고 따져 묻고 싶은 사람들이 혹시나 있을지도 모르겠다. 하지만 우리 교회는 원래 대신 헌금하는 전통이 있다. 누구로부터 시작된 건지 알 수 없지만 우리 교회는 옆자리 성도가 집을 사면 그것이 감사해서 본인 이름으로 또는 당사자 이름으로 감사헌금을 드린다. 옆자리 성도가 새 차를 사도 그것이 감사해서 감사헌금을 대신한다. 옆자리 성도가 자녀를 낳아도 그것이 감사해서 감사헌금을 대신한다. 그런데 그 금액이 결코 적지 않다. 자세히 들여다보면 하등 나와 관계없는 일임이 분명함에도 불구하고 그 성도의 일을 나의 일로 여겨 그 기쁨에 함께 참여하며 기쁨의 근원 되신 주님께 감사헌금을 하는 것이 교회 안에 오랜 전통으로 자리매김했다.

비유컨대 아이들이 장터에 앉아 서로 불러 가로되 우리가 너희를 향하여 피리를 불어도 너희가 춤추지 않고 우리가 애곡을 하여도 너희가 울지 아니하였다 함과 같도다

누가복음 7장 32절

이 말씀이 우리 교회에 적용되는 것이 저주라는 생각이 들어 항상 다른 성도의 아픔을 나의 아픔으로 여기고 다른 성도의 기쁨을 나의 기쁨으로 여기라고 가르쳤다. 슬픈 일이 있으면 같이 슬퍼해 주고 기쁜 일이 있으면 함께 박수쳐 주라고 구체적 지침을 주면서…. 그랬더니 자연스럽게 성도들 사이에서 대신 감사예물을 드림으로 마음을 나누고 표현하는 선례가 생겨나기 시작했다. 중심을 보시는 하나님께서 그런 마음을 먹는 성도들을 당연히 축복하실 것이라는 사실도 함께 가르쳤다.

그런 우리 교회 안의 선례를 지방 집회 때 나누게 된 것이다. 강사 목사님도 이런 교사와 성도들의 헌신에 놀라워하며 교회를 향해 또한 다음 세대를 향해 시간마다 축복해 주셨고 우리는 아멘으로 화답하며 선포되는 모든 말씀을 믿음으로 그때그때 취하였다. 하지만 단 하나의 말씀만은 취할 수 없었다. 나의 남편 이호석 목사는 모(母)교회에서 오랜 기간 건축으로 인해 교회가 힘든 시간을 보낸 것에 대한 큰 상처를 가지고 있었다. 그래서 '우리가 담임목회를 시작하면 우리는 절대로 교회 건축을 하지 않겠다.' 결심하고 늘 그렇게 고백하던 사람이었다. 우리는 시간마다 강단에서 선포됐던 모든 말씀을 믿음으로 취했다. 유일하게 빚으로 교회를 건축하는 빛의 사자들이 되라는 말씀만 제외하고는 말이다….

은혜가 넘쳤던 연합 성회가 끝나고 우리는 일상으로 돌아왔다. 다시 교회 사역이 시작되었고 아이들은 집회와 어린이 부흥회를 거치면서 받은 은혜를 풀어내고 싶어 자기들 스스로 예배 놀이를 시작했다. 주일 대예배 이후 아이들은 교육관 3층에 모여 목사, 사모, 집사, 권사, 장로의 역할을 정해서 목사님 설교 인쇄물을 가져다가 자기들끼리 역할극을 하며 예배를 한 번씩 더 드렸다. 박자도 맞지 않고 음 높낮이도 다 틀렸지만 어른들 찬송가를 마구잡이로 따라서 부르고, 목사의 역할을 맡은 아이가 말씀을 읽는데 아이들이 아직 어려서 글을 읽는 것이 능숙한 아이가 많이 없다 보니 시작부터 끝까지 웃음이 넘쳤다. 예배를 집례하고 찬양을 인도하고 기도를 준비하고 말씀을 읽는 역할들을 맡아서 하다 보니 실제로 예배에 필요한 각종 악기들을 배워야 할 필요성을 느끼기 시작했고 부모들은 가르치기 시작했다. 다음 세대만으로 예배팀을 꾸려야 한다는 비전이 공유되었고 아이들은 예배를 위해 각종 악기를 배워 가기 시작했다. 그렇게 드럼, 기타, 피아노, 바이올린, 성악, 우쿨렐레 등 각자 재능에 맞게 예배를 위해 아이들은 스스로를 겸비해 나갔다.

교육관에서 아이들이 예배 놀이를 하는 동안, 본당에서 부모들은 선포 놀이를 시작했다. 김지영 집사와 이서영 집사가 주거니 받거니 말도 안 되는 예언적 선포를 날린다. 선포하는 구구절절 허무맹랑하고 현실과는 심하게 동떨어진 예언들이라 비웃음을 사기 십상이다. 너무 말이 안 돼서 듣다 보면 어이가 없어 자연스럽게 실소가 터진다. 말하는 당사자는 진심으로 선포하지만 도무지 믿을 수 없는 수준의 이야기이기 때문이다. 하지만 감사하게도 말이 안 된다는 것을 듣고 있는 우리 모두가 잘 알면서도 기어이 그 선포가 땅에 떨어질까 두려워 아멘으로 그 선포를 취한다. 이루어지든 그렇지 않든 관계없었다. 우리 중에 누군가는 믿음으로 선포했고, 우리는 아멘으로 취했다. 그뿐이다. 결과는 주님의 몫이다. 성도들은 집회를 마친 후 무슨 바람이 불었는지 우리 교회도 이제 건축했으면 좋겠다는 선포를 시작했다. 강사 목사님이 원래 교회는 빚으로 건축하는 거라고, 우리는 빛의 사자들이라 열심히 빚내서, 열심히 건축하라고 했다며 강사 목사님의 말씀에 순종해야 한다는 이야기를 성도들끼리 시작했다. 분명 농으로 시작된 이야기였다. 교회 건축은 곧 고생길 오픈이라는 관

념이 너무 강해서 건축에는 1퍼센트의 가능성도 열어 두지 않고 있었기에 우리 부부는 어떠한 설득에도 결코 흔들리지 않을 자신이 있었다. 무엇보다 지하 본당과 2층 식당, 3층 교육관 총 120평의 건물 세 군데를 임대해 근 10년 동안 가성비 끝판왕으로 교회 사역을 알차게 꾸려 오던 차였다. 50명 성도에 120평 규모의 건물은 여러모로 적합했다. 꼭 마당이 붙어 있는 우리 명의로 된 땅 위에 교회가 지어질 필요가 있는가? 이미 충분히 잘 사용하고 있다. 더 이상은 과욕이다. 빚 없이 이토록 행복한 신앙생활을 영유하는 우리 하늘꿈 성도들을 교회 건축의 지옥으로 인도할 생각이 추호도 없었다. 우리의 마음이 그랬기에 우리 교회도 건축을 하자는 성도들의 선포는 너무 가능성이 희박해서 힘이 없을 줄 알았다. 뼛속까지 머리형 인간이었던 나는 가능성 0%의 일을 아무리 선포한대도 절대로 아멘으로 화답하지 않았다. 원래 성전 건축은 은퇴할 때까지 우리 목회 여정에는 없던 계획이라 처음에는 콧방귀도 뀌지 않았다. 그런데 한 사람의 선포가 두 사람의 선포가 되고 두 사람의 선포가 세 사람의 선포로 계속해서 늘어났다. 가장 우리 부부를 짜증 나게 하는 것은 나의 친동생 인미정 집사의 건축 헌금 결단이었다. 아하… 어쩌란 말인가? 그렇게 몇 주가 지났고, 어느새 그런 선포가 있을 때마다 나의 마음에 저것을 아멘으로 취하지 못하는 믿음 없음을 한탄하고 있는 스스로를 발견하게 되었다. 흔들리면 안 된다. 솔직히 좀 냉정해지자. 어디 건축이 믿음만으로 되는 것이란 말인가? 그게 그렇게 믿음으로만 가능한 것이었다면 지구상의 모든 교회 가운데 건축 때문에 고난을 겪는 교회는 도대체 왜 생기는 것이란 말인가? 그래, 흔들릴 이유가 없다. 솔직히 아무리 믿음으로 선포해도 돈이 없으면 시작을 못 하는 거니까 불순종이 아닐까 괴로워할 이유도 없다. 우리가 학원 사업을 통해 그동안 모아 두었던 돈은 얼마 전, 시내에서 전부 학교를 다니는 우리 아이들이 기거하기 위해 얻은 아파트 전세금으로 넣어서 개인적으로 남은 돈은 없었으며 교회는 교육관 보증금 4,000만 원을 제외하고 혹여나 건물주들이 갑자기 보증금을 올려 달라 할 것을 대비해 현금으로 저축해 둔 5,000만 원의 돈이 전부였다. 당장 융통할 수 있는 돈 5,000만 원으로 어디에 땅을 사고 어떻게 건축을 하겠느냐 말이다. 계속되는 선포에 잠시 흔들리는 듯했지만 가지고 있는 돈이 그것은 불가능한 일이라고 분명하게 선을 그어 주었다. 어차피 교회 건축은 못 하니까 전혀 겁먹을 필요 없다고 통장의 숫자가 강력하게 말하고 있었다. 그렇게 우리가 가진 모든 데이터가 건축이 불가능함을 가리키고 있었기에 마음이 흔들릴 이유가 전혀 없었지만 다른 한편에서 슬슬 건축에 발동을 거시는 하늘의 사인들이 보이기 시작했다. 건축과 관련한 선포 또한 여전히 더 넓고 다양한 성도들에게 퍼져 나가며 계속 이어지고 있었다. 그사이 같은 지방 하늘사랑교회 담임 최석립 목사님의 소개로 500명 인원의 집회를 커버할 수 있는 아주 좋은 스피커 한 조를 매우 저렴한 가격에 구매하여 교회에 들여놓게 되었다. 최 목사님의 갑작스러운 제안이었지만 평소 음향기기에 관심이 많았던 남편은 이보다 더 좋은 조건이 나올 수 없다며 바로 스피커를 구매해 버렸다. 겨우 28평 32석 본당에 1.4KW짜리 명품 스피커 한 조가 들어왔다.

남편은 그 상황에 대해 마치 경차에 명품 스포츠가 엔진을 얹은 격이라면서 갑작스럽게 이렇게 좋은 스피커를 주신 것을 보니 정말 교회 건축을 준비시키시려나 보다 하며 너털웃음을 지었다. 나의 마음에도 역시 그 일은 다름 아닌 건축에 관해 우리 교회에서 가장 부정적인 생각을 가지고 있는 우리 부부의 마음을 바꾸시기 위해 주님이 시작하신 일이 아닌지 의구심이 들기 시작했다.

주님의 뜻이 어디에 있는지 일찍 발견을 못해서 그렇지 우리 부부는 발견하게 되면 우기지 않는다. 바로 우리의 주장을 철회하고 주님의 뜻에 순종한다. 다양한 경험을 통해 주님의 뜻과 우리의 뜻이 상충될 때 우리의 어떠함을 주장하는 것이 얼마나 바보 같은 일인가에 대해 아주 오래전에 깨달았기 때문이다. 주님은 동역자들을 부르시고 끝내 주님의 초대에 응하여 그 일에 합력하는 자들을 통해 그 일들을 완수하신다. 우리가 동역하지 않는다 해서 주님의 나라가 결코 더디게 완성되지 않는다는 말이다. 주님이 정하신 때만 있을 뿐이다. 그리고 끝내 순종치 않은 그들만 배제될 뿐이다. 건축이 주님의 뜻이 아닐 거라 믿고 있었지만 어느 순간 건축이 주님의 뜻이라는 확신이 들게 되면 우리는 건축을 하고 싶지 않다는 우리의 뜻을 더 이상 주장할 마음이 없다. 그래서도 안 되고 그럴 이유도 없다. 내 생각을 빠르게 포기할수록 주님은 더 열심히 자신을 위하여 일하신다는 사실을 알기 때문이다. 그래야 동역하는 우리도 고생을 덜 한다. 이것은 다름 아닌 그저 오랜 시간 목회하며 순종 훈련을 통해 자연스럽게 깨닫게 된 영적 순리였다. 그래서 새해가 밝아 오는 그 무렵부터 남편과 나는 건축을 놓고 기도하기 시작했다. 하지만 그것은 새 성전을 건축하게 해 달라는 기도가 아니었다. 성도들의 개인적 바람을 담은 건축에 대한 선포로는 아직 주님의 뜻을 분별하지 못하겠으니 누구도 생각하지 못한 때에 누구도 생각하지 못한 방법으로 우리 하늘꿈 교회에 새 성전을 건축해야 하는 시즌이 도래했음을 누군가의 입술을 통해 직접 전해 듣게 해 달라는 기도였다. 그 기도는 순종은 하겠으나 주님의 확실한 사인이 아니면 섣불리 움직이지 않겠다는 우리 의지의 표명인 동시에 우리 부부에게 교회 건축에 대해 그만큼 확신이 없다는 반증이기도 했다.

22.
교회 건축이 선포되다

그러므로 우리가 진동치 못할 나라를 받았은즉 은혜를 받자 이로 말미암아 경건함과 두려움으로 하나님을 기쁘시게 섬길찌니 우리 하나님은 소멸하는 불이심이라

히브리서 12장 28~29절

매년 10월이 되면 하나님께서는 우리에게 다음 해에 교회에서 일 년 동안 사용할 표어를 주신다. 당시도 그랬다. '그리스도가 왕 되게 하라'라는 표어가 일찌감치 나왔다. 19년도 표어가 '그리스도의 마음으로, 그리스도의 성품으로'였기에 성도들의 마음과 성품을 훈련시키는 시간들이었는데 20년도 표어는 받자마자 기대되었다. 그리스도의 마음과 성품을 가진 성도들이 백성이 되고 그리스도가 왕이 되는 그런 나라가 우리 교회에서 완성되었으면 좋겠다는 생각이 들어 엄청나게 예언적인 표어라는 생각이 들었다. 20년에는 표어에 맞는 어떤 일들이 펼쳐질까, 설렘도 올라왔다. 성도들은 더더욱 건축을 사모하는 마음으로 표어를 받아들였고 교회 건축에 대한 열망이 날이 갈수록 뜨거워지는 성도들의 바람과 다르게 여느 해와 다를 바 없이 2020년

새해를 맞이하는 듯했다. 최소한 그때까지 아무런 일도 우리에겐 일어나지 않았으니까…….

2020년 1월 2일. 새해 벽두부터 교역자 회의가 있었다. 해가 바뀌고 처음 만나는 선후배 목사들 사이에서 남편은 악수를 나누며 자연스럽게 새해 덕담을 주고받았다. 서 있던 차례대로 인사를 이어 가다가 당시 지방의 어른이셨던 신광교회 김재명 목사님과 악수를 나누던 중 목사님은 이호석 목사를 향해 생각지도 못한 말을 쏟아 놓으셨다.

"어이, 이호석 목사님…. 올해 안에 교회 건축하시겠네요."

이 무슨 말인가? 우리 교회의 가장 핫이슈였던 교회 건축에 대해 외부에는 일언반구 발설을 한 적이 없었다. 그러니 당연히 우리 교회의 사정을 외부에서 알 리가 없지 않겠는가? 남편은 당황했다.

"예? 아… 예…. 목사님, 근데 무슨…?"

김재명 목사님 역시 당황스럽긴 매한가지셨다. 남편이 되물으니 오히려 더욱 어리둥절한 표정을 지으셨다.

"아… 이 목사님, 내 입술을 통해서 가끔 실없는 소리처럼 들리는 이야기를 하나님이 하실 때가 있어요. 방금 한 말 내가 했지만 내가 한 말이 아니에요. 나도 왜 이 목사님 보자마자 이런 이야기를 했는지 모르지만 이야기해 놓고 보니까 하나님께서 이 목사님네 교회 건축하게 하시려나 본데 그냥 흘려들을 일은 아닌 거 같으니 오늘 식사 후에 사모님과 함께 나를 꼭 보고 가세요. 우리 교회로 오세요."

그렇게 우리 부부는 교역자 회의를 마친 후 신광교회 목양실로 향했다. 지방의 한참 어른 목사님이셨기 때문에 평소 교역자 회의를 통해서만 얼굴을 종종 뵐 뿐 사적으로 만나 뵐 일은 없었다. 초대해 주셔서 찾아뵈었지만 모든 게 조심스러웠다. 꼭 당신을 보러 오라 신신당부하신 만큼 목양실에 도착해 보니 우리 부부를 기다리시며 보여 주실 파일 꾸러미들을 테이블 위에 잔뜩 쌓아 두고 계셨다.

"이 목사님, 사실은 아까 나도 목사님 보자마자 그런 이야기를 해서 깜짝 놀랐어요. 그런 말을 내가 할 줄 몰랐어요. 그런데 보니까 하나님이 우리는 모르는 어떤 일들을 확실히 진행하기 시작하신 것 같아요. 평소에 내가 하늘꿈 교회를 아주 주목하고 있었는데 지난 연합부흥성회 때 하늘꿈 교회 코어그룹의 진면목을 봤어요. 허리가 아주 튼튼한 교회더라고요. 요즘 젊은 목회자들이 하는 교회들 중에 그렇게 코어가 튼튼하게 부흥하는 교회가 많아져야 하는데 많이 없어서 선배로서 참 안타깝게 생각해요. 그런데 하늘꿈 교회는 코어그룹이 확실히 있더라고요. 그러면 뭘 해도 할 수 있어요. 여기 파일이 보이죠? 이곳으로 이사 와서 우리 신광 교회가 자리 잡기까지 건축의 과정을 1성전, 2성전, 3성전, 4성전 시대별로 스크랩해 놓은 파일첩이에요. 내가 아내한테도 말하지 못한 엄청난 고난들이 있었어요. 재정은 없는데 하나님이 건축하라 하시니 순종은 해야겠고 여기까지 왔는데 돌아보니 결국 다 하나님이 하셨더라고요…. 우리는 교회 건축을 위해 직접 돈을 벌었어요. 그리고 교회에서 이자를 감당하기 위해 목회자의 사례비를 반납했어요. 계산해 보니 우리 사례비만 반납해도 그 돈으로 이자는 낼 수 있겠더라고요. 성도들의 살림살이는 빤하기 때문에 건축 헌금을 작정시킨 적도 없어요. 다만 십일조만, 부디 십일조만은 해 달라고 부탁하고 건축에 들어갔어요."

목사님은 한 시간 조금 넘게 신광교회 건축의 역사를 엑기스로 들려주신 후 마지막 당부를 하셨다.
"힘들 거예요. 근데 하나님이 하실 거니까. 만약 건축을 시작하기로 마음먹는다면 그 이후로 일어나는 모든 일은 긍정성, 부정성을 따지지 말고 하나님의 역사라고 인정하세요. 성도들을 믿지 마세요. 사람을 의지해서는 절대로 하나님의 역사를 이룰 수 없어요. 하나님이 하시는 겁니다."
이런 마지막 당부를 듣고 공부방 출근 때문에 어쩔 수 없이 자리에서 일어나 나왔는데 둘 다 어안이 벙벙했다. 평소 누군가의 입술을 통해 직접 말씀해 달라고 기도했는데 그 말도 안 되는 일이 신광교회 담임 김재명 목사님을 통해 응답되고 보니 더 이상 주님의 뜻을 구할 필요도 없었다. 끝이다. 우리 부부는 바보가 아니다. 그렇다면 절대로 성전 건축을 하지 않겠다던 우리 부부의 의지 역시 아무 소용 없게 된 것이다. 주께서 하겠다 하면 하시는 거다. 우리는 바로 항복했다. 성도들의 입에서 선포 놀이 때나 회자되던 교회 건축이 실제가 되어 가고 있는 것이 신기하기만 했다. 계산상으로는 도저히 할 수 없는 일인데 어떻게 그 일들을 진행해 가실지 궁금하기도 설레기도 하면서 한편 두렵기도 했지만 하나님의 일은 이미 시작되었다는 생각에 1월 5일 첫 주일 신년 예배 때 성도들에게 2020년 교회 건축을 선포했다.

정신없이 살다 보면 그날이 그날인 듯 넘어가는 날도 많았지만 성전 건축을 선포하고 그 이슈에 함몰되어 있던 그 주일 저녁은 더 이상 예배 후 휴식을 마냥 만끽하던 여느 때의 주일 오후가 아니었다. 주님을 신뢰하기는 하지만 우리의 몫도 있다는 것을 너무나 잘 알기에 차원이 다른 새로운 고난의 시간이 도래할 것을 직감하면서 두렵기도 떨리기도 했다. 남편 이호석 목사를 너무나 잘 알기에 나는 더욱더 그러했다. 남편과 살면서 늘 느끼는 거지만 학연, 지연, 혈연으로 덕을 본 적이 없다. 늘 주님 이외에는 의지할 연줄이 1도 없었다. 그래서 우리는 항상 정공법을 썼다. 당해야 하는 일들은 모조리 당하고 살아야만 했다는 말이다. 그래서 경험이 풍부할 수밖에 없었다. 아부 떨 줄 모르고 남에게 아쉬운 소리 절대 못 하고 덕이 안 되는 행동은 절대 하려 하지 않는다. 모태 신앙으로 태어나 주님께 영광 돌리는 삶이 제1의 목표이다. 결혼하고 개척 초기까지 겁대가리를 상실하고 이런저런 힘든 일이 있을 때마다, 때론 불안할 때마다 하나님을 향해 폭주하는 나를 보며 중보자 되어 대신 회개하며 살아온 사람이었다. 하늘을 향해 "하나님 자꾸 이러실 거예요!" 불경스럽게 삿대질을 해 대며 소리라도 친 다음 날 아침이면 내 코에 손가락을 대고 이 사람이 밤새 안녕한가를 확인하는 사람이었다. 그 삿대질의 대상이 사실은 주님이 아닌 본인이었다는 생각은 왜 못 하는 것인지 모르겠으나 한마디로 남편은 주님을 전심으로 사랑하지만 부인은 생고생시키는, 이른바 K-목사의 전형적인 타입이었다. 아내를 아껴 주니 그나마 꽁

냥꽁냥 정 좋게 살았지 융통성 제로에 두루뭉술이 전혀 안 먹히는 남자다. 누구보다 이성적이어서 오직 믿음으로 헤쳐 나가야 할 이 상황이 얼마나 두려울지 가늠조차 할 수 없었다. 작은 돈이 아니다. 억대의 대출이 필요하다. 은행권에 연줄이 있을 리 만무하지 않은가? 과연 대출이 될지도 자신이 없었다. 실질적 고민이었다. 그렇게 무거운 공기가 우리 부부를 짓누르던 그날 밤, 남편이 항상 존경하고 따르던 친한 선배인 이상인 목사님(당진 선한목자교회)에게 오랜만에 전화가 왔다. 암 투병 중이셔서 여러모로 힘든 상황이셨는데 감사하게도 우리의 안부를 먼저 물어 오셨다. 주변머리가 없어 다른 사람 챙기는 데 인색한 우리 부부를 늘 먼저 챙겨 주시는, 우리 주변의 몇 안 되는 지인이기도 했다. 드린 것도 없는데 그렇게 사랑을 주시니 늘 감사한데 그날도 그런 차원에서 안부 전화를 준 것이었다. 남편은 자연스럽게 교회 건축에 관한 고민을 털어놓았다.

"이 목사… 건축하기로 한 거 정말 잘한 거야. 내가 교회를 몇 번 건축해 봤잖니… 이 목사가 생각하는 거만큼 돈 많이 안 들이고 교회 멋지게 지을 수 있어. 일단 내 고향 친구 중에 K은행 지점장이 있는데 그 친구 연결해 줄 테니까 한번 상담받아 봐. 교회 대출이라 하면 더욱 관심 갖고 도와줄 거야. 그리고 이 목사가 성전 건축을 하겠다고 하는데 만약 대출이 안 되면 나라도 받아서 도와줄게. 진행해 봐. 하나님이 이렇게까지 밀어붙이실 때는 다 계획이 있으실 거야. 걱정하지 마."

이건 또 무슨 경우란 말인가? 분명한 사실은 이상인 목사님이 최소한 사업을 겸해서 하고 있는 우리보다 재정적으로 더 어려운 상황이었다. 그런데 하늘로부터 내려온 천사의 음성이 그분에게서 들려왔다. 개인적으로 활용할 연줄이 이렇게 없기도 힘든데 참 대단하다고 남편을 놀리곤 했었다. 결정적인 순간에 남편의 학연 찬스인 듯했지만 아니다. 우리에게 위로와 용기가 필요한 딱 그 순간에 전화를 하도록, 그리고 그런 이야기를 하도록 감동 주신 분은 누가 뭐래도 역시 주님이셨다. 이상인 목사님의 전화는 주님의 찬스였다. 명령하셨고 그 일을 이루어 가기 위해 일하시는 하나님의 손이 그때부터 보이기 시작했다.

땅을 먼저 알아보기 시작했다. 적절한 땅이 눈에 띄지 않았다. 시내의 땅들은 좁고도 비쌌다. 아무리 하나님이 일하실 것을 믿는다 해도 인간을 통해 일하실 것임을 알기에 어느 정도는 감당 가능한 예산 안에 들어와야 하지 않겠는가. 이리저리 둘러봐도 건축 부지가 눈에 들어오지 않았는데 어느 날 풍세 사택 뒤편 공터 350평 땅이 생각났다. 천안시 동남구 풍세면 궁리1길 8-1. 동네 맨 가운데 노른자 땅이면서도 수십 년간 비어 있었다. 아주 오래전 그 동네의 진사 어르신 댁이었다고 한다. 지금은 서울 사람이 주인이지만 중간에 외지인이 그 땅을 사서 무언가를 해 보려고 시도할 때마다 번번이 주민 반대로 좌절되어 그냥 수십 년째 노는 땅이었다. 평소 우리 집 주방에서 설거지를 할 때 늘 보이던 그 넓은 땅에 교회가 들어오면 딱 좋겠다는 생각을 가끔 하곤 했었는데 그야말로 꿈같은 일이니 그렇게 꿈꾸다 말던 장소였다. 10년이면 강산도 변한다고 실제로 풍세 땅에는 10년 동안 엄청난 변화가 있었다. 풍세 산업단지가 조성되면서 조금씩 개발되기 시작하더니 동네엔 외지에서 이사 온 사람들이 하나둘 유입되기 시작했다. 토지 매매도 활성화돼서 동네에서 내놓는 족족 거래가 이루어지곤 했었는데 이사 온 지 10년이 넘도록 저렇게 넓고 좋은 땅이 동네 한복판에 공터로 남아 있다는 게 그저 늘 신기했다. 혹시나 하는 마음에 거래가 가능한 땅인지 알아보니 마침 주인이 매매를 위해 땅을 내놓은 지 한참 됐다는 답이 돌아왔다. 사택 바로 뒤의 땅이기 때문에 기존 사택과 함께 쓰면 확장해서 쓸 수 있는 평수가 500평이 넘었다. 무엇보다 가장 좋은 메리트는 주변이 개발돼서 땅값이 많이 올랐을 줄 알았는데 예상과 달리 우리가 10년 전에 동네에 들어올 때 주고 들어왔던 평당 80만 원에서 큰 변동 없이 부동산 시세가 유지되고 있었다. 동네 주민의 입장에서만 생각하면 10년 동안 땅값이 오르지 않았다는 사실이 썩 기분 좋은 일은 아니었지만 교회 입장에서 생각하면 이보다 더 좋을 수는 없는 일이었다. 347평에 2억 8,500만 원이 호가였다. 남편과 나는 이곳으로 마음을 굳혔다.

김재명 목사님의 입술에서 흘러나온 "이 목사님 올해 안에 성전 건축하시겠어요."라는 선포 이후 성도들의 헌금과 은행의 대출로 세금 포함 총 3억여 원의 돈이 한 달여 만에 기적적으로 마련되었고 드디어 우리는 천안시 동남구 풍세면 궁리1길, 347평의 대지에 대한 매매 계약을 2020년 2월 4일에 완료했다.

가지고 있던 모든 돈에 대출까지 받아 매매 계약을 완료하고 나니 성전 건축은 엄두가 나지 않았다. 이제 겨우 땅을 샀을 뿐이다. 그런데 심정적으로는 끌어다 쓸 수 있는 모든 돈을 다 털어 넣은 기분이었다. 이제 실제 건물을 올려야 하는데 아무리 생각해도 돈이 나올 구석이 없었다. 하지만 나는 급할 것이 없었다. 원래가 우리의 원함에 의해 시작된 건축이 아니지 않는가? 땅만 사 놓고 10년 째 건축을 못하고 있다는 대전의 어떤 교회 이야기를 이서영 집사로부터 들었는데 남의 일 같지가 않았다. 2월에 땅을 사 놓고 재정이 여의치 않아 진행률 제로 퍼센트의 상황이었다. 기약 없는 시간이 흐르기 시작하자 어차피 올해는 건축 부지를 구입한 것만으로도 할 수 있는 모든 일은 마쳤다는 생각이 들기 시작했다. 유럽의 교회들처럼 수십 년이 걸려 건축을 마치는 상상까지 하면서 교회 건축이 미뤄지는 것을 합리화하기 시작했다. 언제든 재정만 마련이 되면 건축을 시작할 수 있는 땅을 마련했지 않은가? 당장 3월부터 매달 부지 구입 원금과 대출을 매달 300만 원씩 상환해야 한다. 기존의 교회와 교육관 임대료도 매달 120만 원씩 지출해야 한다. 매달 교회 경상비를 제외하고 말이다. 건축을 결정한 이후로 사례비는 포기했기 때문에 대출 상환은 사례비로 충당 가능했다. 하지만 건축비는 대출을 받을 수가 없었다. 오직 현금으로 실지급해야만 진행이 될 수 있는 일이었다. 건축이 한두 푼으로 될 일이 아니라는 것을 너무도 잘 알기에 미룰 수 있는 최대한으로 미뤄 볼 작정이었다. 우리 부부가 사업을 하고 있었기 때문에 건축 비용을 마련하기까지 시간은 조금 필요하겠지만 벌어서 그 비용을 마련하는 방법이 가장 현실적이었다. 지금 당장 예배드릴 공간이 없는 것도 아니고 수년 동안 아무런 불편 없이 사용했던 120평의 본당과 교육관 식당 공간이 버젓이 남아 있지 않은가. 그곳에서 이제껏 그래 왔듯 조금만 더 지체하면 그만이었다.

주님은 나보다 이 상황을 잘 아실 것이다. 돈이 없으니 도대체 어디서부터 어떻게 시작해야 할지 감을 못 잡고 있던 어느 날 당시 지방감리사 고병호, 오동순 목사님 부부와 식사 자리를 함께했다. 오동순 목사님은 우리 부부를 만날 때마다 교회 건축은 언제 할 거냐며 예전부터 계획에도 없는 우리 교회의 건축 진행 상황을 물어 오곤 하셨다. 그것도 매우 진지하게. 평소 우리 부부와 하늘꿈 교회를 항상 사랑으로 대해 주신 분들이기에 교회가 건축을 위해 땅을 샀다는 소식을 직접 뵙고 전해 드리는 것이 도리라고 생각했다. 아니나 다를까 그날 역시 자리에 앉자마자 서로의 안부를 묻기도 전에 오동순 사모님이 우리를 보며 건넨 첫 인사는 건축 이야기였다.

"아니 근디, 하늘꿈 교회는 도대체 건축을 왜 안 하는 것이여? 자, 두 사람 잘 봐 봐."

그러더니 목사님 앞에 놓인 젓가락으로 간장 종지를 툭툭 치시며 이야기를 던지셨다.

"여기 이 간장 종지 보이지? 이거… 이번에 순종 안 하면 이것처럼 될 거야…. 교회가 이 간장 종지처럼 쪼그라들 거야…. 땅 사서 빨리 건축해!"

평소 너무나 존경하고 사랑하는 부부 목사님이셨는데 서슬 퍼런 눈빛으로 교회가 간장 종지가 될 거라고 경고하셨다. 우리 교회에서 어떤 일이 일어나고 있었는지 아실 리 만무했다. 그냥 주님이 주시는 감동대로 쏟아 놓으셨던 거다. 그리고 고병호 목사님은 그 이야기를 받아서 추수하는 교회 건축 준비 과정에서 얼마나 기적적인 일들이 있었는지 간증을 풀어놓으셨고 지금 하고 있는 3,000일 기도회 진행 상황을 설명해 주셨다. 이분들, '찐'이다. 순종해야 한다. 뒷일은 주님이 처리하실 것이다.

사실 그때까지만 해도 올해 안에 성전 건축은 재정 여건상 힘들 것 같아서 어떻게든 기존의 건물에서 최대한 비벼 보려고 은근히 마음을 먹고 있던 상태였다. 땅을 산 것만으로도 이미 건축의 반은 시작된 거라 스스로 위로하면서…. 하지만 늘 그렇듯 이번 역시 우리의 뜻대로 되지 않았다. 늘 감사하게 잘 지내기만 했던 지하 본당과 2층, 3층 식당 및 교육관에 여름 즈음부터 예상치 못한 문제가 생기기 시작한 것이다.

23.
교회 건축이 실제가 되다

만군의 여호와께서 맹세하여 가라사대 나의 생각한 것이 반드시 되며 나의 경영한 것이 반드시 이루리라

이사야 14장 24절

차정민 집사는 현주가 떠나고 일에만 매진했다. 우리 부부가 돕긴 했지만 하루아침에 아직은 엄마 손이 많이 필요한 두 딸을 홀로 돌봐야 하는 극한의 상황 가운데서도 당황하지 않고 지혜롭게 행동했다. 사업은 날로 번창해서 어느새 자동차 정비공장 대표가 되어 있었고, 가족들이 행복하게 살아갈 미래를 차곡차곡 준비해 나가고 있었다. 교회에서는 교회가 재정적으로 어려울 때마다 물심양면 주님께 아낌없이 내어놓는 큰 일꾼으로 자리매김하고 있었다. 아이들의 엄마와 그런 아픔을 겪고 헤어졌음에도 위기의 순간 주님께로 엎어진 정민 집사를 응원하지 않을 수 없었다. 그러면서도 아직 젊은 나이에 혼자 지내며 견딜 외로움을 가늠할 수 없어, 항상 마음 한편이 무겁기만 했다. 그러던 어느 날 정민 집사가 새로운 사랑을 시작했다는 소식을 전해 왔다.

4세 아들 도윤이를 홀로 키우며 학습지 교사를 하고 있던 주은경 집사였다. 주님을 향한 열정이 누구보다 뜨거웠다. 차정민 집사는 다른 어느 것보다 주은경 집사의 그런 부분을 높이 평가했다. 아내의 배신이라는 큰 아픔을 겪으면서 그야말로 넋이 나갔다 들어온 느낌이었다. 한마디로 탈탈 털린 와중에 다행스럽게도 주님을 향한 뜨거운 사랑이 그 심령 가운데 남았다. 앞으로 살아가면서 겪게 될 여러 가지 어려움과 위기의 순간에도, 이 정도 신앙의 배우자가 곁에 있으면 본인이 흔들리지 않도록 붙잡아 줄 수 있을 것이라고 확신했다. 몇 개월간의 만남 후 마음의 결론을 내린 두 사람은 남은 생을 함께하기로 결심했다. 둘 다 재혼이니 조심스럽게 진행해야 한다고 판단하여 혼인 신고만 하고 새 가정을 꾸리겠다는 의견을 조심스럽게 피력해 왔다. 하지만 우리는 재혼이라는 이유만으로 두 사람이 그렇게 숨어서 새로운 시작을 알리는 것을 반대했다. 주일 대예배를 결혼 예배로 드리기로 기획하고 모든 성도들이 축하의 마음을 담아 혼인 예식을 준비했다. 지하 본당을 꽃으로 예쁘게 장식하고 주례를 정식 예배 말씀으로 대신했다. 몇 년 전 현주가 떠나고 예배당에 홀로 앉아 소리 내어 울고 있던 정민 집사의 아픔을 모두 어루만져 주는 심정으로 전 성도가 축가를 불러 주었다. 그렇게 모든 성도들은 두 사람의 새로운 출발을 한마음으로 축하해 주며 다시 눈시울을 붉혔다.

공부방 사업은 순항하고 있었다. 사업이 지속적으로 우상향하게 되면서 늘어나는 아이들을 어떻게 감당할 것인지 고민도 따라왔다. 그러던 중 아주 좋은 조건으로 공부방에서 차로 약 1분 거리, 자전거로 약 5분 거리에 학원이 매물로 나왔다는 소식을 지사장으로부터 전해 듣고 '우리 것이다' 하는 생각이 들어 매매 계약을 진행했다. 학원에는 주은경 집사와 박다솜 집사가 각각 수학과 영어 교사로 합류했다. 나의 부족함을 메워 줄 적임자들이었다. 이미 승승장구하던 공부방에 학원까지 주시는 걸 보니 어쩌면 올해 안에 성전 건축을 할 수도 있으려나 하는 기대감에 사로잡혔다. 사람의 일은 원래 모르는 것이니까…. 그렇게 부푼 꿈을 꾸며 학원 매매 계약서에 사인을 한 바로 다음 날 아침, 이후 3년 6개월 동안 전 세계를 팬데믹 공포에 빠뜨린 코로나 집단 감염이 천안에서 시작되었고 학원은 개점휴업 상태가 되었다.

개원 이후 한 번도 하향 곡선을 그려 본 적 없는 공부방 사업에 빨간불이 들어오기 시작했다. 코로나로 등교도 하지 않는 상황에서 아이들을 학원에 보낼 리 만무했다. 원생이 지속적으로 줄어들더니 교회 아이들만 남는 상황이 발생했다. 빠른 판단력이 필요했다. 학원은 개점휴업 상태에서 인건비와 임대료를 정상적으로 지급해야 하는 상황이었다. 2주 동안 휴원 후 언제까지 이러고 있을 수만은 없다는 결론에 이르렀다. 공부방에 남아 있는 교회 아이들을 학원으로 보내 수업을 이어 가기로 했다. 마음이 여러모로 심란했다. 생각지도 못했던 학원을 인수하게 하신 것이 교회 건축비를 겨냥한 신의 한 수인 줄 알았더니 코로나가 동시에 터지자 일순간에 나의 패착으로 느껴지기 시작했다. 남편은 날마다 불안에 시달리는 나를 위로하느라 바빴고 돈을 남기는 것은 언감생심 꿈도 꿀 수 없었다. 그저 매달 두 곳의 사업장에 대한 임대료와 인건비 등을 무사히 결제하는 것에 안도감을 느끼는 것으로 만족해야만 했다. 그냥 유지라도 할 수 있는 것에 감사할 뿐이었다. 학원도, 공부방도 푯대를 잃어버린 것 같은 날들이 지속되었고 어디로 가야 할지, 갈 바를 알지 못했다. 거기에 일찌감치 사 놓은 교회 건축 부지 역시 언제 건축을 할 수 있을는지 아무런 기약이 없는 상황이 지속되었다. 그러한 과정에서 목적은 상실한 채 매달 300여 만 원에 이르는 원금과 이자는 은행에 꼬박꼬박 상환해야 하는 암울한 시간이 흘렀다. 건축은 꿈도 못 꾸는 상황이 지속되면서 이웃들이 공짜 농사를 짓는 농토로 건축 예정 부지를 사용하게 내버려 둠으로써 남 좋은 일들만 시키고 있었다. 시간이 흐를수록 지금 제대로 가고 있는 것인지 회의가 들기 시작했다. 거기다 공부방 하나만 유지하기도 힘들었을 팬데믹 시즌에 선물인지 저주인지 모를 학원까지 맡게 하셔서 왜 이런 마음고생을 시키시는지 도무지 우리 주님의 의중을 헤아릴 수가 없었다. 건축을 시작하면서 공부방이나 학원이 큰 역할을 해 주었으면 하는 기대감 같은 것이 있었다. 적게도 아니고 꽤나 많이 있었다. 그런데 나의 그러한 기대는 완벽하게 무너져 버렸다. 우리의 어떠함에 전혀 개의치 않으시고 오직 주님의 방법으로, 주님이 직접 당신의 일을 이루실 것이라는 사실을 깨닫게 되면서 우리의 믿음은 새로워지고 있었다.

코로나 팬데믹 상황에서 돌아가는 모양새를 보아하니 올해 안에 건축은 절대 불가능하다고, 마음에 결론을 내려 버리고 그동안 건축 예정을 핑계로 차일피일 미뤄 두었던 모든 사역에 박차를 가했다. 결론을 시원하게 내려 버리니 오히려 순조로웠다. 이전에는 건축에 대한 부담감을 완벽히 벗어던지지 못해 삼각형 바퀴로 된 수레를 끄는 기분이었다면 다시 이전의 동그라미 바퀴로 돌아간 기분이었다. 건축에 대해 올라오는 모든 생각은 잘라 버리기로 했다. 생각이 복잡할수록 상식대로 결정하고 행동하면 된다. 그렇게 며칠은 행복할 수 있었다. 성도들이 생각해도 돈을 동원할 루트가 마땅치 않으니 쉽사리 건축에 대한 이야기를 꺼낼 수 없었다. 우리 수준에서 부지를 준비한 것만으로도 충분히 기적이라는 것을 이미 알고 있었기 때문이었다. 그런 와중에 레보나 자매가 지나가듯 던진 한마디가 나의 마음을 흔들었다.

"사모님, 올해 우리에게 건축을 허락하신 하나님의 뜻이 참 신묘막측한 거 같아요. 표어를 볼수록 더욱 그래요. 올해 우리 교회 표어가 바로 '그리스도가 왕 되게 하라'잖아요. 물론 팬데믹 상황에서 코로나바이러스에게 왕의 자리를 내어주지 말라는 예언적 선포인 줄로만 알았는데 생각해 보니 오직 그리스도가 우리 삶에 왕이 되길 바라는 백성들이 우리 하늘꿈 교회에 있는 거잖아요. 원래 국가의 3요소가 국민, 영토, 주권인데 그리스도를 왕으로 여기며 모든 주권이 주님께 있음을 인정하는 하나님 나라의 백성이 여기 있고, 왕도 있죠. 그런데 영토만 없었어요. 영토까지 있어야 나라가 완성되는데 말이죠. 주권과 백성은 준비되었으니 영토를 허락하심으로 하나님 나라를 완성하시려나 봐요. 건축이 이렇게 진행될 줄 꿈에도 생각 못 했는데 말이죠."

표어에 대한 레보나 자매의 해석도 기가 막히게 들어맞았지만 이야기를 곱씹을수록 하나님 나라가 완성되는 데 땅만 있다고 되는 것이 아니지 않겠는가? 건물이 있어야 완성이다, 레보나의 지나가는 한마디. 그뿐만이 아니었다. 여기에 덧붙여 맥추감사주일을 앞두고 자꾸 생각나는 한마디가 있었으니 그것은 바로 "이 목사님 올해 안에 교회 건축하시겠어요."라는 김재명 목사님의 말씀이었다. 아니 분명 주님의 말씀이며 기도 응답이라고 생각했는데 '이 목사님 올해 안에 교회 건축 부지 매입하시겠어요'가 아닌 '교회 건축하시겠어요'라고 하신 것이 마음에 걸리기 시작했다. 우리가 지금껏 한 일은 교회 건축 부지 매입. 교회 건축과 엄연히 다른 이야기이다. 그런데 왜 콕 집어 '건축하시겠어요.'였을까 말이다. 하나님의 말씀이 왜 하나님의 말씀인가? 모두 이루어지기 때문에 하나님의 말씀인 것이다. 그렇다면 우리 교회도 올해 안에 부지 매입이 완성이 아니라 건축을 최소한 시작이라도 해야 김재명 목사님의 입술을 통한 하나님의 말씀이 이루어지는 것이다. 재정적 상황은 하나도 달라진 게 없지만 주님의 말씀은 이루어져야만 하기 때문에 다시 순종하기로 결심했다. 때는 맥추감사주일이었다.

여름과 겨울, 2, 3층 식당 및 교육관은 조립식 건물로 냉난방이 제대로 되지 않으면 지내기 어려운 장소였는데 외부 에어컨 실외기 바로 옆으로 30센티미터도 되지 않는 공간을 남기고 옆에 새로운 건물이 들어서면서 냉방에 큰 문제가 생겼다. 한여름 냉방을 하기 전 건물 온도는 32~33도를 육박했고 이전까지만 해도 냉방을 하면 바로 온도가 잡혀 쾌적하게 지낼 수 있었던 공간이었는데 이제는 아무리 에어컨을 돌려도 24~25도에서 온도가 내려가질 않았다. 50여 명의 성도들이 모두 모여 식사를 하다 보면 도로 28도에서 30도까지 올라갔다. 수리 기사를 불러 봐도 실외기 바로 옆으로 건물이 들어선 이상 공기 순환이 안 돼 뾰족한 수가 없다는 이야기만 되풀이했다. 이뿐만이 아니었다. 난데없이 1층 복도 밑으로 지나가던 하수관에 문제가 생기더니 바닥 타일이 들리면서 화장실의 오폐수들이 복도로 스며들어 오기 시작했다. 손 끼임 방지 스펀지를 붙였음에도 아이들이 늘어나다 보니 이래저래 문과 관련된 사고 역시 끊이지 않고 발생하고 있었다. 김지영 집사가 당장 건축을 진행할 것 같지는 않으니 얼마를 더 있든 교회 문에 안전장치를 달겠다고 업체를 알아보고 공사 약속까지 마쳤는데 업체가 갑자기 사라져 버리는 말도 안 되는 일이 발생하기도 하였다. 건물 외부를 둘러 조적한 벽돌이 3층 높이에서 땅으로 떨어지는 일들도 발생했다. 수년 만에 처음 겪는 일들이었다. 우리는 건물을 통해 하나님께서 우리에게 이제 움직이라는 사인을 주고 있음을 눈치채고 있었다.

교회 건축을 위한 마중물을 준비해야 하는데 한두 푼으로 되는 일이 아니다 보니 마음의 결단이 필요했다. 남편은 며칠을 고민하더니

2, 3층 교육관 건물을 빼기로 결심하고 건물주에게 연락했다. 단 한 번도 월세를 밀리거나 건물에 이상이 있다며 보상이나 처리를 요구한 적이 없었다. 내 건물처럼 가꾸며 사용했기 때문에 건물주와 우리는 서로를 선대했다. 건물을 빼겠다고 조심스럽게 말씀드리고 전화를 끊었는데 다음 날 건물주로부터 하루 만에 건물을 아예 팔아 버렸다는 연락이 왔다. 무슨 이런 경우가 다 있나 싶게 번갯불에 콩 구워 먹듯이 순식간에 벌어진 일이었다. 이제는 진짜 후퇴는 없다. 건물주가 바뀌었기 때문에 무조건 나가야 한다.

맥추감사주일을 지낸 후 올해 안에 교회 건축이 시작될 것임을 성도들에게 다시 선포했다. 그리고 함께 마음을 모아 주길 부탁했다. 코로나에 적응하기 시작하면서 공부방과 학원의 휴원 상태였던 아이들이 하나둘 복귀하기 시작했다. 재정은 조금씩 회복되어 갔다. 건축의 첫 삽을 뜨기까지 건축비로 들어오는 모든 돈을 마중물로 삼아 모으기로 했고 중간에 필요한 돈은 학원과 공부방의 수익으로 충당하기로 했다. 돈이 있을 때만 공사를 진행하기로 마음먹었다. 그렇다면 우리의 이 모든 상황을 편하게 말할 수 있고 이해해 줄 수 있는 업체가 필요했다. 그런 점에서 남편은 오랜 친구였던 최현규 소장님과 건축을 진행하기로 결정했다. 최 소장님이 연결해 준 김광수 사장님은 우리의 재정 상황에 따라 그에 맞춰 일해 줄 수 있는 유일한 건축 업자였다. 지내 놓고 보니 그는 말도 안 되는 우리 교회의 공사를 군말 없이 진행해 줄 유일한 업자이기도 했다. 재정이 마련되는 대로 그때그때 추가 공사를 진행하는 조건으로 내부 인테리어를 빼고 총 건축비

9,000만 원짜리 공사를 계약했다. 하지만 공사와 관련된 어느 누구도 의도하지 않았고 이해할 수 없었던 이유로 차일피일 미뤄지던 교회 건축은 맥추절에 재선포하고 업체에 정식으로 공사를 의뢰한 지약 3개월 만인 11월 셋째 주 추수감사주일이 끝나자마자 시작되었다. 마치 추수감사주일을 지내고 건축을 시작해야만 하는 어떤 이유가 있었다는 듯이 말이다. 차일피일 공사 시작일이 3개월씩이나 미뤄지긴 했지만 최소장님에 대한 신뢰가 기본적으로 있었고 건축을 하겠다고 결정한 후 일어나는 모든 일을 하나님의 뜻으로 받아들이라는 김재명 목사님의 조언을 가슴에 새기고 있던 터라 모든 것이 완벽한 타이밍에 진행되도록 하나님께서 직접 조율하시는 것이라 생각하기로 했다. 박다솜 집사는 훗날 결혼 후 드릴 가정의 첫 열매로 미리 모아 두었던 돈을 헌금했고, 연로하셔서 몸이 불편하신 이기임, 지성숙 권사님은 준비해 두신 노후 자금의 일부를 떼어 건축비로 보태셨다. 과부의 두 렙돈 같은 눈물의 귀한 헌금들이 그렇게 한 푼, 두 푼 건축비로 쌓여 가고 있었다. 사업을 하던 차정민 집사는 십의 이조를 작정해서 건축 헌금으로 드리기 시작했고 우리 가정은 건축 기간 동안 사례비를 포기했으며 최저 생활비를 제외하고 공부방과 학원에서 벌어들이는 모든 수익을 건축 헌금으로 드리기로 작정했다. 떨어져 있지만 마음만은 하늘꿈 교회와 함께라고 늘 고백하는 나의 단대 중문과 동기이자 남편의 모(母)교회 후배인 성수, 설희 부부, 그의 아버지 김종천 장로님, 하늘 애육원 인연 선생님 부부에 외국에 선교사로 파송되어 나가 있던 박연진 목사님까지…. 각자의 상황 안에서 교회 안팎

의 하나님의 성도들이 힘에 지나도록 드린 헌금과 교육관 보증금으로 공사는 시작되었다. 하지만 초기 공사비 9,000만 원에도 턱없이 모자라게 준비된 마중물로 외부공사 마감까지는 할 수가 없었다. 막상 공사가 시작되자 우리가 건축비를 모으는 속도가 따라가지 못할 정도로 빠르게 진행되어 갔다. 결국 공사가 시작된 지 한 달 만에 우리는 풍세 사택을 담보로 7,000만 원을 대출받아 공사를 이어 가기로 결단했다. 공사비로 쓰기에 여전히 턱없이 부족했지만 우리 교회의 사정을 헤아려 주신 신협 측의 배려로 일반 시골 주택에서 받을 수 있는 최대 금액을 대출받은 상황이었다. 최 소장님은 우리의 건축비를 아껴 주기 위해 당연히 가져가야 하는 본인의 마진을 오래전에 포기했다. 혹자들은 돈이 남지 않은 현장은 없다고 말하지만 단연코 우리 교회의 현장은 그러했다. 남길 것이 눈을 씻고 보아도 없었다. 그런 곳에서 1년이 넘도록 섬겨 주셨다. 그런 면에서 최 소장님과 김 사장님은 우리 교회에게 은인이었다. 주님은 그렇게 부족한 우리 모두를 동역자로 삼으셨고 그렇게 작은 자 한 사람 한 사람을 통해 일하기 시작하셨다. 우리는 그저 사용될 뿐이었다.

세상에는 부자 성도, 부자 목사보다 가난한 성도, 가난한 목사가 훨씬 많다. 그 이유는 두 가지다. 하나는 그 교회에 재정의 통로로 사용되어야 할 하나님의 사람들이 자신이 그 통로인 줄 몰라서이다. 그래서 하나님의 재정을 유통할 만한 규모의 일을 하지 않는다. 자신에게 맡겨진 직임을 모르다 보니 하나님의 재정 유통 사업에 참여하지 않고 있거나 그럴 생각조차 없기 때문이다. 자신에게 하나님의 재정 유통사업을 하는 청지기의 부르심이 있다는 가능성을 단 1%도 염두에 두지 않는다. 이런 자들은 부자로 살아가야 하는 부르심이 있음에도 여전히 가난하게 살고 있다. 부자가 천국에 들어가기가 낙타가 바늘귀로 들어가는 것보다 더 어렵다는 말씀으로 자신의 가난한 삶을 합리화하면서 말이다. 사단은 그 부르심에 반응하지 않게 하기 위해, 그리고 수많은 그리스도인들이 부자로 부르심을 받은 삶을 눈치채지 못하도록 가난한 삶에 익숙하게 한다. 그래서 부자가 된다는 꿈조차 꾸지 못하게 한다. 안타깝게도 대다수의 기독교인들이 이렇게 살고 있다. 물신주의와 건전한 기독교의 자본주의 개념을 구분하지 못한 채 말이다.

또 다른 하나는 자신에게 맡겨진 돈을 자기의 욕심에 따라 사용할 뿐 하나님의 뜻대로 유통하지 않고 있거나 그럴 생각이 없기 때문이다. 바보들이다. 이런 자들의 재정의 통로는 곧 메마르게 된다. 우리 주님이 얼마나 계산적인 분이신지 아직도 모르겠는가? 포도원 주인은 한 달란트 받은 종이 그것을 더 많이 남기지 않았음에 대하여 계수하시고 그 돈을 도로 빼앗고 내쫓으셨다. 통로로 사용된 사람들은 반드시 남겨야 한다. 그런데 주님의 뜻대로 그것을 내어놓지 않으면 남길 수 없다. 하나님의 재정은 유통해야 결실한다. 버려야 배가 된다.

너는 네 식물을 물 위에 던지라 여러 날 후에 도로 찾으리라

전도서 11장 1절

전도서의 말씀을 반드시 기억하라. 하나님의 재정을 맡은 자들이여, 그대로 묻어 두면 독이 된다. 그리고 빼앗긴다.

최현규 소장님의 배려로 공사 속도를 우리의 재정 컨디션에 맞추어 최대한 조절했다. 대출금은 오직 공사비로만 사용되었음에도 불구하고 두 달이 채 되지 않아 모두 소진되었다. 이제부터는 진짜 오직 성도들의 십일조와 공부방과 학원을 통해 나오는 재정만으로 추가되는 비용을 모두 부담해야만 한다. 그런데 갑작스럽게 학원과 공부방에 큰 문제 없이 다니던 아이들이 말도 안 되는 이유로 한꺼번에 빠져나가기 시작하더니 심지어 교회 아이들까지 요동치기 시작했다. 그만두는 이유를 들어 보니 기도가 필요한 시점이라는 생각이 들었다.

"아빠가 그냥 이 학원에 돈을 내는 게 싫대요."

24.
전 성도의 눈물 두 방울…
마지막 건축비를 마련하다

너희는 산에 올라가서 나무를 가져다가 전을 건축하라 그리하면 내가 그로 인하여 기뻐하고 또 영광을 얻으리라 나 여호와가 말하였느니라

학개 1장 8절

'아빠가 그냥 이 학원에 돈을 내는 게 싫다고?!'

이사 또는 이민을 가서 혹은 스케줄이 도저히 안 나와서 학원을 그만두겠다는 아이들은 봤어도 그냥 이 학원에 돈을 내는 게 싫다는 핑계는 듣던 중 처음이었다. 어느 한 아이가 지나가는 소리로 했다 해도 이게 무슨 조화인가 했을 말도 안 되는 이야기라 생각했겠지만 3명의 아이들이 학원을 그만두며 동일하게 이야기했다. 코로나로 1년 가까이 얼어붙었던 학원 시장도 한 학기가 지나면서 조금씩 회복되어 가고 있었다. 예년에 비하면 아무것도 아니지만 한두 명씩 문의가 오고 등록을 하는 것만으로도 감사했다. 그냥 이 정도 속도로만 회복이 되어도 학원과 공부방 수입으로 생각보다 많은 일들을 할 수 있을 것

같다고 생각하기 시작하던 참이었다. 무엇보다 공부방과 학원의 모든 수입을 건축 헌금으로 드리려고 이미 마음먹은 시점에서 그런 소리를 들은 것이다. 아이들에게 물어보니 아빠가 갑작스럽게 그런 이야기를 한 데에는 특별한 이유도 없었다. 아이들이 학원에 대해 부정적인 말을 전달한 것도 아니었다. 그야말로 아무 이유가 없었다. 그러나 그 이야기의 영향력은 결코 선하지 않았다. 동일한 시기에 십의 이조를 결단하며 교회 건축에 열과 성을 다하던 정민 집사의 사업장에도 빨간불이 켜졌다. 동업하는 사장님의 횡포로 일한 것보다 적은 돈을 가지고 오게 되는 일들이 잦아지기 시작하더니 이제는 대놓고 정민 집사의 돈을 뜯어 가고 있었다. 분노를 감당할 수가 없다며 연락을 해 왔다. 학원의 문제도 문제였지만 정민 집사의 사업장도 큰 문제였다. 교회 재정의 큰 기둥이었던 두 사업장에 동시에 재정의 어려움이 시작되었다. 정민 집사가 자동차 수리를 하는 것이 얼마나 힘든 일인지 알기 때문에 나 역시 피가 거꾸로 솟는 듯했다. 전화를 받은 그날 도저히 잠을 이룰 수가 없었다. 새벽녘까지 뒤척이던 나는 갑자기 일어나 곤히 자고 있던 남편을 깨웠다.

"여보, 지금 잠을 잘 때가 아니에요. 학원도 그렇고 정민 집사님 공장도 그렇고 이거는 잘못되어도 뭐가 단단히 잘못된 거 같아요. 우리가 십일조나 각종 헌금을 안 해서 돈이 새어 나가는 거라면 우리를 돌아보겠지만 사실상 건축에 있어 큰 기둥 역할을 감당해야 하는 사람들의 사업이 이게 무슨 꼴이에요. 이건 사단의 역사가 틀림없다고요. 사단이 교회 건축의 가장 큰 재정의 창구인 두 사업장을 흔들고 있다고요. 기도밖에 없어요. 우리 기도회 합시다. 빼앗긴 돈을 찾아와야겠어요."

그렇게 갑작스럽게 계획된 기도회는 주일에 광고조차 하지 않았다. 얼마 안 되는 성도들에게 광고를 해 봐야 참석하는 이와 그렇지 못한 이들이 극명히 나뉘게 되고 참석하지 않는 이에게 포커스가 맞춰져 그들을 바라보는 사역자의 마음은 편치 않다. 왜 저들은 광고를 들었음에도 기도회에 참석하지 않을까? 질문하며 그들의 마음을 살펴야 한다. 통상적으로 성도들을 동원해야 하는 모든 행사를 앞두고 목회자들은 이런 고민에 빠지곤 한다. 그러나 이번 기도회는 빼앗긴 재정을 찾아오기 위한 확실한 목적이 있었다. 그러므로 참석하지 않는 성도들에 대해 신경을 쓸 여력이 없었다. 건축은 진행되고 있었고 우리의 마음은 심히 급했다. 그래서 가장 간절할 수밖에 없는 목회자 부부 둘이서만 매일 밤 10시에 교회에서 기도회를 진행하기로 결정하고 기도회 시작 당일이었던 수요 예배 시간이 돼서야 성도들에게 알렸다. 예상과 달리 광고를 들은 모든 성도가 기도회에 동참하겠다는 뜻을 전했고 그렇게 비공식적으로 기도회가 시작되었다. 여전히 기도회는 비공식으로 진행되었고 수요 예배에 나오지 않은 성도들은 끝날 때까지 기도회가 진행되었다는 사실조차 알지 못했다.

기도가 무르익을수록 성도들은 저마다 기도 제목들을 쏟아 내었고 내용을 간추려서 타임 테이블을 만들어 시간대별로 함께 기도했는데 참석한 가정마다 응답이 기적처럼 쏟아졌다. 무엇보다 공부방과 학원에 빼앗긴 재정을 찾아오겠다며 교회로 들어올 재정을 막고 있는 악한 영들을 파하며 물권을 회복시켜 달라 기도했는데 기도회 시작부터 공부방과 학원에 하나둘씩 원생 문의가 오기 시작하더니 상담 스케줄이 끊이지 않게 이어졌다. 그냥 이 학원에 돈을 내기 싫다던 아빠의 자녀들도 언제 그런 일이 있었냐는 듯이 도로 복귀를 알렸다. 무슨 이런 일이 있나 싶게 문의와 등록이 이어지더니 최종적으로 기도회가 끝나고 공부방과 학원에 새로이 등록한 인원만 50명이 넘었다. 정민 집사네 사업장은 구조적으로 동업자의 횡포를 차단할 수 없다는 판단 하에 그 모든 횡포를 당하고도 신경이 쓰이지 않을 만큼 압도적으로 많은 돈을 벌 수 있게 해 달라고 기도했는데 매달 사업장의 매출이 역대급으로 갱신되고 있었다. 건축비 마련에 대한 마음의 부담감은 여전했지만 기도회를 통해 경험한 하나님의 손길이 너무도 강력해서 다시금 나의 작음을 인정하는 기간으로 여겨졌다. 2월부터는 매달 최소 1,500~2,000만 원이 드는 건축비를 오직 현금으로 감당해 내야 했다. 그 와중에 1월 말부터 사용승인 심사를 받기 위해 시청에 제출한 서류에 지속적인 문제가 발생했다. 어느 날에는 제출한 서류가 미비하다는 연락이, 어느 날에는 제출한 서류에 오류가 있다는 연락이, 또 어느 날에는 담당자가 바뀌었다는 연락이, 어느 날에는 잘못 제출된 서류가 있다는 연락이, 또 어느 날에는 건축사와 연락이 안 된다는 연락이…. 그야말로 말이 안 되는 이런저런 연락이 3개월 동안 이어지며 건물에 대한 사용승인이 떨어지질 않았다. 마음 졸이기만 몇 달이던가? 그쯤 되니 사용승인이 나기를 기대하는 차원을 넘어서서 반

포기 상태가 되어 버렸다.

그러던 어느 날 밤, 시청 공무원으로부터 전화 한 통이 왔다.

"여보세요. 이호석 님 되시죠? 신청하신 건물에 대한 사용승인 처리가 방금 났어요. 제가 더 이상은 지체하면 안 될 것 같아서 오늘 야근하면서까지 일처리를 급하게 마쳤습니다. 그랬더니 지금 이 시간이 되었네요. 고생하셨습니다. 이제 처리되었으니 다음 일들 마음 놓고 진행하세요."

요새는 사용승인 심사가 났다고 공무원이 직접 전화까지 해 주냐며 희한하다 생각했던 그때는 바로 2021년 4월 2일. 부활 주일을 2일 앞둔 금요일 밤 7시였다.

공사 시작 때도 그러더니 사용승인 심사가 난 시간은 더욱 어처구니가 없었다. 정확하게 추수감사주일에 시작된 공사는 해를 넘겨 부활주일 시즌이 시작되는 성금요일 해가 진 후 저녁 7시에 완공되었다. 사용승인이 떨어졌다는 연락을 받고 나니 절기를 따라 교회 건축을 진행시키신 하나님의 타임 테이블이 읽혔다. 건축이며 사용승인이며 도무지 미뤄지는 이유를 알 수 없어서 초조하고 답답해했지만 하나님의 정해진 시간에 맞춰 모든 일은 순리대로 착착 진행되어 가고 있는 것이었다.

사용승인 심사 때문에 미뤄 둔 이후의 공사 양이 엄청났다. 그것은 다음 공사비로 준비해야 할 돈도 그만큼 많다는 것을 의미했다. 교회에서 모이는 성도들의 헌금은 물론이고 공부방과 학원을 통해 들어오는 모든 수익금 중 운영에 필요한 최소 경상비를 제외하고는 전액을 건축 헌금으로 드렸다. 가난에 익숙했던 삶이 빛을 발하는 순간이었다. 허리띠를 최대한 졸라맸다. 돈을 모으는 데 지름길은 없다. 그냥 쓰지 않는 것이다. 그렇게 안 써서 반년이 넘게 학원과 공부방으로 들어오는 모든 수익을 주님께 드렸는데 그해 7월이 되자, 이제까지 고생은 고생도 아니었다. 건축주인 우리가 계획을 바꿔 추가로 요구한 공사에 대한 공사비를 최종적으로 지불해야 하는 시간이 도래했기 때문이었다. 그 금액은 자그마치 7,000여만 원에 달했다. 중간중간 결제를 성실하게 했음에도 여의치 않은 순간에는 조금씩 미뤄 둔 상태에서 완성도를 높이기 위해 추가한 공사 비용까지 합산하여 당연히 지불해야 하는 금액이었다. 최현규 소장님의 무한 수고와 김광수 사장님의 발품과 손기술로 그나마 건축비를 최소로 부담할 수 있음에 감사했다. 하지만 우리같이 작은 교회에서 결코 쉽게 만들어질 수 있는 돈의 액수는 아니었다. 6월부터 그야말로 피똥을 싸며 마지막 건축비를 마련하기 위해 고군분투했다. 부담감에 마음이 짓눌려 홀로 하염없이 울었던 날도 많았다. 남편은 목회 이외에는 아무것도 모른다. 더군다나 재정과 관련해서는 남편이 목회하는 데 방해가 될까 봐 신혼 초부터 사모인 내가 도맡았다. 가정의 것이든 교회의 것이든, 내가 맡아서 모든 것을 관리해 왔다. 교회의 살림은 넉넉하지 않았기 때문에 성도들에게 부담이 될까 봐 넘겨줄 수도 없었다. 선배 사모님들은 죽이 되든 밥이 되든 성도들한테 맡겨야 교회가 성장한다고 여러 차례 조언해 주셨다. 그렇다. 우리 하늘꿈 교회가 요 정도 사이즈를 유지하고 있는 것은 어쩌면 전적으로 내 탓일 수도 있다. 어쨌거나 재정을 맡은 이가 내가 아니었다 하더라도 교회 안에서 눈을 씻고 찾아봐도 한 달 안에 대출 없이 7천만 원이라는 돈을 준비할 수 있는 성도는 없어 보였다. 나 역시 재정을 맡은 자로서 7천만 원 이라는 돈을 과연 준비할 수 있을 것인가 너무도 두려워서 시간이 이대로 멈췄으면 좋겠다는 생각을 하기도 했다. 우리 주님은 도대체 나의 어떠함을 보시고 이렇게 위중한 일을 맡기셨는지 이해할 수가 없었다. 하지만 어쩌겠는가? 대안은 없다. 이제 진짜 모든 것을 털어야 할 때가 온 것이었다. 성도들은 이미 아이들의 돼지저금통까지 탈탈 털었다. 각자의 상황 가운데 준비할 수 있는 최선의 금액을 마련하기 위해 노력했다. 중간에 깨뜨리고 싶었지만 마지막에 정말 더 이상 돈을 유통할 수 없을 때 깨뜨려 건축 헌금으로 드리자고 결심하고, 건축 시작과 동시에 구별해 두었던 우리 부부의 적금 2천만 원과 남편과 내 명의로 된 1천만 원짜리 청약 통장을 한 번에 해약했다. 그렇게 3천만 원이 준비되었고 학원과 공부방에서 6월 한 달 동안 수업료로 나온 매출 전액을 경상비도 제외하지 않은 채 통째로 보탰다. 그렇게 5천5백여만 원이 만들어졌다. 그리고 성전 건축을 기념하여 새 성전에서의 첫 맥추감사주일 헌금으로 우리 성도들은 1,500만 원을 주님께 드렸다. 어떤 심정을 담아 어렵게 준비한 헌금인지를 이미 알고 계수된 금액을 보니 눈물이 날 수밖에 없었다. 그렇게 준비된 헌금으로 결제해야 할 건축공사비 7,000만 원이 한 달 만에 완벽하게 모인 것을 보니 기적이 따로 없었다. 그리고 그렇게 마지막 공사비를 결제하고 나서 우리 가족은 그야말로 빈털터리가 되고 말았다. 그럼에도 불구하고 그 일을 이루신 주님의 역사가 너무도 신기해서 감사가 입에서 떠날 줄을 몰랐다.

작년 맥추감사주일에 불가능해 보여 미루려 했던 교회 건축을 재선포하고 건축 부지에 가서 땅 밟기 기도를 한 지 정확히 일 년 만에 건물은 완성되었다. 우리는 그 예배당에서 첫 예배를 드렸다. "이 목사님 올해 안에 교회 건축하시겠어요."라는 김재명 목사님의 입술을 통해 쏟아진 하나님의 말씀은 그렇게 실제가 되었다.

VI

영원히 흔들리지 않는 교회

25.
건축 기간 코로나를 겪다

또 내가 네게 이르노니 너는 베드로라 내가 이 반석 위에 내 교회를 세우리니 음부의 권세가 이기지 못하리라

마태복음 16장 18절

　건축 부지를 계약한 후 얼마 지나지 않아 천안에도 코로나가 터져버렸다. 마을에 교회가 들어온다는 사실을 알게 된 사람들은 코로나의 근원지가 동네 한복판에 들어온다며 결사반대를 시작했다. 이런 시국에 교회와 같이 유해한 건물이 들어온다는 것은 용납할 수가 없다는 것이었다. 이미 그 동네에 들어가 살아온 세월이 10년이었다. 늘 얼굴 마주하며 반갑게 웃고 인사하며 지내던 사이였다. 그래서 동네 사람들이 교회 건축을 그리 반대할 것이라고는 상상도 못 했다. 하지만 건축이 시작되자 마을 사람들은 한마음 한뜻으로 교회 건축을 비난하고 공격하기 시작했다. 건축을 위해 토지 측량을 하는데 나와 있던 마을의 이해당사자들은 모두 화가 나 있었다. 사람들은 측량을 똑바로 하는지 어디 한번 두고 보겠다는 마음의 상태로 그 자리를 지켜보고 있었고 편이 하나도 없던 우리는 외롭고 두려웠다. 아무런 잘

못도 한 게 없는데 이렇게 많은 사람들로부터 이런 미움을 받는다는 것이 도무지 상식적으로는 이해할 수 없었다. 하지만 교회 건축이기에 모든 것을 덕스럽게 은혜롭게 진행하고자 했다. 그들이 말도 안 되는 고집을 부려도 그냥 당해야겠다는 생각을 하고 모든 것을 받아들였다. 그도 그럴 것이 교회가 들어선 8-1번지는 그야말로 동네의 한복판이었다. 게다가 주인들이 있었음에도 불구하고 수십 년간 각종 개발 행위에 대한 동네 사람들의 반대로 인해 결국 아무것도 하지 못하고 주인만 바뀌다 결국 우리에게로 넘어온 땅이었다. 우리가 소유하기 전까지 그 땅을 동네 사람들끼리 사이좋게 나눠 나름의 질서 안에서 농작물들을 경작하고 있었다. 그렇게 자신의 땅처럼 써 오던 그 토질이 좋은 땅을 새로운 주인에게 반납하기 억울했을 동네 주민들의 심정도 이해가 되지 않는 것은 아니다. 드디어 측량전문가가 나와 측량을 진행하는데 경계가 모호하다며 따지러 허리춤에 손을 얹은 한 주민이 씩씩거리며 우리에게 걸어오기 시작했다. 어찌해야 할 바를 모르겠던 그때에 갑자기 그 사람이 구덩이에 빠져 크게 넘어지고 나더니 말을 못 하고 돌아섰다. 토지 경계가 가장 인접한 이해당사자였던 그 주민이 그렇게 되자 지켜보던 다른 마을 사람들은 더욱이 할 말이 없었다. 긴장감이 충만했던 경계측량은 그렇게 무사히 끝이 났다. 이후로도 마을 사람들의 괜한 괴롭힘은 끝이 없었다. 마을 사람들끼리 회의를 하다가 목사님을 불러내서 건축 계획을 브리핑하라 하더니 높게도 넓게도 지으면 안 된다는, 반대를 위한 반대를 계속해 나갔다. 건축하는 과정을 지켜보면서 소소한 일들을 꼬투리 잡아 각종 민원을 넣어 건축을 방해하고, 새로운 작업이 진행될 때마다 찾아와 딴지를 걸었다. 최대한 법의 테두리 안에서 합법적으로 일을 진행하고 있음에도 불구하고 돌아가면서 지금 진행하고 있는 일들이 합법적인 거냐고 대놓고 찾아와 묻기를 반복했다. 급기야는 레미콘 차량이 들어와 시멘트를 부으려고 하자 한 어르신이 바닥에 누워 붓지 말라고 생떼를 쓰기 시작했다. 김광수 사장님이 개인 돈 20만 원을 주머니에 찔러 주고 손을 싹싹 빌며 방해하지 말아 달라 부탁해 간신히 다시 작업을 진행할 수 있었다. 그 정도로 넘어간 것만으로도 다행이라며 위로했다. 사람인지라 맥락 없이 당하는 일이 날마다 계속되자 화가 차오르기 시작했지만 이것은 주님의 일이 아닌가. 무조건 참아야 한다는 생각뿐이었다. 목사님도 욱해서 열이 오르는 나를 보며 건축의 과정이 쉽겠냐고 견디자고 마음을 토닥여 주었다. 더군다나 코로나 기간이 아닌가? 전국적으로 예배 등 각종 모임이 금지되었고 교회는 이미 코로나의 주범이자 온상이 되어 버렸다. 그 와중에 단 한 주도 쉬지 않고 우리는 예배하고 있었다. 코로나가 천안에 터진 후 약 2주간 주중 예배만 쉬었다. 우리도 처음이었기에 어찌해야 할지 몰라 여기저기 눈치를 보다가 내린 결론이었다. 주일 예배는 정상적으로 드리되 주중 예배는 포기하기로…. 그 사이 한국의 교회들이 예배를 통해 바이러스가 퍼지게 된 것에 대한 대국민 사과를 시작했다. 큰 교회이든 작은 교회이든 마치 양심선언이라도 하는 듯 예배당 문을 닫겠다는 결단이 이어졌다. 우리 역시 태풍이 오니 잠시 몸을 숙이자는 심정으로 주중 예배를 멈추긴 했지만 그야말로 잠시에 국한된 조처였다. 최소한 우리 교회에 한해서는 말이다. 그 와중에 여기저기서 쏟아지는 크고 작은 교회들의 대국민 사과와 예배를 자발적으로 폐한다는 선언은 우리에게 굉장한 혼란을 가져왔다. 영향력은 작지 않았다. 마치 그렇게 해야 할 것만 같았다. 하지만 2주째가 되자 성도들로부터 연락이 오기 시작했다. 언제 끝날지 모르는 팬데믹 상황에서 예배를 계속 드리지 않는다는 게 올바른 결정인지 물어 오기 시작했다. 함께 모여 찬양하고 소리 내어 기도할 수 있는 일이 얼마나 감사한 것인지 깨달았으니 예배만큼은 그대로 지키자고 성도들이 뜻을 모았다. 그리고 얼마 후 부산의 세계로 교회를 중심으로 예배 모임을 사수하기 위한 움직임이 있다는 사실을 알고 연합하기 시작했다. 앞장서서 예배를 지키기 위해 고난을 자처하는 크고 작은 교회들이 아직 수도 없이 많이 남아 있음을 확인하면서 예배를 사수하고자 결단했다. 이후 코로나 기간 동안 한 번도 코로나로 인해서 주중 예배와 기도회, 각종 모임과 주일 예배를 쉰 적이 없었다. 당시 수시로 변하는 방역수칙을 지키며 예배하느라 우리도 골머리를 앓았지만 그렇게라도 예배할 수 있음에 감사했다. 다만 그렇게 예배하고 있었기에 우리도 많이 위축되어 있었다. 그러니 주변에서 교회를 향해 어떤 이야기를 해도 그저 다 받아 내야 한다는 생각뿐이었다. 아무리 억울하고 분해도 건축 기간 동안 우리 교회가 철저히 을이 되어야만 하는 이유는 또 있었다. 건축 전에는 몰랐다. 교회 건축의 과정이 얼마나 험난한 일인지를…. 당시 교회는 지적도상 맹지였다. 관습도로가 교회 주변을 둘러싸고 있긴 했으나 길의 소유주는 엄연히 개별적으로 존재하고 있었고 그 길의 소유주들이 어떠한 이유로든 건축을 반대하는 마음으로 통행을 제한해 버리면 교회 건축은 진행될 수 없었다. 그런데 진짜 큰일은 따로 있었다. 상수도 공사를 해야 하는데 상수도관이 지나가는 토지의 소유주인 이웃 주민들의 동의가 있어야만 했다. 토지 소유주의 인감증명을 떼고 인감도장을 서류에 찍어야만 하는 건축 과정 중의 최상급 난이도였다. 교회가 마을의 중심에 건축된다는 사실에 분개하며 눈에 쌍심지를 켜고 틈만 나면 건축을 방해하고자 하는 동네 주민들에게 건축에 협조를 구하는 것을 뛰어넘어 도장까지 받아 내야 한다는 사실에 너무도 큰 절망감이 엄습해 왔다. 그래도 움직여야 사건은 일어날 것이 아니겠는가? 두려움에 이제나저제나 언제 도장을 받으러 가야 할지 모르겠다고 주저하던 어느 날 새벽기도를 마친 후 별안간 남편은 지금 가야만 할 것 같다며 바로 건축 현장으로 향했다. 그는 비교적 우리에게 우호적인 토지 소유주부터 공략하고자 했던 것이다. 연로하신 어르신이셨는데 최근에 어떤 이유에서인지 통 뵙지를 못했었다. 집에는 계신지 걱정하며 그 어르신의 댁으로 향하기 위해 골목 어귀로 들어섰는데 담장 끄트머리에서 고개를 빼꼼히 내밀며 인사를 해 오셨다. 마치 우리 차를 기다리고 있었다는 듯이…. 얼른 차에서 내려 어르신 손을 붙잡고 사정을 설명한 후 함께 면사무소에 가서 인감증명을 떼고 인감도장을 받아야 한다고 말씀을 드렸더니 알겠다고 그러자며 흔쾌히 응해 주셨다. 그럼에도 워낙 연로하신 어르신이었기 때문에 자녀들에게 전화를 걸어 다시 한번 동의를 구했다. 할아버지를 모시고 면사무소에 갔는데 또 다른 복병이 숨어 있었다. 인감증명을 떼기 위해서는 반드시 본인의 지문을 확인해야 하는데 어르신의 지문이 닳아서 나오질 않았다. 정말 천신만고의 노력 끝에 지문을 확인하고 나서야 인감증명서를 발급받을 수 있었다 이제 인감도장만 찍으면 한고비는 넘는 셈이다. 이 정도면 선방했다 생각하며 어르신께 도장을 찍어 달라 요청드리자 도장의 행방을 모르셨다. 그도 그럴 것이 아흔이 다 된 어르신이 무슨 정신으로 평소 도통 쓸 일이 없는 인감도장의 행방을 기억하시겠는가 말이다. 남편은 무조건 도장을 찾아야만 했다. 온 집 안을 샅샅이 뒤지기 시작했다. 서랍이라는 서랍은 모조리 훑고 장롱의 이불 사이사이까지 뒤집었다. 옷에 주머니란 주머니도 죄다 뒤졌다. 하지만 끝내 인감도장은 나오지 않았다. 그 와중에 목사가 인감도장 받겠다고 남의 집 세간을 전부 들었다 놓는 상황이 영 께름칙해서 더 이상은 못 하겠다며 이쯤해서 건드린 살림살이를 깨끗이 정리하고 인감도장 찾는 것은 포기하고 집을 나서려는데 어르신께서 오히려 아쉬움을 금치 못하며 분명 어딘가에 있을 텐데 왜 안 보이냐고 본인의 몸을 훑으셨다. 남편은 혹시나 하는 마음에 어르신께 지금 입고 계신 옷을 한번 뒤져 봐도 되겠냐고 여쭙고 점퍼의 앞주머니를 뒤지는데 바로 거기서 나왔다. 할아버지가 그 도장을 가지고 계셨던 것이다. 그렇게 할아버지는 그날 할아버지의 일을 하시고는 그 주일을 넘기지 않고 바로 요양원으로 가셨다. 연로하신 아버지를 시골집에 홀로 둘 수 없다는 자녀들의 판단으로 요양원에 모셔졌다. 우리가 도장을 받았던 날이 할아버지를 동네에서 본 마지막 날이었다. 하나님은 그 사실을 미리 아시고 남편을 아침부터 서둘러 움직이게 하셨던 것이다. 두 번째 집은 교회 뒷집이었다. 할머니가 혼자 사셨는데 사정을 말씀드리고 도장을 받으러 갔더니 예상치 못한 대답이 흘러나왔다. 할아버지가 돌아가시면서 받은 땅을 자녀들과 공동소유로 돌려 주인이 다섯 명이라는 것이었다. 울고 싶었다. 정말이지… 주님 너무하시는 거 아니냐고 하늘을 향해 삿대질이라도 하고 싶은 심정이었다. 혹시나 하는 마음에 자녀분들이 근처에 사시는 것인지 여쭈니 전국구로 흩어져 살고 있다는 대답이 돌아왔다. 어찌할 바를 모르고 있다가 정확하게 소유주가 몇 명인지부터 확인하기 위해 즉시 면사무소로 향했다. 그런데 이게 웬일인가? 감사하게도 토지 소유주는 할머니 한 분으로 되어 있었다. 할머니께 말씀드리니 당시에 공동소유로 하자는 말이 나왔었는데 처리를 안 한 모양이라며 다행이라 하셨다. 오늘 당장은 어려우니 며칠 후 다시 만나서 기꺼이 인감증명을 떼고 도장을 찍어 주겠다 약속하셨다. 그런데 할머니는 그날 이후 일을 자꾸 차일피일 미루셨다. 오늘은 이래서 면사무소를 갈 수 없고, 내일은 저래서 갈 수 없다며 갖은 핑계와 이유로 인감증명을 떼 주지 않았다. 공사는 진행되어야 하는데 언제까지 할머니의 사정에 따라 뒤로 늦출 수만은 없었다. 남편은 더 이상은 기다릴 수 없다 판단한 어느 시점에 할머니께 전화를 걸어 청소일 하시는 아파트로 모시러 가겠으니 나오시라 부탁드렸다. 그렇게까지 하니 더 이상 미뤄서는 안 되겠다 생각하셨는지 못 이기는 척하고 우리를 따라나셨다. 면사무소로 가서 인감증명을 떼고 그렇게 두 번째 도장을 받았다. 눈물의 여정이었다. 그런데 여기까지는 일도 아니었다. 마지막 고비는 정말이지 쉽지 않았다. 우리가 도장을 받아야 할 마지막 이웃은 다름 아닌 만월보살네(무당)였다.

26.
한 손으로 일을 하고
한 손에는 무기를 잡았으며…

그 때로부터 내 종자의 절반은 역사하고 절반은 갑옷을 입고 창과 방패와 활을 가졌고 민장은 유다 온 족속의 뒤에 있었으며 성을 건축하는 자와 담부하는 자는 다 각각 한 손으로 일을 하며 한 손에는 병기를 잡았는데

느헤미야 4장 16~17절

현장에서 직접 건축을 해 주시는 분은 김광수 사장님이었다. 재주가 워낙 좋은 데다 갖추고 있는 장비도 많아서 소규모 건축을 진행하는 우리 교회 같은 고객들에게는 안성맞춤 건축 업자였다. 늘 본인을 돌아올 탕자라면서 언젠가는 돌아와서 예배하고 있을 거라고, 알 수 없는 미래를 기대하며 기약했다. 늘 주님이 자기를 부르고 계신다면서 전심을 다해 건축에 임해 주셨다. 건축을 시작하기 전 우리 성도 안에도 건축과 관련된 일을 하는 성도들이 몇몇 있었지만 혹여나 발생할 불미스러운 일에 대비하기 위해 성도들은 헌금 이외에는 건축에 1도 영향력을 끼칠 수 없도록 원천 봉쇄하였다. 성도들이 물심양면으로 도울 수 있는 것은 최대한 돕되 교회 건축을 통하여 성도가 이해

당사자가 되어 금전적으로 이득을 보는 행위 자체를 금지하였다.

남편의 집안은 최소 수십 년에 걸쳐 교회 건축을 지켜보며 그 안에서 매우 오랜 시간 신앙의 훈련을 받은 사람들이었다. 얼마나 엄중한 기간인지 삶으로 체득해 온 게 있었다. 교회 건축에 성도가 개입됐을 때 상황이 아름답게 펼쳐지는 것보다 상상 이상으로 좋지 않게 끝나는 경우를 수도 없이 많이 봐 온 터라 더욱더 그러했다. 그러다 보니 성도들은 보호할 수 있었지만 김광수 사장님은 현장에서 각종 민원에 시달리며 이웃들의 방해 공작에 치이며 그야말로 욕받이가 되어 건축을 위해 고군분투하고 계셨다. 현장이 너무 치열해서 풍세 쪽으로는 쳐다보기도 싫다고 고백할 정도였다. 그렇다고 돈을 남길 수 있는 구조의 현장도 아니었다. 막판에는 자잿값이 갑자기 꿈틀대기 시작하더니 급기야 계약 금액을 넘기면서 거의 무료 봉사에 준하는 건축 작업을 진행하게 되었다. 그런 극악의 현장에서 버텨 주는 김광수 사장님이 계셨기 때문에 우리가 할 수 있는 일들은 최대한 빠르고 깔끔하게 처리를 해서 일을 진행하는 데 어려움이 없도록 해야만 했다. 하지만 건축 당사자가 아닌 이상, 사건의 관계자들은 급할 이유가 전혀 없었다. 수도를 연결하는 데 받아야 하는 마지막 인감도장의 주인공 만월보살도 그러했으리라….

만월보살과의 첫 만남은 건축을 선포하고 땅 밟기 기도를 하러 간 2020년 7월 5일 맥추감사주일 오후였다. 교회로 들어오는 길목의

폐가가 얼마 전까지 비어 있었는데 그사이 새 주인이 들어온 모양이었다. 한창 공사가 진행 중이었다. 동네에서 입빠르기로 유명한 옆집 아주머니를 소환해서 여쭤보니 교회가 땅을 산 후 얼마 지나지 않아 이웃마을 무당이 폐가를 계약했다고 들었는데 얼마 전부터 건축을 진행하더라는 것이다. 그러더니 한다는 소리가 교회와 무당집이 동시에 동네에 들어온다 하니, 교회와 무당 중에 누가 이길는지 궁금하다며 두고 보자는 이야기가 동네에서 돌았다는 것이다. 당연히 우리 주님의 승리지만 듣고 나니 은근히 승부욕이 생겼다. 폐가 바로 옆집에서 한 무더기의 사람들이 갑자기 우르르 쏟아져 나왔는데 보자마자 본능적으로 무당의 무리라는 사실을 알았다. 그들도 무언가를 직감했는지 우리 쪽을 바라보았다. 서로 눈을 떼지 못하고 뚫어져라 바라보다 서로를 등지며 돌아섰다. 불편한 만남이 되겠다는 사실을 직감했다. 그 후로 건축이 시작되자 교회 땅 끝 모서리에 걸쳐 심긴 느티나무를 상하게 하면 신령님이 천벌을 내리겠다 말씀하셨다며 절대로 건들면 안 된다는 고지를 여러 차례 해 왔다. 나무는 예뻤다. 실제로 아름드리나무였다. 최소 수백 살은 될 법한 크기의 거목이었다. 분명한 사실은 우리에게 일부러 나뭇가지를 훼손할 생각이 전혀 없었다는 것이다. 반면 앞선 만월보살집 공사를 위해서는 이미 크게 한 차례 나뭇가지를 훼손한 사실이 있다는 것이었다. 그런 상황에서 교회 역시 공사를 위해서 부득이하게 일부 나뭇가지의 절단은 꼭 필요한 상황이었다. 만월보살의 강력한 경고를 이미 수차례 들었지만 끄트머리 약간의 나뭇가지를 쳐 냈다. 아무도 모를 만큼 아주 최소한으로만 전지해 주었다. 그 후로 우리에겐 당연히 아무런 일도 일어나지 않았다. 공사 중간에 만월보살네 부부가 우리 속을 뒤집어 놓는 동네 사람들 얘기를 전달해 와서 시비가 붙으려면 얼마든지 붙을 상황도 여러 차례 있었지만 나름 모든 위기를 무사히 넘겨 왔다. 얼마 전 본인들 집을 건축을 했기 때문에 누구보다 우리 상황을 빤히 알 텐데 우리를 대하는 태도가 왜 그리도 까칠한지 도무지 알 수가 없었다. 그런 상황에서도 싸우지 않고 그 정도 대화를 이어 갔으면 나름 관계를 잘한 거라 생각했다. 그런데 교회 땅에 상수도를 끌어오기 위해 도장을 받고자 하니 얘기가 달라졌다. 전화를 드려 상황을 설명하니 자기들도 얼마 전 집을 지으면서 그 도장을 받기 위해 너무 고생을 했다면서 그 마음을 잘 안다고 기꺼이 도장을 찍어 주겠노라 흔쾌히 긍정의 대답을 해 주었다. 문제는 그 이후였다. 말은 긍정했지만, 이런저런 이유로 약속을 미뤘다. 나중에는 전화도 받지 않았고 찾아가도 만나 주질 않았다. 그러면서 건축은 기약 없이 미뤄졌다. 더 이상 기다리고 있을 수만은 없는 시기가 되었다. 더 늦어질 경우 우리에게 손해가 막심해지는 상황까지 간 것이다. 일부러 전화를 받지 않는 것이 분명했다. 결국 몇 번의 시도 후 가까스로 통화가 이루어졌다. 상수도 때문에 도장을 부탁드린다고 다시 한번 이야기하자 멀리 식사를 하러 나와서 만나기 어렵겠다는 이야기를 해 왔다. 우리도 더 이상 물러설 수가 없었다. 남편은 만월보살이 올 때까지 집 앞에서 기다리겠다고 했다. 그리고 실제로 그렇게 기다렸다. 기다림의 시간이 길어지기 전에 만월보살 부부는 예상보다 일찍 집에 도착했고 보살과 목사의 극적 상봉이 연출

되었다.

"보살님, 아니 왜 이렇게 만나기가 어려워요. 제가 이거 부탁드려야 되는데…."

남편을 대하는 보살 부부의 태도엔 찬바람이 쌩쌩이었다.

"목사님, 제가 사실 이 도장 안 찍어 드리려고 했어요."

"예? 인감도장을 찍어 주시는 게 쉬운 일이 아닌 건 알죠. 근데 왜 그렇게까지…."

"주변 사람들 통해서 목사님이 우리 욕하고 다닌다는 거 다 들었어요. 제가 뭘 그렇게 잘못했다고 우리 욕을 그렇게 하고 다니신 거예요? 그거는 물어보고 싶었어요."

"예? 제가요? 뭐라고요? 제가 보살님네를 욕하고 다녔다고 누가 그래요?"

"동네 사람들이요."

"보살님, 저는 동네 분들과 보살님을 두고 이야기를 한 적이 단 한 번도 없고요. 앞으로도 그럴 생각도, 이유도 없어요. 저는 원래 그런 사람이 아니에요. 지금 건축하면서 이웃들과 원수져서 좋을 게 뭐가 있다고 제가 보살님 욕을 누구한테 하고 다니겠어요. 동네 사람들이 교회와 보살이 같이 들어온다고 누가 이기나 보자고 자기들끼리 얘기했다는 소리는 들었지만 저희는 보살님과 싸울 생각도 없고 어차피 토박이도 아닌 사람들이 동네에 들어와서 건축하고 사는 건데 보살님이 우리한테 피해 주신 것도 없고 무슨 욕을 누구한테 했겠어요. 그런 말도 안 되는 이야기를 왜 믿으시는 거예요. 그건 분명히 오해예요. 그러니까 노여움 푸세요. 정말 그런 적이 없고 무엇보다 누구 붙잡고 그럴 시간도 없어요. 저희 정말 바빠요. 누구랑 앉아서 속 편하게 보살님 뒷담화 할 정신이 없어요. 지금도 보세요. 도장 하나 받겠다고 와서 이렇게 부탁드려야 되는 게 저희 입장인데 왜 보살님 욕을 하고 다녔겠어요. 그렇게 말을 지어낸 사람이 누구인지 모르겠지만 그 사람이 우리 사이좋게 지내지 못하도록 이간질한 게 분명해요. 제가 누군지 묻지는 않을게요. 근데 다시 한번 정확히 확인해 보셔요. 없는 말 지어내서 보살님께 전달한 게 분명하니까요. 보살님, 이거 처리해 주셔야 저희 건축해요. 부탁드릴게요. 그리고 이웃지간에 잘 지내 봐요. 우리 계속 볼 거잖아요. 제 입에서 직접들은 이야기만 믿으세요. 앞으로도요."

듣고 보니 목사님의 얘기가 틀리지 않다 판단이 되었는지 보살님은 그제야 표정을 풀었다. 그리고 다음 날 만월보살은 한 달이 넘도록 끌어 왔던 인감도장과 증명서를 우리에게 흔쾌히 내어주었고 그렇게 상수도 연결 공사를 무사히 마칠 수 있었다. 우리도 모르는 사이 눈에 보이지 않게 얼마나 많은 방해의 밑 작업들이 끊임없이 진행됐는지 도무지 알 수가 없을 정도였다. 남편이 만월보살에게 말한 것은 전부 사실이었다. 건축 기간 동안 느물거리며 수시로 시비를 걸어오는 만월보살 부부를 보며 모시고 있는 신이 다르다는 이유로 우리를 이렇게 괄시할 필요가 있는지 실로 궁금했었다. 면적으로 보나 규모로 보나 인원수로 보나 별로 유리할 구석이 없는 싸움인데 계속 시비를 걸어오는 게 느껴졌다. 그런데 알고 보니 동네 사람들의 이간질이 있었다. 오해하기 딱 좋은 상황이지 않겠는가? 일부의 짓거리였겠지만 끝

VI 영원히 흔들리지 않는 교회　255

내 만월보살이 마음을 풀지 않았다면 교회 공사가 멈출 수도 있는 중차대한 일이었다. 느헤미야가 성벽을 수축할 때 일꾼들이 한 손에는 연장을 들고 한 손에는 무기를 잡았다. 건축 현장은 실로 우리 힘으로는 도무지 이길 수 없는 영적 전쟁터였다. 그때부터 김광수 사장님은 양손으로 연장을 전담하고 우리의 양손에는 무기를 장착했다. 영적 전쟁의 최종 승리를 위하여….

27.
최고의 시나리오 작가는 역전의 하나님

그가 곤비하여 깊이 잠든지라 헤벨의 아내 야엘이 장막 말뚝을 취하고 손에 방망이를 들고 그에게로 가만히 가서 말뚝을 그 살쩍에 박으매 말뚝이 꿰뚫고 땅에 박히니 시스라가 기절하여 죽으니라

사사기 4장 21절

    건축 기간 내내 교회에 대한 터무니없는 소문을 퍼트리고 이간질을 일삼던 소수의 무리가 있었다. 그들의 선동으로 인해 우리가 자리를 비운 사이 동네 사람들이 떼로 아버님, 어머님께 몰려와 현관문을 사정없이 두들기며 건축을 중단하라는 소리를 지르고 압박을 했던 날도 있었고, 술에 만취한 동네 어르신이 교회로 와서 교회 마당 중간으로 길을 내놓으라는 말도 안 되는 요구를 하며 공사 중이던 펜스를 다 때려 부숴 버리겠다고 행패를 부렸던 날도 있었다. 생전 경험해 보지 않은 일들을 건축 기간 동안 당하고 보니 겁이 나기 시작했다. 당장 보안이 시급하다는 것을 느껴 보안 업체와 계약을 하고 CCTV부터 설치했다. 더 속이 상했던 것은 계속해서 교회 건축을 방해하고 어렵게 하는 몇 사람이 누구인지 정확히 알고 있었지만 물증이 없어 속

절없이 당하고만 있던 시기였다. 그 무렵 감사하게도 건축이 어느 정도 마무리되어 가면서 동네 사람들에게 아쉬운 소리를 할 일이 없어졌다. 그런데도 교회를 향한 핍박은 여전히 음지에서 멈춤이 없었다. 몇몇의 요주인물들이 주도하는 가운데 우리 측에서는 아무리 해도 이렇다 할 반전의 기회를 잡을 수가 없었다. 그렇게 교회 건축 반대를 위해 시작된 선동은 열매를 맺어 이제는 꽤 많은 동네 사람들이 단합하여 교회를 코로나 바이러스 취급하며 차를 공용주차장에 대고 걸어서 교회로 들어오는 100미터 남짓한 그 거리조차 성도들과 함께 공유하는 것이 불쾌하다고 대놓고 험담을 쏟아 내는 중이었다. 어떤 사람들은 교회를 지나치다 갑자기 멈춰 서더니 동네 한복판에 교회 따위가 들어와서 물을 흐리고 있냐고 삿대질하며 욕지거리를 한바탕하고 사라져 버린 적도 있었다. 아무리 코로나 때문이라지만 억울하고 분했다. 그 억울한 마음을 도저히 풀어낼 방법이 없어 기도회를 시작했다. 성도들에게 교회를 위해 중보하자며 공동 기도 제목으로 풍세 땅에서 아무도 무시할 수 없고 욕할 수 없는 권세 넘치는 하늘꿈 교회가 되게 해 달라고 기도했다. 그런데 무슨 수로 갑자기 동네 사람들 발에 밟히던 똥과 같은 처지의 우리 교회가 하늘의 권세를 회복하겠는가? 기도를 하면서도 이런 기도를 왜 시키시는지 도무지 이해할 수 없었다. 방법이 있기는 한 건지…. 하지만 두려움보다는 은혜에 사로잡히고 싶다는 생각이 드는 걸 보니 기도의 때가 되었구나 하는 생각이 들었다. 그 모든 억울함과 분노를 적절히 주님께 토설하자는 생각으로 기도회를 이어 갔다. 기도를 하는 성도들도 교회가 권세를 회복할 수 있는 구체적인 방법은 몰랐지만 힘주어 권세 있는 하늘꿈 교회가 되게 해 달라고 선포하며 기도했다. 다만 그간 근거 없는 소문에 너무나 시달려 온지라 교회를 주전부리 삼아 함부로 이야기하는 악한 입술에 재갈을 물려 달라는 기도는 빼놓지 않았다.

그사이 우리 교회는 예상치 못한 손님을 맞게 되었다. 오랜 기간 우리와 동역했던 박연진 선교사님의 지인이자, 우리 학원에서 영어 수업 아르바이트를 했던 다은 선생님의 어머님이자, 인도네시아 선교사였던 이성해 사모님이 몇 년 만에 한국에 들어오시기로 하신 것이다. 하지만 때마침 코로나로 인해 입국 후 2주 동안 자가 격리를 해야 하는 상황이었다. 지낼 곳이 여의치 않던 차에 박연진 선교사님으로부터 이성해 사모님이 우리 교회 교육관(우리 부부가 사택으로 쓰던 집)에서 2주간 자가 격리를 해도 되는지 조심스럽게 상황을 물어 오셨다. 어차피 주일에만 쓰는 교육관이고 2주간 안 쓴다고 교회 사역에 지장이 있는 것도 아니고 선교사님을 선대하는 것이 가장 중요한 일이라는 생각이 들어 흔쾌히 지낼 곳으로 내어드리기로 결정했다. 그렇게 선교사님의 2주, 자가 격리가 우리 교회 교육관에서 이루어지게 되었다. 격리되기 전 최대한의 편의 물품을 제공해 드리고 안내문까지 작성해서 선교사님의 안락한 생활을 돕고자 했고 격리가 시작된 후에는 일체 관여하지 않았다. 규정이 그러했으니 철저히 따를 수밖에 없었다. 혹여나 불필요한 이야기가 새어 나갈까 봐 성도들에게조차 선교사님이 우리 교회 교육관에서 자가 격리 중이라는 사실을 비밀로 했다. 그렇게 1주간이 조용히 지나는 듯했다. 우리 동네 가장 큰 스피커인 경희 엄마에게서 그 전화를 받기 전까지는 말이다.

"여보세요? 목사님이유?"

"예, 경희 어머님 아니세요. 어쩐 일이세요?"

"아니, 목사님. 내가 오늘 아주 어이없는 얘기를 들었지 뭐여유. 지금 목사님네 그 집에서 코로나 환자가 기거 중이라는디…. 아니 지금 동네 시끄럽게 이게 뭐하는 짓이어유?"

"예? 아니 무슨 말씀이시죠? 코로나 환자라뇨? 코로나 환자가 없는데요?"

"아니, 거기 목사님네 집에 지금 머물고 있는 사람 하나 있잖유? 그 사람, 코로나 때문에 격리하고 있는 거라믄서유? 아니 어떻게 이럴 수가 있슈? 지금 코로나 때미 안 그래도 교회만 주목하고 있는디, 워떠케 이런 짓거리를 할 수가 있슈? 동네 사람들 코로나 걸리면 책임질 거유?"

남편은 이미 어깨가 배꼽까지 휘어져서는 연신 굽신거리며 경희 엄마를 달래고 있었다.

"아니에요. 경희 어머님, 그분은 코로나에 걸린 게 아니고 해외 입국자라서 2주간 자가 격리 중인 선교사님이신데 절대로 환자가 아니에요. 오해하지 마셔요."

"아니, 외국 선교사라구유? 이 난리통에 그런 사람을 동네에 들였단 말이여유? 됐슈, 목사님. 지금 동네 사람들 난리 났구유. 교회 사람들 동네 길거리로 돌아다니지도 못하게 하라고 지금 다덜 들고 일어 났슈. 공용주차장에 차도 대지 말고 저 환자 그 집에 있는 동안은 교회 마당에 직접 차 대고 한 사람도 동네 땅 밟지 못하게 하자고 다덜 결의했슈. 그런 줄 아시고 동네 사람덜 눈에 교회 사람덜 띄지 않게 조심해 주셔유. 그리고 웬만하면 당분간 예배도 하지 마셔유!!!"

충청도 사투리가 구수하다고 누가 그러던가? 목사님은 오해로 인해 화가 잔뜩 난 경희 엄마에게 끝내 찍소리 한 번 못 하고 그저

"예예. 경희 어머님. 죄송합니다. 눈에 안 띄게 조심하겠습니다." 하는 말로 통화를 급히 마무리 지었다.

수업 중에 난데없는 전화를 받고 연신 조아리고 있는 남편의 맥락 없는 사과 내용을 듣자 하니 도대체 무슨 수로 그 사실을 알게 된 건지 짐작조차 안 되는 상황이었다. 분명한 것은 그들이 이성해 선교사님의 자가 격리 소식을 알게 되었고, 마침내 동네 사람들 사이에 화두로 올라온 것이었다. 남편은 전화를 끊고 근심 어린 표정으로 나에게 다가와 상황을 설명했다. 당분간 성도들을 조심시켜야겠다고 이야기를 하는데 내 안에서는 이야기를 듣자마자 더 이상 두려움이 아니라 단전으로부터 깊은 빡침(?)이 올라왔다. 나도 사모이기 전에 사람이었다. 건축을 하면서 동네 사람들에게 당하다, 당하다 별꼴을 다 당했지만 견뎠다. 그게 덕을 세우는 길이라 생각하며 당해 왔다. 그런데 사모이기 전에 사람으로서 그저 이번에도 참고 넘어가기에 이건 지나친 억지였다. 경희 엄마의 그 전화 한 통이 그리 높지 않은 나의 인내심

의 임계점을 넘어서게 했다. 남편의 전화를 뺏어 경희 엄마에게 다시 전화를 걸었다. 남편은 온 힘을 다해 나를 절제시키려 했지만 이미 말하지 않았는가? 나의 인내는 임계점을 넘어선 상태였다고….

"여보슈?!"
"네, 경희 어머님, 저 이호석 목사 아내 되는 사람입니다. 아시죠?"
"이이, 알지, 왜?!"
"네. 제가 남편 통해서 이야기는 전달받았고요. 굉장히 불쾌한데 그게 참을 수 있는 수준을 넘어서서 이렇게 전화를 드렸습니다."
"뭐? 야! 너 지금 뭐라고 했냐? 코로나 환자 데려다 놓고 지금 동네 사람들한테 잘못했다 빌지는 못할망정 너 지금 뭐라 했냐고? 잘못한 주제에 무슨 말이 이렇게 많아?! 눈에 띄지 말라면 눈에 띄지 않으면 될 것이고, 동네 길로 다니지 말라면 다니지 말면 될 것이지, 시끄럽게 뭔 말이 그렇게 많냐고?!"
"경희 어머님, 제가 그동안은 동네에서 경희 어머님의 입지도 있고 해서 최대한 존중해 드렸고, 한 번도 무시하거나 막 대한 적 없을 겁니다. 그런데 이번에는 제가 경희 어머님의 말씀에 동의하기가 매우 어렵고요, 오히려 사과를 받아야겠서 전화를 드린 겁니다. 상대방의 행동을 제한시키시려면 최소한 정확한 근거는 가지고 제안하셔야 하는 거 아니에요? 누가 지금 코로나 환자라는 거예요? 그 안에서 자가 격리 중인 사람이 코로나 환자라는 증거 있어요? 지금 정확한 근거로 말씀하시는 거냐고요? 그리고 동네 사람들이 들고일어났다고 들었는데 누구누구인지 정확히 이름 대세요. 지금 제가 장난하는 줄 아시죠? 정확히 이름 대시지 않으시면 경희 엄마 혼자서 가만히 있는 동네 사람들 선동해서 없는 소문 퍼트리고 다닌다고 생각할 거니까 들고일어났다는 사람들 이름 대시라고요! 그리고 결정적으로 그 안에 있는 사람이 자가 격리 중이라는 사실을 누구에게 언제 들으셨는지 대세요. 저희가 분명 성도들에게도 비밀로 하고 자가 격리에 들어갔는데 이건 아무리 생각해도 어떤 루트로든 우리 부부가 이야기하지 않았으면 동네 사람들은 알 수가 없는 상황이란 말이죠. 도무지 이해가 안 가는 상황이에요. 언제 누구로부터 어떻게 우리 집에 코로나로 인해 자가 격리 중인 사람이 있다는 정보가 유출된 건지 저는 무슨 수를 써서라도 알아낼 거예요. 만약 누구로부터 들었는지 말씀하시지 않는다면 고소를 통해 조사 진행하겠습니다. 누군지, 누가 그런 터무니없는 거짓말로 동네 사람들을 선동하고 교회를 어렵게 하고 있는지 정확하고 분명하게 지금 저에게 말씀하세요. 당장요. 누구예요?!"

허를 찔렸다. 수화기 저 너머에서 경희 엄마를 사이에 두고 이렇게 말하라 저렇게 말하라 채근하던 지방 방송이 일순간 잠잠해졌다.

"……."

"아니, 경희 어머님. 잘 생각하고 말씀하세요. 누구냐고요. 지금 말씀하시지 않는다고 해서 우리가 알아내지 못할 것 같으세요? 저 배운 여자예요. 이제까지 참았던 게 못 배우고 무식해서 대응할 줄 몰라서 가만히 있었던 게 아니라고요. 굉장히 힘들었지만 견뎠단 말이죠. 그냥 교회여서 덕이 안 되기 때문에 참고 견뎠던 것뿐이었단 말이죠. 그런데 이번 일만큼은 쉽게 넘어갈 생각이 없다는 말씀을 드리는 겁니다. 누구한테 들었냐고요?!"

"아니… 그냥 우리가 코로나 기간이니 조심하자는 얘기를 하는 거지, 뭘 또 이렇게까지 해…. 그냥 사모님이 참지…."

"경희 엄마! 지금 장난해요? 교회 사람들 숨도 못 쉬게 해 놓고…. 당신들은 하고 싶은 말 다 하고 살면서, 어디서 구렁이 담 넘어가듯 개인정보 유출 문제를 물타기해! 이름 대세요. 당장!!"

"아니, 나는 동근 엄마가… 그 여편네가 거기 코로나 환자 산다고 해서 깜짝 놀라서 연락한 거뿐이야."

"그럼 말씀하시는 그 동근 엄마는 누구한테 들었나요?"

"아니, 거기는 현이 엄마한테 얘기 들었댜…. 나도 몰러, 그랬댜…."

"그럼 그 현이 아줌마는 누구한테 들은 거죠?"

"아니… 그 여자는 물어보니께 택배 아저씨가…."

"무슨 택배요? 무슨 택배를 거기로 누가 시켰다고?"

"아니 왜 시에서 격리된 사람들한테 보내 주는 물건 있잖여…. 그거 갖다주는 택배 아저씨가 그거 물품 갖다 놓고 그 집에서 나오길래… 아무 생각 없이 거기 빈집인디 무슨 물건 갖다 놓고 나오냐고 물어봤더니 그자가 술술 얘기하더랴. 이 집에 코로나 환자가 산다고, 지금 시에서 주는 물건 갖다 놓고 오는 길이라고 그래서 알게 됐지…. 어떻게 알어… 우리가…."

"이런, 미친. 아줌마! 똑똑히 들으세요. 시청, 면사무소, 보건소, 택배 회사, 오늘 아줌마의 이 전화 한 통화로 싹 다 뒤집어 놓을 거예요.

그리고 이 일에 언급된 그 두 아줌마한테 내일 오후 5시까지 남의 개인정보를 함부로 유출한 것도 모자라서 코로나 환자도 아닌데 코로나 환자라고 허위사실을 유포한 죄에 대해 반성하고 우리에게 사과하지 않으시면 거기에 응당한 법적 조치를 받게 되실 거라고 꼭 전달해 주세요. 거기 지금 옆에서 듣고 있는 거 다 알아요. 아줌마 두 분 제가 분명 경고합니다. 내일 오후 5시까지 전화 안 주시면 알아서 하세요. 지금 자가 격리 중인 그분은 코로나 확산 방지를 위한 자가 격리 의무를 다하고 있는 겁니다. 법리대로 의무사항을 준수하고 있는 상황이라고요. 그렇게 합법적으로 의무를 다하고 있는 사람에 대해 코로나 환자라고 손가락질하며 눈에 띄지 말라고 위협을 가하고 환자가 아닌 사람을 환자로 몰아붙여 바이러스 취급하고 교회가 바이러스를 퍼트리고 있는 중인 것처럼 각종 음해를 일삼는 행위에 대해 개인정보 유출 및 허위사실 유포로 고소하겠습니다."

나는 법에 대해 잘 알지는 못한다. 그런데 개인정보 유출이 결코 가벼운 죄가 아니라는 사실은 최근에 윤수 집사를 통해서 들어 놓은 게 있었다. 실제로 개인정보 유출은 심각한 범죄 행위였다. 흥분을 주체할 수 없는 상태에서 말은 속사포처럼 계속해서 흘러나왔다.

"알아보니까 나라에서 지시한 대로 격리 의무를 이행하고 있는 자를 이런 식으로 못살게 구는 것은 공무 집행 방해 혐의도 추가된다고 하네요. 그리고 경희 어머님은 그냥 동네 아주머니도 아니시잖아요. 감투도 쓰신 분이…. 그 정도면 동네의 어른 아니세요? 어디 정확한 정보도 없이 그저 감정에 치우쳐 허위사실에 부화뇌동해서 이런 전화를 우리한테 함부로 돌리시는 거예요? 지금 이 정도면 해 보자고 전화하신 거 맞잖아요? 그러니까 어디 한번 해 보시자고요!!"

"아니… 나는 그게 아니라…."

뒤에 말은 듣지도 않고 그렇게 일방적으로 전화를 끊어 버렸다. 그리고는 통화를 하면서 선전포고한 순서대로 도장 깨기를 시작했다.

시청, 보건소, 면사무소 담당자들과 연락해서 자초지종을 설명하고, 이 일에 대해 절차에 맞게 우리 동네 이장과 부녀회장에게 전화를 해서 이 상황이 얼마나 엄중한 상황인지 문제로 인지하도록 알리고 동네 사건 당사자들에게 설명을 하고 사과하는 조치를 취하게 하라고 민원을 넣었다. 물샐틈없이 각 기관의 민원 담당자들의 이름까지 확인했고 다음 날까지 어떤 조치가 이루어졌는지 전화로 보고를 해 달라 했다. 그리고 이 일이 성에 차게 해결되지 않을시 반드시 더 높은 윗선으로 올려 문제를 키우겠다고 엄포를 놓았다. 그렇게 각 기관을 들쑤셔 놓았다. 하지만 도저히 해결할 수 없는 분노를 유발시킨 당사자 택배 기사 아저씨가 아직 남아 있었다. 케이스가 필요했다. 지점장에게 전화를 걸었다. 요는 간단했다. 기사 아저씨와 지점장이 직접 동네로 가서 개인정보를 유출한 사실에 대해 불법이었음을 고하고 그것을 재유출하는 행위에 대해 법적조처를 회사 차원에서 취할 것을 당당하게 요구했다. 직접 찾아가서 사건 관련 당사자 아줌마들에게 통보하고 그 현장의 상황을 녹음해서 보내라, 그렇지 않으면 개인정보 유출로 고소해서 영업 정지를 시켜 버리겠다고 엄포를 놓았다. 지점장은 사건이 작지 않음을 바로 인지하고 연신 사과를 하며 바로 일을 처리하겠다고 약속을 했다. 그리고 그분들은 다음 날 그 모든 미션을 완료했다.

시청과 보건소 면사무소에서 담당자들이 차례로 사건의 당사자들에게 전화를 걸어 이 사항이 대단히 엄중한 사항임을 충분히 인지시켰다. 그들은 우리에게 전화를 걸어 미안하다며 사과를 했다. 마지막으로 늘 정작 본인은 빠져 있으면서 다른 사람을 앞세워 교회를 모함했던 동근 엄마. 아무리 기다려도 전화가 오지 않아 내가 해 버렸다. 하지만 우리의 전화를 그녀는 일부러 받지 않았다. 경희 엄마에게 전화해서 오후 5시가 되기 전에 우리에게 전화하지 않으면 고소장을 받게 될 것이라고 전달하라며 최후통첩을 보냈다. 잠시 후 남편 휴대전화로 연락이 왔다.

"여보세유, 전화하라 했다믄서요!! 내가 무슨 잘못을 했다고 나보고 전화를 하래요?!"

노인을 공경하는 마음으로 어떻게든 잘 풀어 보려 하는 남편의 착한 소리를 옆에서 듣던 나는 끝내 반성하지 않고 오히려 끝까지 우리 앞에서까지 교회를 비방하는 그 입을 막고자 전화기를 낚아챘다.

"이 아줌마가 아직도 정신을 못 차리셨네?! 아줌마, 택배 회사에서 다녀가지 않았어요? 아줌마가 한 행동이 얼마나 무지막지한 범죄 행위인지를 아직도 모르신다는 말씀이세요? 아줌마가 우리 교회 이사 오기 전부터 교회에 대해서 악의적인 비방을 일삼았던 거 우리가 모를 거라고 생각하세요? 술 취한 어르신 통해서, 경희 엄마, 현이 엄마 통해서 계속해서 없는 말 지어내서 동네 사람들 선동하고, 상수도 도장 받을 때도 만월보살한테 거짓말로 이간질해서 도장 못 받게 하고, 교회 콘크리트 붓는 날에도 아줌마 부부가 와서 못 붓게 막아서 공사 방해하고, 멀쩡한 길 놔두고 교회 마당 한가운데 길 내놓으라고 하라고 관계자 어르신 괴롭히고, 아줌마 집은 토지측량 정확하게 해서 담벼락 정확히 세워 자기 땅 지키면서 왜 교회 땅은 한복판을 내놓으라고 억지를 쓰시는 거예요. 알면서도 이제까지 다 참았다고요. 그런데 뭐요? 교회 사람들은 동네 길을 다니지도 말고 공용주차장에 차도 대지 말라고요? 누구라도 이 동네에서 코로나 환자 나오기만 해 보세요. 교회가 아닌 다른 사람이 먼저 걸리기만 해 보라고요. 사람이 억지를 써도 분수가 있죠. 명백한 허위사실 유포에 개인정보 유출이라고요. 범죄 행위를 저지른 거라고요. 개인정보를 유출했을 경우에 5년 이하의 징역이나 5천만 원 이하의 벌금 처벌을 받을 수 있다는 사실은 알고 계세요? 이 아줌마 고소장 한번 받아 봐야 정신 차리시겠네…. 이제까지 교회 험담을 하고 악의적인 루머를 퍼트린 선봉장이 아줌마라는 사실을 다 알고 있었어요. 그럼에도 불구하고 참았는데, 아줌마! 설령 코로나에 걸린 사람이 자가 격리를 저렇게 하고 있다고 해도 이런 식으로 낙인찍고 험담하고 범죄자 취급하며 동네 분들 선동하시는 건 아니죠. 시골의 정? 웃기고 있네. 아줌마! 사람을 이렇게 대하시면 언젠가는 그 벌 다 받으세요. 아무리 교회라고 해도 교회 안에 있는 사람들 안 보이세요? 우리도 사람들이라고요. 더 이상 바이러스 취급

당하고 허위 비방으로 오해받고 손가락질받지 않겠습니다. 이제는 법으로 가겠습니다. 고소장 받고 싶지 않으시면 이제까지 교회에 대해 했던 모든 이야기들 본인이 본인 입으로 직접 주워 담고 다니셔야 할 거예요. 다 아줌마 편일 것 같겠지만 교회를 지지해 주시는 동네 분들도 있다는 사실 염두에 두시고 이후 제 귀에 동네 사람들을 통해 교회에 대한 허위사실 유포나 비방이 전해진다면 무조건 그 소문의 근원을 당신으로 알고 법으로 갈 거예요. 다시 한 번 엄중 경고합니다. 이런 일로 인해 또다시 교회가 곤란을 겪게 될 시 재고의 여지 없이 당신이 주범인 줄로 알고 바로 지금의 증거들로 고소를 진행할 것이니 앞으로 입조심하세요. 부화뇌동해서 아줌마랑 같이 교회 험담하는 일부의 동네 분들이 누군지도 다 알고 있으니 같이 고소당하고 싶지 않으면 교회를 비방하는 소리 멈추라 하세요. 아줌마가 직접 이 얘기 그대로 전달하세요. 지금 제가 당장 고소장 날릴 수 있지만 마지막으로 기회 드리는 거예요. 한 번만 더 이런 일이 생기면 제 변호사를 만나게 되실 겁니다. 아시겠어요? 오늘 이후로 아줌마 그 입에서 교회의 교 자도 꺼내지 마시고 입 다물고 조용히 사세요!!"

이처럼 속사포 랩을 시전하여 아주머니의 영혼을 탈탈 털었다.

혹자는 은혜로 아름답게 용서하며 이웃들과 사이좋게 지내는 게 주님의 뜻일 텐데 저렇게밖에 반응할 수 없었냐고 반문할 수도 있을 것이다. 해명을 하자면, 먼저는 아직 나의 성품이 예수님을 닮지 못해서 그럴 수밖에 없었다. 다음으로, 건축 기간 내내 말도 안 되는 일들을 맥락 없이 당하면서도 쥐 죽은 듯이 참아 왔던 교회 대표로서의 우리 부부의 행동이 오히려 일부 동네 사람들로 하여금 마음대로 짓밟아도 되는 사람들이라는 인식을 심어 준 거라는 생각이 어느 순간부터 들기 시작했다. 아닌 건 아닌 거라고 분명한 시그널을 보낼 수 있는 상황에서조차 은혜로 덕스럽게 경건하게 좋은 게 좋은 거라며 덮었다. 그리고 그저 당했다. 그런데 결론은 아름답지 않았다. 그저 참으면 결국 그들이 그리스도인이 되어 돌아오게 될까? 실낱같은 희망을 품은 적도 있었다. 그렇게 희망회로만 돌리면서 우리가 무대응으로 일관하는 사이 그들은 교회에 대한 악의적 루머를 끊임없이 확대 재생산하고 있었다. 그렇게 코로나 기간에 바이러스 집합체인 교회가 동네 한복판에 들어왔다며 대놓고 내보내야 한다고 면전에 비난을 퍼부었다. 실제 침 뱉음을 당했고 쌍욕을 들었고, 손가락질과 비웃음과 비방을 당했다. 견딜 수 없는 모욕감과 절망감을 경험했던 수개월이었다. 인간은 그야말로 악했다.

도저히 견딜 수 없어 시작한 기도회 기간, 권세를 회복하게 해 달라는 그 기도에 대해 하나님은 개인정보 유출 사건을 통해 교회와 일부 동네 사람들의 입장을 완벽히 역전시키셨다. 그렇게 그 입들에 재갈을 물리고 죄송하다는 사과를 끝내 받아 냈다. 그 이후로 교회를 험담하거나 허위사실을 유포하는 그 어떤 행위도 실제로 일어나지 않았다. 더 이상 이유 없이 동네 주민들의 눈치를 보며 주눅들 일도 없었다. 그렇게 우리는 기도로 시스라를 물리쳤다. 이후, 우리는 길에서 우연히 마주치는 경희 엄마, 현이 엄마, 동근 엄마와 무슨 일이 있었냐는 듯이 인사하며 스스럼없이 웃으며 대화한다. 그렇게 우리는 진짜 이웃이 됐다. 하나님의 일은 그야말로 신묘막측했다. 모든 일은 주님이 하셨다.

28.
돌짝밭에서 낭만 목회를 꿈꾸다

가장 최근에 나와 싸운 주인공은 베드로 동생 이서영 집사이다. 5억 짜리 아파트를 분양받았는데 4억을 대출받아 들어가겠다고 해서 그걸 말리는 과정에서 이 집사와 치열하게 싸웠다. 당사자들이 생각해도 답이 계산이 나오지 않으니 매일이 부부 싸움의 연속이요, 집은 곧 지옥이 되어 갔다. 축복인 줄 알았던 분양권 당첨이 어느 순간 저주가 되어 있었다. 이 집사 가정은 그냥 월급쟁이 부부의 일반적인 벌이다. 4억 대출이 지나치다는 사실을 인지시키고 돌이키기를 권면했으나 말을 듣지 않았다. 우리 성도들은 이런 일들로 사모님이 성도와 싸우는 모습을 하루이틀 지켜본 사람들이 아니라서 싸움이 일어나자 하나둘 자리를 자연스럽게 피했다. 이후 나와 이 집사는 금방 화해했다. 언제 싸웠냐는 듯이 깔깔거리며 웃어 댄다. 그렇다 우리 교회는 날것 그대로이다. 무슨 이런 교회가 있나 사람들이 놀랄까 봐 새로운 성도가 등록하겠다 하면 등록 자체가 없다고 이야기한다. 하늘꿈 교회는 실제로 등록 카드가 없다. 등록의 과정도 없다. 최소 3년에서 5년 이상 함께하며 그때까지 교회를 떠나지 않았으면 자연스럽게 우리 교회 성도가 된 것으로 인정한다. 그래서 애초에 첫 주 예배를 드린 후 말씀드린다.

"우리 교회에서 신앙생활 하시다가 영 맞지 않는다고 생각이 들어 언제라도 조용히 떠나시면 저희는 보내 드립니다."

우리 부부는 개척 후 15년이 지났지만 여전히 돌짝밭 위에 서 있다. 성도들의 마음 밭에 깊숙이 숨겨진 돌을 캐내는 중이다. 옥토 밭에서 낭만 목회를 꿈꾸었으나 그런 건 애당초에 없었다. 옥토 밭 성도를 목이 빠지게 기다렸으나 주님께서는 우리 교회에 가시밭 성도, 길가 밭 성도, 돌짝밭 성도들만 보내 주셨다. 돌이켜 보니 돌짝밭 성도라도 함께 있었기에 외로운 주님의 길을 걸어올 수 있었다. 지금도 여전히 그들의 죄와 싸우지만 그들은 주님을 뜨겁게 사랑하는 중이다. 그렇게 어제보다 오늘 조금이라도 더 주님께 가까이 가기 원하는 성도들이 있었기에 주님은 그런 자들에게 주님의 일을 행하셨고 손과 얼굴을 보이셨다. 그리고 영광스럽게도 우리 하늘꿈 성도들과 우리 부부는 주님의 증인들이 될 수 있었다. 천방지축이요, 오합지졸인 우리 성도들이어서 주님이 그들에게 하신 일들을 많이 볼 수 있었고 이렇게 기억할 수 있었다. 거룩하고 경건한 성도들만 넘쳐 나는 교회였으면 그 무엇으로 우리가 증인될 수 있었겠는가?

이서영 집사와 싸우는 와중에 나를 도발하기 위해 그녀가 던진 한 마디가 뇌리를 강하게 스쳐 떠나질 않는다.

"잘난 사람들이 왜 사모님 밑에 있어요!! 다 떠나가지!!"

그러면서 본인도 잘나지 못해서 하늘꿈 교회에 붙어 있는 거란다. 웃어야 할지 울어야 할지 모르겠는 촌철살인의 멘트였다. 분명한 사실은 이서영 집사의 말대로 우리 교회에는 목회자 부부를 포함해 잘난 사람들이 하나도 없다. 거룩하고 경건한 사람은 더더욱 없다. 그런 척조차 하는 사람이 한 명도 없다. 스스로를 항상 흙, 먼지, 쓰레기라 고백하는 사람들만 있다. 그럼에도 불구하고 그런 우리를 자녀 삼아 주셔서 제자로, 군사로, 신부로 세워 주시고 마지막 시대, 다음 세대에 대한 소명까지 주셔서 그 비전을 품고 달리며 부모 세대의 죄악을 끊어 내도록 날마다 싸우게 하시는 하나님께 감사한다.

실제로 잘난 사람은 하나도 없지만 선한 양심의 성도들을 동역자로 남겨 주셔서 직장 생활을 하며, 사업을 하며 재정적으로 잘 세워져 하나님 나라를 위해 목사님, 사모님처럼 재정을 유통할 수 있는 청지기의 사명을 감당하겠다고 고백하는 성도들이 있음에 감사한다. 더불어 옛적의 죄 된 습관 벗어 버리고 그 사명을 감당키 위해 힘에 지나도록 자원하며 헌신하는 성도들로 하나하나 세워지게 하심도 감사한다. 그렇게 사방팔방 말씀으로 매질당하면서도 일단 아멘은 하고 보는 성도들의 그 귀한 마음도 감사하다. 어차피 돌짝밭 위라 깊게 뿌리내리지 못할 말씀이니 목사님 듣기 좋으라고 꿀떡꿀떡 받아먹는 시늉을 하는 건지는 모르겠으나 돌짝밭을 옥토 밭 만들겠다면서 15년을 우리와 함께 변함없이 굴러 굴러 여기까지 온 우리 성도 한 사람 한 사람이 모두 정말 귀하다.

우리 부부는 매일 밤 잠들기 전 오늘은 10시 이후로 어떤 전화도 성도에게 오지 않기를 바란다. 방해받지 않기 위해서 전화를 꺼 놓으면 될 일일진대, 그럼에도 불구하고 전화기를 꺼 놓을 생각은 없다. 그들이 찾으면 우리는 그들에게 가야만 하기 때문이다.

희민이가 초등학교 2학년 때 저녁 식사한 것이 잘못되어서 체한 적이 있었다. 다음 날 일어나 보니 아이가 초죽음이 되어 일어나질 못하고 있었다. 이불은 세탁기에 들어가 있고 홑이불을 덮고 지쳐 쓰러진 희민이에게 물으니 새벽녘에 몇 번이나 토를 했는데 아빠, 엄마가 잠에서 깰까 봐 혼자 처리하느라 밤을 꼴딱 새웠다는 것이다. 지금도 그 날 일을 떠올리며 희민이는 자랑스럽게 자신의 행위를 이야기하지만 나는 그 이야기를 들을 때마다 희민이에게 미안하고 엄마로서 부끄러워진다. 어린아이가 자랄 때 아프면 새벽 밤낮을 가리지 않고 사실을 알린 후 부모에게 도움을 요청하는 것이 순리이다.

"사모님 저 진짜 짧게 얘기하고 끊을게요."라는 이야기를 들으면 반가운 듯 그렇게도 서운하다. 죄성에 사로잡혀 싸울 때는 두 번 다시 안 볼 듯, 이를 갈며 싸우지만 무슨 일이 생기면 눈물로 중보하고 재정으로 돕는다. 본질적 죄인이고 재활용 불가능한 근본 쓰레기들이 모인 하늘꿈 교회라고 고백하며 우리를 드러낸다. 포장조차 안 되는 우리들이다.

이런 우리도 괜찮다 하셔서 주님과 동역할 수 있음이 날마다 꿈만 같다.

 그래서 매주 돌아가며 우리의 생속을 썩이지만 한 사람도 없어서는 안 되는 귀한 하늘꿈 교회의 성도들이다. 지금은 각자의 자리에서 복음의 확장을 위해 어떤 식으로든 사용되고 있을 이제껏 우리 교회를 스쳐 간 모든 성도들도 그러했으리라. 그렇게 성도들을 통해 아버지의 마음을 오늘 하루도 새롭게 경험한다.

 우리 부부는 이제 돌짝밭에서 낭만 목회를 꿈꾼다. 주 예수와 함께라면 그 어디나 하늘나라일 테니. "마라나타 아멘 주 예수여 오시옵소서!"를 외치면서 말이다.